Fudan Translation Series

西方经济社会思想名著译丛　/ 韦森 主编

早期制度史讲义

〔英〕亨利·萨姆纳·梅因 / 著

冯克利　吴其亮 / 译

复旦大学出版社

译丛总序

韦森

探索中华民族的振兴富强之路，建设一个现代民主法治国家，已成为近代以来无数中国知识分子和社会有识之士长期追寻的一个梦想，亦有无数志士仁人为之付出过艰苦卓绝的努力。通观晚清以来中国社会变迁的过程，可以发现，中国社会现代化的一个主旋律是思想启蒙和思想解放。这一思想启蒙过程的一个重要组成部分，是中国学界从西方翻译出版了大量包括马克思主义经典著作在内的近现代科学和社会科学的学术思想名著，以至于在某种程度上我们不得不承认，晚清和民国以降中国社会的现代化过程，实际上变成了一个对西方近现代以来的自然科学和社会科学的某些理论和一些普世价值的转译、继受、改造以及对象化（embodiment）的过程。

经历了晚清君主立宪、辛亥革命、新中国1949年建立和1978年以来的改革开放，中华民族目前正处在21世纪伟大历史复兴的一个节骨眼上。改革开放以来中国社会的迅速市场化，既为经济增长提供了强大的动力,亦带来了诸多社会问题和挑战。未来中国向何处去?《中华人民共和国宪法》第五条所确定的建设一个"法治国家"的社会目标如何实现?在数千年的历史长河中经历了无数次战乱和王朝更替,中华民族如何才能在21世纪型构出一个既能确保经济稳定增长、社会长治久安、人民康乐幸福,又公正和合理的制度安排?这均是当今中国社会所面临的一些重大理论和现实问题。面对这些亟须回答的重大理论和现实问题,一些社会共识正在中国社会各界内部慢慢形成,这其中包括:现代市场经济体系的良序运作需要相应的法律制度,而良序运作的法制必须由一个宪政民主的政制框架来支撑。换言之,只有现代市场经济体制与宪政民主政制下的良序法律制度相结合,才会构成一个现代法治社会或曰法治国家。

然而,为什么现代市场经济的运作自然要求民主与法治?到底什么才是一个"法治社会"或"法治国"?一个现代法治社会的存在和运作的法理及伦理基础又是什么?要恰当认识这些问题,就要求中国学界在当今中国与国际社会互动发展的动态格局中,能明辨出人类社会运行的一些基本法则和人类社会的一些普世价值。要做到这一点,广泛阅读并理解西方近现代以来在各学科内部不断出现和形成的一些经典名著,尤其是在经济学的社会选择理论和福利经济学与伦理学、政治学、法学等相近学科交叉领域中的一些经典文献,是一个必要前提。从这个角度来看,译介国际上已经出版的与这些重大理论问题有关的一些经典文献,无疑是一项基础性的理论工作。

基于上述考虑,笔者和一些学界的朋友、同事、身边的几个学生,与复旦大学出版社的编辑同仁一起,共同策划了这套译丛。我们希望,通过这套丛书的陆续翻译出版,能在译介中汲取并型构思想,在思想中反思现实,进而在东西方文化与思想观念的差异的审视中,以及在东西方社会制度演化变迁的不同路径的比较中,来认识和把握人类社会发展的一般趋势。有了这个宗旨,在选编这套译丛时,我们基本上打破了——或曰已超越了——目前已形成的一些现有学科划分的界限,不仅选取了西方一些经济学名家的著作,也选取了国际上法学、伦理学、政治哲学、社会学、人类学、史学等其他学科中一些名家和大师的经典作品。我们希望,通过把这些名著翻译为中文,使国内学界和广大青年学子能对西方近现代和当代的一些著名思想家对现代市场运行的基本条件以及对其政治和法律制度基础的理论阐释有所了解。只有通过这样一些基础性的工作,我们才能较恰当地认识一个现代社会的公平、正义、合理和效率原则,才能理解那些确保市场运行和经济可持续增长的法治制度的法理和伦理基础。通过这样一个过程,我们才有可能期望社会各界逐渐形成在未来中国社会发展道路选择上的一些"重叠共识"。

为了达至这一目标,我们把这套丛书设计为一个相对开放的体系:其一,既不囿于某一学科,也不限于任一流派,并对不同学科、不同学术观点、不同政治主张,甚至不同政策见解,完全持一种包容和开放态度;其二,我们会随着对国际上哲学社会科学经典文献认识的增宽和加深,以及随着对国外哲学社会科学新近发展动态的把握,不断把西方学术思想中的一些新的和真正的精华引介到中文中来,从而期盼未来中国的学术思想界能大致与世界同行同步探索,共同推进人类经济社会思想探索的前沿边界,并为未来中国的经济社会发展探寻深层的学理和思想基础。

"大学之道,在明明德,在亲民,在止于至善"(《礼证·大学》)。在21世纪中华民族伟大复兴的历史契机面前,让我们以一种开放的胸襟、开阔的视野和海纳百川的宽容心态,来广泛汲取人类各文明社会中业已形成并积累、发展起来的思想精粹,努力明辨已被世界上绝大多数社会所接受和认同的一些人类社会普世价值,明天道,育新民,开心智,共同呼唤中华民族在21世纪的新思想启蒙和精神复兴。值此,我们由衷地希望,经由复旦大学出版社的这套"西方经济社会思想名著译丛"的出版,能汇集编者、译者和出版者的共同努力,涓滴汇流,增益于未来中国的法治化市场经济体制的型构与建设。

韦 森

2008年6月12日晨谨识于复旦园

为纪念长期以来的公事交往和来日方长的友谊

谨以此书献给

印度政府立法局秘书

惠特利·斯托克斯(Whitley Stokes)先生

第一版前言

本书收录的讲稿，旨在更具体地贯彻作者在上一部作品《古代法》中的研究思路。当时为我提供大量实例的那个法律体系的命运，大大不同于我现在努力从中获得有关法律和社会史的新材料的另一个法律体系的命运。人们在谈到罗马时一向深怀敬意，它也确实是依然统治着西方世界文明生活的绝大部分规则的滥觞。而古爱尔兰法，亦即所谓的"布雷亨法律"(Brehon Law)，即便是注意到它的少数作家，大体而言对它也极力诟病；而且，在逐渐丧失了它在土生土长的国度中曾经拥有的影响力之后，它最终受到粗暴的压制。但是，使"布雷亨法律"丧失了现代历史的原因，在今天也因阻止它的发展而使它获得了它自身的特殊意义；笔者希望，这种意义足以使我有理由得出结论，这便是现在发表的这些讲稿——最后三讲除外——的主题。

作者从不同的先生所发表的作品或私人交谈中受益良多，谢意已表于书中。但作者要特别致谢利莫里克主教(Bishop of Limerick)和泰多斯·欧马赫尼(Thaddeus O'Mahony)教授,他们为我参阅布雷亨手稿的未刊译稿提供了便利,而且给了我许多宝贵的建议。

所有讲稿(包括删节部分)都曾在牛津大学讲授。

伦敦康威尔花园路 27 号

1874 年 11 月

第四版前言

自本书第一版问世以来,有关古爱尔兰家族及其分支(讨论见208页以次)这个极为晦涩论题的材料,随着另一卷(第四卷)布雷亨法律册页被译为英文出版已经增加。去世不久的编者亚历山大·乔治·里奇博士(Alexander George Richey)为这一卷撰写了一篇非常有价值的序言,其中谈到有关仍存争议的诸多问题的全部证据,读之或许会有不少收获。

亨利·萨姆纳·梅因
1885年10月5日

目　录

第一讲　研究早期制度史的新材料 / 001

第二讲　古爱尔兰法律 / 013

第三讲　作为社会基础的血亲关系 / 032

第四讲　部落与土地 / 048

第五讲　首领及其地位 / 058

第六讲　部落首领及其土地 / 072

第七讲　古代的家族分配 / 091

第八讲　原始观念的发展及传播 / 111

第九讲　法律救济的原始形式（一）/ 123

第十讲　法律救济的原始形式（二）/ 138

第十一讲　已婚妇女约定财产的早期史 / 152

第十二讲　主权 / 168

第十三讲　主权与帝国 / 181

索引 / 196

第一讲
研究早期制度史的新材料

我们今天能看到的有关早期制度史的原始材料数量巨大，并且弥足珍贵。有一个论题，可以有把握地说，直到最近几乎所有研究它的学者都遵循着错误的道路，为我们这方面的知识做些补充便有着特殊的意义和重要性。对土地财产的重大制度的起源，我们终于有所了解。群体对土地的集体所有制，无论他们确实是因血缘关系而结合在一起，还是相信或假设自己如此，现在可以说是已成定论的原始现象，是那些其文明与我们的文明有着明显的联系或相似性的人类群体的普遍特征。在我们周边地区都已找到这类证据，在经受过罗马帝国强大压力的国家，或受到其强大的间接影响的国家，这类证据只是隐约可见，不易核实，而在对罗马帝国只是略有感觉或根本没有感觉的居住着雅利安种族的地区，这种证据则是明确无误的。关于斯拉夫社群，俄罗斯的欧洲领土上的农奴获得解放，刺激了先前仅对一些好奇者有吸引力的研究，而且收集到的材料数量巨大。我们现在比以往更清楚地知道，自从无史可考的时代起，俄罗斯帝国旧行省的土地，就是在自成体系的血缘群体中实行几乎排他性的分配，他们聚居于农耕村落，实行着自我组织和自我治理；自从在位君主的这项重大举措以来，这些村落的集体权利以及其成员之间的相互权利和义务,已不再受领主庄园特权的干扰和限制。还有新的证据表明,更加落后的偏远的斯拉夫社会,基本上也是按同一模式构成;西方世界总有一天必定要思考的一个事实是,人类中数量如此之多的一部分人,他们的政治观念,以及他们的财产观念,同家族依赖、集体所有制和天生服从父权的观念有着难分难解的关系。毋庸讳言,日耳曼和斯堪的纳维亚地区的古代社会制度的遗迹大多已经泯灭,日益变得模糊难辨;但是对古条顿人生活和习俗的文字证据的考察从未中断,顺便说一句,梭姆(Sohm)的大作《法兰克帝国及其司法程序》(*Fränkische Reichs- und Gerichtsverfassung*)对财产权的早期历史有颇多揭示。姆勒尔(G. L. Von Maurer)用特殊方法得出的结论,也已通过对最出人预料的地方所发现的现象的比较研究而得到了证实。具体说来,德·拉维勒耶(M. de Laveleye)所从事的研究涉及非常广泛的领域,尽管我对他得出的一些经济结论持有异议,但是对于他在近期出版的《财产权及其原始形式》(*La Propriété et ses Formes Primitives*)一书中收集和描述的材料,给予再高的评价也不为过。自纳西(Nasse)的专著《中世纪的土地共同体》(*Land Community of the Middle Ages*)面世以来,以及自先前我在这里开课的讲义付梓三年以来,我尚未看到有任何著作把古代村社(Village-Community)在英格兰和苏格兰低地的土地和法律中留下的遗迹作为主题。然而,凡是了解英国法院在处理呈堂材料时的谨慎态度的人,对于我为哈特雷大法官(Lord Chancellor Hatherley)在一桩疑难案件中做出的判决赋予的特殊重要性,都不会感到惊讶。此案起因于一个庄园中不同类型的受益者之间的纠纷,即瓦里克诉女王学院案(Warrick against Queen's college)(见大法官上诉法庭《六篇法律报告》,p. 716)。在我看来,它承认了一种比英格兰《不动产法》的理论基础更古老的状态的遗存;而且就此而言,它同意这里对它的描述是正确的。同时,如果我可以从我不断获得的有关印度及其各地的信息做出判断,那么有关当前和以往存在的村社制度,正在引起众多勤勉的观察家的关注;有关这个主题的事实材料异常丰富,我希望有一天它们能够被公之于众。

到目前为止,有些村社为我们提供的有关早期法律史的信息,就其数量和明显的价值而言,不亚于源于凯尔特社会的信息。这很值得注意,因为在凯尔特小型社会——在对这个国家的兴趣中,它们占有超乎寻常的比重——中的一个特殊群体,即苏格兰高地的部族,公认保留了世界更古老状态的许多特征,尤其是政治特征,并且几乎一直延续至今。但是对此可做如下解释:直到最近,有资格的人看到所有的凯尔特社会时,都是通过一种特别不可靠的媒介加以观察的。由法学家们设置的一道幕布,用罗马法和我们称为封建制的原始罗马法的相对现代的综合体编织而成的一道幕布,挡在苏格兰高地制度和研究苏格兰低地的头脑精明的天才之间。封建法的浓雾阻断了英格兰人观察爱尔兰社会古代政体的视野,并导致对威尔士法律之真实性的无端怀疑。关于高卢地区凯尔特人的古老组织,凯撒曾做过极为清晰而确切的描述,但这似乎在法国已经消失得无影无踪,部分原因是数百年来研究法兰西社会的是清一色的这样一批法学家,他们所受的教育要么是罗马法,要么是高度封建化的法律;另一部分原因是,高卢地区凯尔特人的制度在罗马法规的破坏作用下确实已经土崩瓦解。当然,我并不想说,这种黑暗状况中最近仍无消散的迹象。由档案委员会(Record Commission)出版的《威尔士法律汇编》,尽管它们的起源和日期尚无定论,但它是不容怀疑的真实的法规体系,这一点已经得到承认。除了我下面要谈到的出版物以外,一批威尔士学者因其所继承的学派在史学和语文学思考上的粗糙放纵而声名狼藉,但他们指出了爱尔兰习俗中的许多事情,被公认为与日耳曼人现在仍在遵循或曾经遵循的古代习惯有关。早在1837年,斯肯(W. F. Skene)先生在《苏格兰高地居民》(*The Highlanders of Scotland*)这本极有价值的著作中,已经纠正了有关高地习惯这个问题上那些仅精通封建法的作家犯下的许多错误。此人同时是一位卓越的古史专家,编辑了苏格兰编年史家福顿(Fordun)的著作,并于1872年出版;这本书的附录印证了我通过私人途径获得的数量可观的证据,表明有着"变化不定的个人土地所有权"(shifting severalties)的村社仍存在于苏格兰高地的记忆中。最近,勒普雷(M. Le Play)等学者也在法国的若干地区发现了这种村社的清晰遗迹。对法国法律文献中大量的习俗志(Custumals)或法规手册的细致考

6　察,导致了更多相当有趣的结论。从中可以清晰看到,在法兰西领地贵族的地产上始终能够发现隶农(villeins)①共同体。法学学者一向将它们视为自愿社团,领主也很喜欢这样的社团,因为它们的成员可以更加确定和有规律地为领主提供服侍和劳役。通常,当拥有下等土地保有权(base tenure)的佃农(tenant)②去世时,领主立刻接手他的土地,在我们英国的官册登记土地保有法(law of copyhold)中便存在这种规则的清晰痕迹。但是它又明确规定,就隶农社团的情况而言,假如他们有更好的能力向领主付费作为其补偿,领主便不收回他们的土地。一旦做出这种解释,那么这些社团无疑不是真正的自愿合伙关系,而是血亲团体;但是这些社团往往不是按通常的村社类型,而是按家族共同体(House-Community)类型组织起来的,最近这已被达尔马提亚(Dalmatia)③和克罗地亚(Croatia)的情形所验证。它们都是印度人所谓的不分居联合家族(Joint Undivided Family),即有着一个共同祖先的后裔的集体,他们世世代代同吃同住。土地不因死亡而重新回到领主手中,因为这种社团绝不会死亡,而是世代永续。

7　但是,为我们了解古代凯尔特人社会做出最有益贡献的是爱尔兰政府,它翻译并花钱出版了爱尔兰的古代法律。这些译作的第一卷出版于1865年,第二卷出版于1869年,第三卷刚刚面世,补充了一些颇有价值

---

① 隶农(villein)指中世纪时期完全臣服于领主或依附于庄园的农民,类似于农奴(serf)。隶农和领主均为盛行于4—13世纪的庄园体系中的构成部分,前者向后者提供劳务,其回报是耕种自己的份地。——译注

② 在采邑土地占用制度中,"tenure"是指土地保有人(即tenant,考虑到下层保有人在这种体系中的数量,本书多译为"佃农",少数情况下译为"保有者"或"保有人")或封臣与封建领主或上级领主之间的关系。在这种关系中,土地保有人占有土地,但不拥有完全的所有权,要向领主定期提供劳役或支付金钱,以此作为保有土地的条件,因此是领主和保有人同时享有土地收益。由于土地保有者向领主提供的劳役不同,形成了许多土地保有形式(即tenancy)。按英格兰法律,土地保有形式包括:完全土地保有制和非完全土地保有制或隶农土地保有制(后称登录土地保有)。完全土地保有制又包括:(1)教会或宗教土地保有,作为报酬,保有者应当提供祈祷或弥撒等宗教服务;(2)世俗土地保有,其中又有三种形式:① 由于军役而获得的土地保有;② 为王室提供个人服务的服役保有;③ 以金钱或物品为回报的免役土地保有。此外,还有一些习惯性土地保有模式,依此模式,取得保有土地在各个方面要受制于一些非正常的条件,主要有:平均继承制、幼子继承制以及旧土地保有制。在苏格兰公认的土地保有形式包括:(1)限制占有;(2)服役土地保有或因兵役而获得土地;(3)永久占有或以提供财物或支付金钱而获土地;(4)市镇土地保有,在这种保有制下自治市各自保有土地;(5)无偿占有,这时保有土地不需任何回报,或只是名义上的回报,比如,回报一朵仲夏的玫瑰花。——译注

③ 达尔马提亚现为克罗地亚的一个区。——译注

第一讲 研究早期制度史的新材料

的序言。对我们这里从事的研究感兴趣的人,都会认识到前两卷的重要性,但是想要确定它们对凯尔特早期制度史的确切影响依然困难重重。首先出版的一批法律是一些法规的汇编,我们的现代法律语言把它们称为"扣押法"(Law of Distress)。正如我下面要解释的那样,与任何现代法学体系可能赋予扣押法的地位相比,它在非常古老的法规体系中无疑享有一种非常不同的地位。但是,在法律发展的任何一个阶段,它一向是法律的一个十分特殊的分支。不过,从这些法律中得出结论所面对的困境,还有一个更久远和更严重的原因。直到最近,它们从实践的角度说仍然难以理解;两位卓越的最初翻译者,奥多诺万(O'Donovan)博士和欧柯里(O'Curry)博士,使它们重新为世人所知,这两人如今都已谢世。对爱尔兰文本有研究的博学编辑对译文做了仔细校订;但是,大概只有经过研究凯尔特的数代学者就法律语言进行相互辩难之后,研究这些文献的非凯尔特读者才能确信自己理解了他所看到的每一段文字的确切含义。更不用说,这些法律中还充斥着技术性的表述;即使学术泰斗,如果没有受过法律训练,甚至接受的法律训练没有达到一定水平,也无从准确把握一个单词含义的消长,而正是这种消长使它的流行用法有别于它的技术性用法。考虑到这些,在处理此类法规体系时要尽量谨慎。接下来,只有在文本的意思和大意看起来有着合理的确定性时,我才会进行推论;我避开了某些有前途的研究路径,以免使我们进入其意义令人生疑的段落。

我认为,古爱尔兰法,即所谓的"布雷亨法律"①,在它们得以完整出版和解释时所具有的价值,可以通过这种途径得到阐明。请记住,罗马法仅次于基督教,是支配整个西欧实际行为规则的最为丰富的来源,它起源于一小部分雅利安习俗,在公元前 5 世纪被形诸文字,以罗马《十二铜表法》闻名于世。还应记住,最初使这部法律得以扩充和发展的,绝非或很少是立法,而是我们仍可以感受到在不同社会中进行着的一个过程,即一代又一代学问家对权威文本的司法解释。我们看到的这部最大的爱尔兰

---

① 指规范中世纪早期爱尔兰日常生活的法规,1169 年诺曼人入侵后被部分废除,13 世纪复兴后与英国法并行适用于爱尔兰,直到 17 世纪。这些法规内容多为民法,主要是关于损害赔偿和规范财产、继承与契约的。"布雷亨"(Brehon)在古爱尔兰语中意为"裁判人"。——译注

法规汇编,可以说是一部附有后人的注解和评论的古代法典;如果它的真实性可以得到完全确认,那么历史地看,它便相当于罗马的《十二铜表法》,也相当于雅利安诸社会早期历史中出现的许多类似的成文法规体系。然而有理由认为:它的古老身份并不能全部得到认定,这部法典本身是围绕着一个更古老的核心法规而生成的。但是,很有可能存在这样的一个或多个成文法核心;全部"布雷亨法律"很可能是由它们以及在它们之上累积而成的规则构成。进一步的可能性是,使这些累积物得以形成的过程就是司法解释,正如罗马法最初的情形一样。按我所接受的观点,关于古爱尔兰法的一个有趣事实是:这个过程具有排他性,后来使法律得以变革的任何力量对它都没有发挥作用。"布雷亨法律"绝非立法的产物,因而它们不仅是十分古老的雅利安制度的真正纪念碑,还是以极其有利于保存古代特征的方式逐渐发展起来的一套法规。使我们所归属的这一部分人类的最古老制度变得晦暗不明,有两个原因起着最大的作用:其一是整个西欧强大的中央集权政府的形成,这种政府将社会的公共力量集于一身,并且能够不失时机地赋予这种力量以立法权的特殊形式;其二是罗马帝国直接或间接的影响,它带动了一种从未臣服于它的地区所不知道的立法活动。今天世所公认,爱尔兰从未成为罗马帝国的一部分;它地处偏远,受罗马帝国法律的影响微乎其微。即使同意爱尔兰在古代历史上间或有过中央政府,它肯定也绝对不是强大的政府。在这种情况下也就难怪"布雷亨法律"的发展完全没有立法活动,而是以雅利安人的原始习俗为基础,它的形成超出了罗马司法理念的限制,后者在数百年里一直笼罩着整个欧陆,其鼎盛时期甚至波及英格兰。这样形成的"布雷亨法律",有一些与雅利安习惯的另一个派生体系极为相似,这便是以同样方式发展的印度法律。这种发展模式所带来的令人既好奇又疑惑的问题,让这两种体系的研究者大伤脑筋。

我们所看到的这些古爱尔兰法律,是一些法律册页的集合,每份册页处理一个或一组主题。官方翻译出版的著作中,收入了篇幅最长的两份册页,即《古制全书》(*Senchus Mor*)或称《古代法律大全》,以及《艾锡尔书》(*Book of Aicill*)。把《古制全书》和《艾锡尔书》与另一些现存的古代法规体系相比,无疑彰显出它们的许多内容十分古老,但却非常难以确定它们形成现在这个样子的确切日期。当世最杰出的凯尔特学者之一——惠特利·斯托克斯(Whitley Stokes)先生考虑到《古制全书》的文字形式,认为它编纂于 11 世纪或稍早;内在证据似乎允许我们大体将《艾锡尔书》的编纂定于 10 世纪以前。其实,《古制全书》清楚说明了它本身有着更早的起源。有一篇值得注意的序言,下面我将着重叙述,部分地以韵文形式记录了它写作时的具体环境,并说明了它是在圣帕特里克(St. Patrick)①生前及其个人影响下编纂的。这些假说一向得到处心积虑的支持,但是我认为,否认 5 世纪为《古制全书》的成书日期算不上鲁莽之举。同时,并非绝无可能的是,古爱尔兰法律被形诸文字是紧随爱尔兰基督教化之后。正是基督教,即"一本书的宗教",首次为帝国以外的许多野蛮民族带来了书写技艺。我们不能有把握地说,基督纪元 5 世纪与凯撒所描述的公元前 1 世纪的欧陆凯尔特人具有同等的文化程度。但是就算能够这样说,凯撒在谈到高卢人时也明确表示,尽管他们掌握书写技艺,在使用书写文字保存他们的任何神圣文献方面,他们还是持有迷信的犹豫态度,而他们的法律便包含在那些神圣文献中。然而这种反对的态度必然随着爱尔兰民众皈依基督教而烟消云散。大致讲来,历史上并非不可能出现这样的先例,皈依基督教后不久,爱尔兰的习惯便开始被形诸文字,而且凯尔特学者已经找到不少证据,证明这些弥足珍贵的书面材料的部分内容便存在于《艾锡尔书》和《古制全书》的文本之中。

最古老的法律极可能保存于粗糙的韵文或有韵的散文中。在最古老的爱尔兰传统中,很难把法学家与诗人、诗歌与文学区分开。无论在《古制全书》还是《艾锡尔书》中,法律的明确表述都被描绘为其中"贯穿着一根诗歌的线";据说,《古制全书》的作者展现了"爱尔兰人的所有判断力和诗才"。事实上,当代爱尔兰学者已经发现,部分《古制全书》的确是韵文。这种现象并不罕见。格鲁特(Grote)先生在谈到"梭伦挽歌"(*Elegiacs of*

---

① 公元 3—4 世纪的爱尔兰圣人。其对基督教在爱尔兰的传播有重要影响,后被奉为"爱尔兰守护神"。——译注

Solon)和韵文对散文的天然优越性时说:"一个聪明人,不论求知还是表达,即使是以最简单的形式,也要使之符合六步格诗和五步格诗的规矩,而不是受句号和分号的限制。"(History of Greece,iii. 119)我认为,这种古代的韵文,在现代被称为遗风,无疑是从韵律极为重要的时代流传至最早的书写时代,而有韵是为了使记忆力能够承受巨大的负担。现在人们普遍认为,卷帙浩繁的梵语韵体文献,其中既包括印度人的诗,也有他们的大部分宗教,而且对他们来说很大程度上便是历史,甚至他们的法律,这些最初都是以心传口授的方式得以流传的。即使是今天,在现存的梵文学校中,学生仍在接受令英国人啧啧称奇的记忆力训练。

这些册页篇幅不一,涵盖主题的重要性也各不相同。但是它们无一例外均由分段的原始文本组成。在文本的主体文字上面,或是作为主体文字的对照,有小字写成的注解或诠释,每段之后皆有小字书写的解说性评论,写在下一段的空白处。书写材料的匮乏大概足以解释这些手稿所采取的形式。但是,凯尔特人似乎有一种独特的注释习惯,各位也许听说过,欧洲大陆的宗教场所收藏的手稿中由早期爱尔兰僧侣在行间或页边写下的注释,与泽斯(Johann Kasper Zeuss)在凯尔特文献学中的发现有着莫大的关系。有两部"布雷亨法律"手稿,一部藏于大英博物馆,另一部藏于都柏林三一学院图书馆;在已出版的译本第二卷开头,可以见到它们的部分誊抄本。每一份册页很可能是某个团体的财产,用现代法律措词来说,这个团体世袭罔替,是一个家族或法学院,册页阐述了特定的法律信条。有充分的证据证明古爱尔兰存在着这种法学院,它们是与昔日的印度、在某种程度上也是与当代印度具有相似性的一个特征。

已出版的每一份册页中的这些文本,看起来是经过一番努力编辑而成,它无疑是来自先前已存在的材料;它也许是由某个人连续抄写下来;但对它的增补肯定是由后来的所有人在不同时间对它的诠释和阐发累积而成。我对编者的如下见解深表同意:文本大体上比较连贯而清晰,释义却往往暧昧而矛盾。英属印度的法官对婆罗门法律文献往往也有同样的评语,其中一些这样的文献同样分为文本和释义。说到古爱尔兰法律,这一整个过程的结果绝不会令当代读者满意。在任何现存的法规体系中,我不知道还有比这种令人反感的形式更严重地加剧了掌握其内容的难度。有个编者将一份布雷亨法律册页比作最糟糕的英国法律文件,它甚至缺少字母排序的普通优点;这样说虽不厚道,但并非不公正。

只有将现存手稿全部公之于世,才能令人信服地确定它们被形诸文字的确切日期,然而不幸的是目前尚未做到这一点。但是我们知道,《古制全书》的一份手稿至少在 14 世纪就已存在,因为拥有它的家族的一名成员在上面写有一段感人的文字:"今夜基督降世已 1342 年,也是爱尔兰爆发瘟疫的第二年。写下这些文字时我 20 岁。我叫休(Hugh),卡诺尔·迈克伊刚(Conor McEgan)之子;读到这些文字的人,请以慈悲心肠为我的灵魂祷告!现在是圣诞夜,今夜我将自己置于天地万物之王的护佑之下,恳求他让我和友人安然度过瘟疫。大疫之年,休记于父亲的书中。"

包含在这些法律册页中的法规体系,无疑就是英属爱尔兰立法机构一再给予谴责且被 17 世纪早期英国的爱尔兰观察家一再注意到的那个体系。它是在 1367 年被《基尔凯尼法》(*Statute of Kilkenny*)谴责为"邪恶和应受诅咒"的法律,也是埃德蒙·斯宾塞(Edmund Spencer)在《爱尔兰国通览》(*View of the State of Ireland*)中有如下描述的法律:"它是不成文的权利法规,通过传统代代相传;在裁决当事人双方的权利时往往表现出极大的平等,但在许多事情上完全违逆上帝和人定的法律。"约翰·戴维斯(John Davis)爵士将它与"正义和可敬的英格兰法律"加以对比,视之为"粗卑"和"不合理"的习俗,并且认为它对爱尔兰的荒凉与野蛮难辞其咎,"基督名下的任何国家绝无同样的情况"。我们这项研究的任务不是探讨这种强烈的厌恶在政治上具有多大合理性。英国人对布雷亨法律延续至今的最恶劣的评价即使不错,我们还是应当放宽眼光,转向我们之外的世界中更有前途的研究领域,看看现代思想的财富从遭到前辈拒斥的渣滓中获得了多少养分。幸运的是,消除民族偏见,是比较研究方法的突出特点。我本人相信,英国和印度有教养的人发现这两个民族有着共同的雅利安祖先,使英国人对印度的统治变得相对容易。同样,我冒昧地预测,总有一天,当明确认识到爱尔兰"粗卑的"制度也就是使英国"正义和可敬的"法律得以成长的制度时,我们在重复斯宾塞和戴维斯的恶言秽语时，就会有所顾忌了。为什么这些制度在发展中遵循了如此不同的路径？这要由历史学领域做出判断。但是，当它做出不偏不倚的判断时，我极为怀疑它会将差异完全归咎于爱尔兰民族性格的缺陷。我们现在能够冷静考察真实的古爱尔兰法律，可以看出它是十分值得赞赏的古代法律体系，有着不同寻常的纯正来源。它与最早的罗马法、斯堪的纳维亚法律、斯拉夫民族的法律有一些类似之处；就目前所知，它也与印度法律有类似之处（这尤其显著），而且与所有古老的日耳曼法律有着相当多的类似之处，这使英国研究者不断将它与英国法律进行的对比从科学角度看变得无足轻重。很明显，不管是在起源还是在原则上，它与我们所继承的威尔士法律属于同一体系；但是，威尔士法律最终通过某种途径发生了重要修正，它是因一个相对强大的中央权威的建立而发生。尽管埃德蒙·斯宾塞在他的实际建议中是最无情的人之一，但在英国批评家中他对爱尔兰的不友好表现得最少，爱尔兰的爱国人士部分地相信他的说法；当布雷亨法律出版时，他们希望它能够宣示一种平等和合理性，以置英国蛮横的法学于羞愧之地；在这一点上它没有令他们完全失望。除了用于历史研究外，它的许多部分——恐怕是大部分——毫无价值可言；但在某些方面它确实接近于当今最先进的法律学说。我相信，其原因在于它的发展方式，后面我将对之详细阐述；这种方式不是法院判决，而是法学家对假设性的事实所形成的意见。

  我现在可以得出以下结论：只要我们对雅利安习俗体系有所了解，不管它是先于罗马帝国而存在还是很少受它的影响，我们就会发现，它与作为"布雷亨法律"基础的制度之间存在着某些突出的相似之处。近年来，罗马帝国给现代社会的政治格局打下深刻烙印，经由诸多研究，已得到说明；但我要重复我的主张：罗马帝国与所有古代社会的其他统治者之间巨大的不同之处，在于它是通过"执政官诏令"（*Edicts of the Praetor*）和"皇帝敕令"（*Constitutions of the Emperors*）进行立法。对许多种族来说，帝国实际上废止了他们的习俗并代之以新的习俗。对其他一些种族来说，帝国立法的结果将自身与他们的法律不可分割地融合在了一起。对另外一些种族来说，帝国引入或极大地刺激了立法的习惯，这是它影响大不列颠顽固的日耳曼习俗体系的方式之一。但是,只要在雅利安种族的习俗未被它触及或很少受它影响的地方,雅利安习俗的共同基础仍然清晰可辨;因此,正是这些布雷亨法律册页,使我们将后来的雅利安世界的最东端和最西端,即印度和爱尔兰,联系起来。

我相信,下面的讲义将有助于表明,比较法学的学生可以利用这些我们对古代法律的新知识。现在,把我们这里必须给予重视的有关它的本质、起源和成长的观点与古爱尔兰实务家努力传播法律时所持的观点做一比较,是有一定意义的。毫无疑问,《古制全书》,也即《古代法律大全》,是法学院或其所属家族的非常珍贵的财富;它的拥有者曾为其加上一篇序言,大胆地认为它有一位近乎于神明的作者。序言中说:圣帕特里克的车夫奥德兰(Odhran)被杀,由此提出的问题是,杀人犯诺达(Nuada)应当被处死,还是这位圣徒应本着自身的原则无条件地宽恕他。圣帕特里克自己没有对此事做出裁决;叙述者以其真正的专业精神告诉我们,他创制了一种先例,据此海外来的陌生人总是可以选一名法律顾问。他决定"遵照爱尔兰王室诗人都柏塔希·迈克·卢盖尔(Dubhthach Macua Lugair)的判决",并"祈求都柏塔希的口谕"。随后这位仲裁者便口授一诗,毫无疑问非常古老也非常有名;据诗中所蕴含的判决,诺达应被处死,但是经圣帕特里克的求情他可以直接升入天堂。"随后,拉艾尔王(King Laeghaire)说:'爱尔兰人啊,我们依据这个案子来制定和安排其他所有法律。''这再好不过',帕特里克说。接着,爱尔兰的所有饱学之士便聚在一起,当着爱尔兰全体首领的面,在帕特里克面前展现自己的技艺。此后,都柏塔希受命解释爱尔兰的所有审判和所有诗歌,以及当时实行于爱尔兰人中间的所有法律。……这便是'帕特里克法'(Cain Patraic),盖德黑尔的任何布雷亨凡人皆不能废除《古制全书》中的内容。"

都柏塔希受到神启做出的处死诺达的判决,为法律评注家暗示了以下要点:"对上帝向都柏塔希揭示的以上判决的理解是,它是介于宽恕和复仇之间的中间路线;在帕特里克之前爱尔兰盛行复仇,帕特里克亲自为它带来了宽恕,因此诺达因其罪行而被处死,帕特里克则祈求他进了天堂。今天我们仍处在宽恕与复仇之间;现在没有人像帕特里克当时那样具有赐予天堂的能力,因此,只要能作出'爱尔兰式'罚金处罚,谁都不应因故意犯罪而被处死;一旦不能作出'爱尔兰式'罚金处罚,他就要因其故意犯罪而被判处死刑,因其非故意的罪行而被投入海中。"当然,以下观点是不能接受的:这种广为流行的古老制度,即因成员的错误行径而对其部落或家族施以金钱处罚的制度,是源于基督教的影响。但是,此乃单纯的复仇之余绪却是极有可能的;而且毫无疑问,当时它对于实行这种做法的人群来说,至少有着像16世纪英格兰人所习惯的,并且特别引为自豪的严厉的刑事司法一样大的好处。但是到16世纪时它的适用性也许已变得过时,所以它或可部分证明英国的谴责者那些恶评的合理性,当他们谴责布雷亨法"违逆上帝和人定的法律"时,他们一般是在说对杀人罪只处以"爱尔兰式"罚金的做法。

第二讲
古爱尔兰法律

就我们所能看到的古爱尔兰法律而言，官方译本第三卷的总序（the General Preface），讨论了它们的显著特征，其阐释也颇有教益。它们不是立法的制度，而是一个专业法学家阶层、即布雷亨的创制；他们的职业逐渐成为世袭制，并在此基础上被认定为一个等级，尽管并不十分严格。这种观点与早期英国研究爱尔兰的权威们就他们所谓布雷亨法律体系所告诉我们的观点相一致，确实可以通过简单地考察现已翻译出版的法律册页而提出来。《艾锡尔书》可能是最古老的；世所公认它的正文由两位著名的法学家考迈克（Cormac）和森菲莱德（Cennfaeladh）的格言组成。诚然，《古制全书》声称是由一个类似于立法的过程所产生的，但这种妄言并无凭据；而且，就算如此，《古制全书》也包含着不少著名的布雷亨的意见。按它的描述，正文中包含的法律规则形成于"自然法"和"神法"（law of the letter）。"神法"是指圣经律法（Scriptural Law），它为教会法所扩展，因为可以假定它是由爱尔兰最初的修道士教会所创制或适用。易于让人产生误解的"自然法"一词，并不是指罗马法学家所熟知的著名词组，而是指圣保罗在《致罗马人使徒书》(*Epistle to the Romans*)①中的文字:"没有律法的外邦人,若顺着本性行律法上的事,他们虽然没有律法,但自己就是自己的律法。"(《罗马书》第二章第十四节)可见,"自然法"是这个体系中的古老的前基督教因素;关于它,《古制全书》说:"从爱尔兰最初被占领到信仰被接受,圣灵通过布雷亨和爱尔兰正义诗人之口说出的真正自然的裁决,均由都柏塔希展现给了帕特里克。在成文法、新约以及信仰者的良知中,凡与神谕不相冲突的,均由帕特里克以及爱尔兰的牧师和首领在布雷亨法律中所批准,因为除了信仰、信仰的义务以及教会与民众的和谐之外,自然法也十分正确。这便是《古制全书》。"

另一方面,沙利文(Sullivan)博士的广博翔实的"欧柯里讲义导论"(*Introduction to O'Curry's Lectures*)②构成了《古爱尔兰的风俗习惯》(*Manners and Customs of the Ancient Irish*)的第一卷。他据古代档案断定,在一些社会中无疑发展成了真正的立法机构的制度,在布雷亨法律所属的爱尔兰有着它们的对应物,并且他毫不犹豫地指出了爱尔兰法律体系中某些"制定法"(statute-law)的部分。以目前对这些爱尔兰文献的考订状态而论,不可能在"导论"和"总序"的作者之间准确地做到不偏不倚;但是,他们的观点似乎并不存在乍一看所表现出的那种不一致。在社会的幼年期,现在判然有别的许多概念都混淆不清;现在许多与特定做法或制度不可分割的团体,当时并未与它们联袂而行。有大量证据表明,原始人的思想对立法权与司法权并无区分,立法机构也并没有同创制权联系在一起。现如今,立法者总是被认为从事创制的工作,法官则不然。但是在古代,立法者未必比法官做更多的创制;他至多不过是宣布早已存在的法律或习俗而已。在《梭伦法》(*Laws of Solon*)、罗马《十二铜表法》、《艾尔弗雷德与凯努特法律》(*Laws of Alfred and Canute*)以及所谓"蛮

---

① 简称"罗马书",为《圣经·新约》第六章。——译注
② 尤金·欧柯里(Eugene O'Curry,1794—1862),爱尔兰语言学家和古文物研究者。主要著作有《古爱尔兰法律》(与约翰·奥多诺万合译)和收录有21篇讲义的《古爱尔兰历史手稿材料讲义》(*Lecturers on the Manuscript Materials of Ancient Irish History*)。——译注

族法"(Leges Barbarorum)中最古老的《撒利法》(Salic Law)①里面,不可能确定有多少新的法律;但其数量完全有可能极为稀少。因此,当爱尔兰首领向部族大会颁布布雷亨的裁决时,其目的与其说是一项新法令,毋宁说是为了便利。欧柯里讲义中所附的一首著名诗歌告诉我们,首领每隔三年都到"卡门集市"(Fair of Carman)宣告"每一条法律所规定的权利和约束",但根本不能说这种宣告与现代意义上的立法有任何密切关系。现代世界从事创制的立法机构得以发展的某些条件,它们根本不为古爱尔兰所知;这些条件是:使社会得以形成的原始群体在某种程度上被完全打破;建立了一个集权政府,它可以无距离地对个人采取强制性的和不可抗拒的行动。

另外,一些独立的原因可以使人认为:在凯尔特人中间,最初由部落首领、部落大会或两者共同拥有的半司法、半立法的权力,很早就转移到了一个特殊的士人阶层手中。一些法律册页开篇所载的爱尔兰文序言非常有意思,但是不能确定其来源和日期;其中数次提及凯尔特社会的"德鲁伊祭司"(Druids)这一阶层,他们在主导人们的思想上无人能企及。"德鲁伊祭司"一词见于爱尔兰文。序言的作者似乎将他们看作以前专施魔法的异教传教士。比如,在《古制全书》序言中,法老(Pharaoh)的巫师就被称为埃及的德鲁伊祭司。这种观点似乎是我们在现代文学中相当熟悉的,它们赋予德鲁伊祭司人物以独一无二的突出地位;布雷亨法学家似乎也不将自己与他们认为完全属于世界上另一种古老制度的这一类人联系在一起。我非常清楚,若问到布雷亨与德鲁伊祭司在历史上毫无关联是否可以被接受为一个事实,我会建议探究一下他们中间哪一方弥漫着荒谬气氛。关于德鲁伊祭司和德鲁伊古迹,存在着如此之多的奇思怪论,以至整个论题看起来几乎超出了严肃讨论的界限。然而我们不可随便忘记,凯尔特风俗的第一位伟大观察者认为,欧陆的凯尔特人最引人注目的就是他们的社会中有士人阶层。我还要补充说,凯撒有关德鲁伊祭司的

---

① 《撒利法》是日耳曼人的早期法典,为撒利法兰克人古老习俗的汇编,第一次编纂可能在公元 500 年以前。——译注

记述,在我看来每句话都是完全可信的;对斯特拉布(Strabo)①同样可以这样说。但是我认为,围绕这个论题出现的一部分谬论,无论如何应归咎于普林尼(Pliny)的《博物志》(Natural History);它们似乎属于有关植物和动物的故事,世人写下的大量无聊言论都可以从中找到源头。

诸位也许记得凯撒描述的欧陆凯尔特人的情景,那是他第一次利用天赐良机对他们进行的实地考察。他告诉我们,他们的部落社会基本上由三个等级构成,他分别称为骑士(Equites)、德鲁伊祭司和平民(Plebeians)。有人曾说,这样描述第一次革命前的法国社会也相差不远,因为它同样分为贵族、教士和没有特权的第三等级;但是这种看法在很大程度上与其说正确,毋宁说是一句妙语。现在我们能够对凯撒有关高卢人的记述和布雷亨册页提供的有关凯尔特社会的证据加以对比。如果以这些材料为准,我们很快就会断定,尽管这种看法就其所言及的内容来说是正确的,但它错在忽略了细节。骑士或首领,尽管在某种程度上是一个独立的阶层,可是他们之间的关系并不如他们与自己统领各自的氏族或群落之间的关系亲密。"每个首领",布雷亨法律说:"统治着自己的土地,不论其面积大小。"平民也绝不是由不同的人构成的多数,而是被分为各种自然群体,归根到底是以家庭作为基础。说到其中的错误,我认为这是精神上的距离造成的。这种看法,正如从喜马拉雅山的斜坡上俯瞰恒河平原所得到的景象一样,是不完整的。这样得到的景象并非不正确,但俯瞰者遗漏了大量细节,小的突起无以计数,表面看起来却那么平坦。凯撒没有注意到凯尔特人的自然分支,即家族、氏族或小部落,而在我看来这有着特别的启发意义。人类平等的学说有其罗马的起源;当今西欧舞台上演的人类社会的断裂及其成员之间不可遏制的竞争,在罗马国家的机制中便深藏着它们的原因。因此,凯撒忽略细节,对一位既是伟大的执政官又是训练有素的法学家的罗马将军来说是极为自然的;毫无疑问,这也是现在印度的英国统治者往往会做的事情。人们经常说,一个总督需要

---

① 古希腊地理学家和历史学家,著有 47 卷的《历史概论》,叙述公元前 145 年—前 31 年的事(约公元前 20 年出版),仅有残篇存世。所著《地理概论》(约公元前 14 年)记载奥古斯都统治时期的民族与国家,是类似记载中唯一尚存的一部。——译注

花上两三年时间才能认识到印度庞大的人口是自然群体的集合,而不是他在英国看到的混合人群(mixed multitude)。有些印度的统治者因从未学会这一教训而受到责备。

在凯撒对凯尔特社会中可以称为非专职人员的描述中,有几个非常重要的细节值得注意。我下面会请诸位注意凯撒所说的骑士中的债权人和债务人这两类人,以及他们所依赖的首领不断增长的权力的重要意义。不过引人瞩目的是,在谈及德鲁伊祭司时,他的说明要详细得多。这里没有熟悉的团体使他发生误解,但是除此之外,这个被他归为首领的特权阶层的新建制显然极大地激起了他的兴趣。所以,诸位不妨回想一下他的描述中的要点,其中我故意省略了所有关于此一阶层的祭司职责的描述。他告诉我们,无论是公共争端还是私人恩怨,德鲁伊祭司都是最高法官;比如,所有涉及杀人、继承和地界的问题,都要交给他们裁断。他说,德鲁伊祭司负责主持学校教育,渴望受教育的凯尔特青年聚集在这里,有时一待就是二十年(他听说如此)。他说,这些学校的学生学习大量韵文,但从来不让他们写下来;他对此的看法是:其用意不仅是要防止神圣知识的普及,而且是为了强化记忆力。除了向我们描述德鲁伊祭司的宗教信条外,他还告诉我们,他们极为喜欢争论物质世界的本质、星体的运动以及地球和宇宙的维度。据他的描述,他们的首脑是一位德鲁伊首领(chief Druid),他去世时其职位由选举填补,继任问题有时会引发激烈的武装斗争(B. G.① vi. 13, 14)。

在凯撒所描述的德鲁伊祭司的职能与那些法律册页所提示的布雷亨的职责之间,有几点突出的、甚至是令人吃惊的一致之处。刚发掘出的大量法律文献确证了布雷亨在所有法律事务上享有的权威,而且可使人做出有力的推测,他们是所有争端的裁判。他们的著述是有关继承和地界问题的专文,而且几乎每一页译文都提到对杀人罪处以"爱尔兰式"罚金。古爱尔兰有众多的文学和法律学校,欧柯里能够在其中一所学校讲课长达十二年。所有文献,甚至包括法律文献,似乎都被视为诗歌。我们在

---

① B. G. 是凯撒所著《高卢战记》(*Bello Galico*)的缩写。——译注

《古制全书》开篇就遇到了凯撒笔下的那位德鲁伊首领,即都柏塔希·迈克·卢盖尔其人,爱尔兰王室诗人圣帕特里克在杀人问题上被选作仲裁、"祈求"得到其"口谕"的德鲁伊。以选举方式选择德鲁伊首领的模式,同样见于选定继承人的制度(the institution of Tanistry)①,在历史上它决定着爱尔兰所有高级职位的继承权,却为英格兰人所憎恶,因为它为秩序提供的保障弱于英格兰人不那么古老的长子继承制。不仅如此,法律册页的爱尔兰文序言中还有对一些问题的讨论,它们要么与法律无关,要么仅仅因为方便而被极其随意地与法律联系在一起。它们留给人的印象是材料的堆积,时间之久远各异,只是恰好存放在一所法律学校的档案中而已。《古制全书》的序言确实包含着对凯撒宣称德鲁伊祭司尤其喜欢争论的所有问题的专门论述。它在一个地方讲述了上帝如何创造天地,但其解释与摩西的解释亦相去不远。像凯撒笔下的德鲁伊祭司一样,它说出一些"有关星辰及其运动"(de sideribus atque eorum motu)、"有关宇宙和大地"(de mundi ac terrarium magnitudine)的不同寻常的说法;它宣称,神对从苍穹到大地规定了七个层次,并将月球与太阳之间的距离定为244英里。"他命令第一层即苍穹呈现此种样式:如同蛋壳包裹着鸡蛋,苍穹牢固地悬于上方,环抱着大地……每一部分都有六扇窗子,以让苍穹透射亮光。因此天上共有六十六扇窗子,每扇窗子都有一个玻璃栅;整个苍穹就是一个环抱大地的巨大水晶罩和保护屏障,它有三重天,又被三重天所环抱;第七层便位于这三重天中间。然而,它并不是天使的住所,而是像一个不断旋转的轮子;苍穹便是以这种方式旋转着,自七大行星被创造以来,它们也是这么旋转着。"这段话中的内容反映着中世纪流行的天文观,但它读起来颇似异教宇宙论的残篇,后来对它的修正闪射出微弱的基督教色彩。同一篇序言中也包含着对法律术语词源学的令人好奇的思考;《艾锡尔书》的序言则谈到了区分属与种的问题。

因此我以为,在欧洲大陆凯尔特人中产生所谓德鲁伊阶层的同样趋

---

① Tanistry,原意为"被选出的",在古爱尔兰指在首领活着时从其亲属中选出继承人。——译注

势,在爱尔兰凯尔特人中产生了我们所熟知的布雷亨阶层。而且在我看来,将这些趋势产生的结果与古代社会另一些著名的现象联系起来并不困难。有充足的理由可以认为,最早的雅利安文献中显示的与民众大会(Popular Assembly)并列的部落首领或国王,不但是军队将领,而且是布道者和法官。雅利安后来的历史向我们表明,这种混合权威(blended authority)发生了分割或"分化",要么转向民众大会,要么转向一个新的受托人阶层。在荷马描述过的亚该亚人中,首领已不再是布道者,但仍是法官;他的司法判决,即"θέμιστες",或"神裁"(dooms),尽管事实上可能源于先前的习俗,但人们仍相信那是上天给他的命令。不论是在高卢还是在爱尔兰的凯尔特人中,他均已不再是布道者,很可能也不再是法官,尽管司法权威仍作为"遗存"属于他的职权。可见,变化的顺序偏离了雅典历史所遵循的顺序,后者的王权制度仅以作为司法官的执政王(King Archon)的名号而幸存下来;也偏离了罗马历史所遵循的顺序,后者的"祭祀王"(Rex Sacrificulus)是祭司长或布道者。同时,在雅典人中间,民众大会事实上吸纳了国王的整个民事和刑事司法权;在罗马,它通过指定的委员会而独占整个刑事司法权。而在凯尔特人中,它似乎丧失了全部司法权威。或许可以允许我将我所理解的爱尔兰凯尔特人中发生的嬗变做如下描述:荷马笔下的西弥斯(Themis)是宙斯的辅政和国王司法灵感的来源,她因此而(不妨说)洋洋自得。国王将自己的权威只是授予一个人类辅政;我们从《古制全书》开篇那个故事中看到,即使有圣徒在场,以他作为来源的灵感也不会从他的口中说出,它也不会降于国王;它降给了专业法官。当我们最后一次看从首领或国王那里获取权威的那一类人——布雷亨、法官或做出判决者——时,他们已因英格兰人的征服而陷入苦难的深渊,社会地位大为下降。在较早的时期可以看到他们分化为家族或氏族,成为一些君王家族或权势家族世袭罔替的法律顾问。我在上一讲读过休·迈克伊刚(Hugh McEgan)"在他父亲的书上"所作的笔记,他便是依附于迈卡锡家族(McCarthys)的世袭布雷亨之一。但是,在最古老的爱尔兰传统中,布雷亨和国王的职能在很大程度上是不分的。最早的布雷亨被说成是有王族血统,有时被看成国王的儿子。爱尔兰大首领的候选人（Tanaist），即在首领家族中选出作为其去世时的继任者，据说有时行使法官的职权；一篇尚未出版的法律册页中载有这样的明确规则：尽管国王本身便是法官，但他让一名法官代替他也是合法的。考迈克·麦克艾尔特（Cormac MacAirt，传说中《艾锡尔书》的作者之一），便是一名退位的国王。即使有关他的故事是伪造的，它对研究古代制度的人也具有重大意义。因意外事故，他被弄瞎了一只眼，据说由于这个缺陷，他被从他的王位或首领地位上赶下台。据《艾锡尔书》说，他的儿子和继任者考尔波利（Coirpri）"一遇到疑难案件，便总是去找父亲询问；父亲总是告诉他：'吾儿，你理应知道'"——随后他便着手制定法律。

假如不去研究有关一致性的确切范围的特定学说，我们就能假定写作法律册页的士人阶层和被凯撒认为是凯尔特族特征的有学识的祭司基本上是同一批人，那么不仅我们为得出历史结论所做的事情与其说重要的，毋宁说令人好奇，而且在阐释这一既有趣又有教益的古代法律体系时，我们还克服了一些重大困难。在这种情况下，德鲁伊祭司和它的后继者即布雷亨之间的差别主要是：布雷亨不再是祭司。随着爱尔兰凯尔特人的改宗，所有祭司权威或宗教权威必然转移至"圣徒部落"——遍布于这个岛屿的传教士僧侣团体——以及依附于他们的大部分主教，他们很难与我们对古代教会组织先入之见相调和。其结果是，古代法律中的宗教制裁，即一旦违反便会受到超自然的惩罚，将会消失，除非法律规定与新的基督教法典即"神法"的教规十分契合。缺少处罚有时是理解《布雷亨法律》的难点之一。如果一个人不服从法规或抵制它的适用，那会发生什么？《古代法律》第三卷的现代序言的一位博学作者认为，布雷亨法律体系的实施在于诉诸仲裁。我本人也确实认为，就对这个体系的了解而论，它会指向这个结论。布雷亨的目标是迫使两造将争端提交给布雷亨，或有布雷亨作顾问的一位有权威的人，由此大量法律往往会并入"扣押法"（Law of Distress），它列明了用剥夺一个人的财产来强制他同意仲裁的各种方法。但人们难免会产生一种强烈的感觉，较之现代法院的严厉做法，这种强制是软弱无力的；此外，财产会遭到扣押的人为何不能坚持进行成功的反抗？毫无疑问，法律对反抗规定了惩罚；但是最终的处罚在哪里？凯撒提供了一种解答，我认为它具有一定的真实性。他说，如果一个高卢凯尔特人拒绝服从德鲁伊的判决，他会被革除教籍，这被认为是最重的惩罚。我下面能给各位展示的布雷亨法律缺少处罚或其软弱无力的另一个例子，也非常引人注目。如果你对一个有一定地位的人提出合法主张，你希望迫使他履约，《古制全书》告诉你"对他绝食"。它说："在下等人的案子中，扣押财产之前要先行告知，但显要人士提出或对显要人士的扣押不在此列，在他们的案子中，扣押之前要先行绝食"（《爱尔兰古代法》，vol. i. p. 113）。毫无疑问，这种制度与东方流行的制度，即印度人所谓的"坐达纳"（sitting dharna）①是一致的。具体做法是：坐在债务人门前并且绝食，直到他偿还债务。从英国人的观点来看，这种举止一向被认为是野蛮的和不道德的，而且《印度刑法典》明确予以禁止。尽管如此，它暗含着一个问题：如果债务人听凭债权人饿死，那该怎么办？印度人无疑认为，某种超自然的惩罚将会降临；确实，债权人一般会有所节制，转而聘用一位婆罗门代他绝食，任何印度人都不怀疑造成一位婆罗门死亡会产生什么结果。我们不禁会设想，布雷亨的绝食规定也曾被认为是以同样的方式施行。凯撒说，德鲁伊相信灵魂不朽和转世说，并且认为这是他们的学说的关键。因此，德鲁伊也许出色地传授了这样的信条：如果债权人饿死，随之而来的将是来世的刑罚；在《古制全书》的语言中，也许就有这种信条的微弱反映："不会发誓绝食的人是在逃避一切；漠视一切的人不会得到神或人类的赔偿。"但是爱尔兰布雷亨很少在这个论题上作出任何明确的断言，因为绝食在当时已成为基督教会的特定宗教仪式，基督教教士对它的条件和精神作用已做了明确的界定。理论上讲，我应当说，一个人若拒绝向绝食行为屈服，便会罪加一等，至少按布雷亨法律评注者的训诫是这样；但是这种条款使我们再次面对先前我所指出的困难，使我们重新提出这样的问题：在法院不拥有强制出庭和服从的不可抗拒权力的时代，法规的确切价值是什么？

如果我们有理由将布雷亨法典的谱系追溯至实施超自然处罚的体

---

① "达纳"（dharna）意为"长坐绝食"，是印度一种要求伸张正义或讨债的方式。——译注

系,那么,就其发展模式而言,我们能够从不同的方面将它与其他法律体系加以对比。就它包含着极有可能是雅利安习俗的原始基础而论,它与印度法律是极为相似的;长期以来相继不断的专业评注者所选定的一种解释体系,使这一基础得到了很大的扩展。但是它不可能具有婆罗门法学那样的神圣性以及随之而来的权威性。婆罗门和布雷亨皆假定,国王和法官会实施他们的法律,而且明确责令他们实施这种法律;但是婆罗门可以宣布,蔑视和不服从将招来无尽的堕落和折磨,布雷亨却只能断言,学识不精的同行如果做出错判会让自己丢脸;首领如果允许背离公序良俗的行为,将给自己的领地招来坏天气。布雷亨法律的发展也与——有充分理由这样认为——罗马法早期所遵循的发展进程相同。我不止一次引用过的第三卷序言的作者,便提到一些我几年前就罗马法借助于"法学答疑"(Responsa Prudentum)进行扩展这个问题所发表的观感;它们是由一代又一代著名罗马法学家积累起来的解答(或者用布雷亨的术语说,判决)。他采用了我的描述作为对布雷亨法律发展最可能的解释。但是在罗马国家,对"博学者的解答"总是采用一条标准,而它不适用于,或不系统适用于布雷亨的审判。我们只知道罗马人臣服于一个最强大的中央政府,它为法院配备了由它支配的武装。尽管罗马体制并不按我们英国的经验已使我们习以为常的方式运行,但是大可不必怀疑,在罗马,专业法律意见的有效性的最终标准,正如在其他地方一样,是法院落实权利和义务的行动要符合这种意见。然而在古爱尔兰却值得怀疑,它可曾存在过我们所说的那种意义上的中央政府;同样值得怀疑的是,任何一个统治者或统治者们所掌握的公共武装是否通过法院体系加以系统地运用;至少有一种站得住脚的观点是,相当于法院的制度,只有在嫌疑人自愿服从的情况下,才能行使司法权力。

然而,从我们今天的观点来看,最强烈的对比或许存在于古爱尔兰法律和早期英格兰法律之间。在相对较早的时期,英格兰司法的中央集权化比任何其他欧洲国家都更强烈;但是在爱尔兰,没有中央政府给予法律以支持。过去的几个世纪以来,在实践上,英格兰法庭的程序是不可抗拒的;而爱尔兰法庭的程序即使具有强制性,也极为软弱。爱尔兰法律为世袭制的评注者所发展；但是在英格兰，我们赋予法律文本最博学作者的非官方解释的权威，要远少于欧洲大陆任何地方。我们得到法律，按每一代人的需要对它进行调整，或通过立法机关的立法，或是通过我们最勤奋的法官在确定事实类别的基础上做出的裁决。但是，正如我已经说过的，我更倾向于认为，布雷亨法律的任何部分均不是源自立法。创新和改进的源头是博学的布雷亨，他像是在随意发明各种事实，用来作为自己法律信条的框架。他的发明必然受其经验的限制，因此法律册页中提到的案例具有重大意义，因为它们揭示了使它们得以形成的社会；但是这些案件似乎是纯粹假设性的，其目的仅仅在于阐明恰好被讨论的规则。

在刚才提到的拙著中，我在谈到早期罗马法时说："在提出或创制可能的问题上缺乏任何明确的约束，这种情况肯定对它产生了重大影响。可以随意增加材料，为制定一项普遍规则带了极大的方便。在我们（英格兰）的司法活动中，法官不能偏离展现在他或他的前辈面前的一组事实。相应地，审理的每一组案件，用法国人的方式说，便有了某种神圣性。它需要某些使它与其他每个案例有所区别的性质，无论是真实的还是假设性的。"我认为无可置疑的是，在没有出现与之符合的事实之前，绝不武断地宣布一条法律规定，英国人的这种习惯做法便是特定时期的英国法律，与它现在的状况已大大胜出的另一些法律体系的丰富和合理性相比，表面上落后和贫乏的奥妙所在。正如我前面所说，甚至对布雷亨法律来说，以下这一点也是成立的：它没有让对它充满期待的爱国者彻底失望。当古代文风和形式被摒弃时，它们便呈现出明显具有现代性的内容。我非常同意其中一位编者的观点：古爱尔兰《民事侵权法》中，在"共同过失"（Contributory Negligence）的问题上与现代信条异乎寻常地接近；而且我发现，《艾锡尔书》的古怪内容中，在有关损害衡量标准的难题上，有可能提取出一些极为明智的裁定，而为此研究柯克勋爵（Lord Coke）的作品却属徒劳，尽管他的作品要晚得多。但是，布雷亨法律也为它这种明显超前的现代法律精神付出了沉重代价。必须承认，布雷亨法律的大部分内容都弥漫着一种幻想和不切实际的气氛。情形似乎是这样的，布雷亨法律人在形成（姑且这么说）特定的损害概念后，作为一种精神活动，便开始设想实施侵权行为的所有不同情形,然后再决定能使某种传统赔偿原则适用于假定案件的方式。如此耽于想象,经常使他陷入琐碎或无聊的境地,而且异乎寻常地增加了法律细节。《艾锡尔书》有四页(对古代法律体系而言,这是很大的篇幅)讨论了斗狗时由狗所造成的损害,其中以极其精细的方式阐明了以下情况所需要的法律变种:狗主人;观众;"公正的调解人";"不公正的调解人",即试图将狗分开却偏向其中一方的人;偶然的旁观者;少年和傻子。同一份法律册页还处理一些奇怪的损害论题,其中包括从厨房中偷食的猫、在女人打架中使用卷线杆的女人,还有蜜蜂,而且区分了蜇刺引起出血和未引起出血的情况。还可以举出无数其他例子;但是我要再次重申:所有这些都与那些即使是现在也仍具有司法意义的内容,以及与当时社会状态下很可能具有极大实践重要性的内容混杂在一起。

以下一点也许并未引起英国法律著作家的足够注意:我们的法庭使我们熟悉的那种阐明法律原则的方法,绝对是英格兰以及受英国习俗直接影响的社会所特有的。在所有西方社会,制定法,即主权国家直接发布的命令,日益成为法律的唯一来源;但是在所有欧陆国家,仍会不时提及其他各种类型的权威,包括《罗马法全书》(*Roman Corpus Juris*)的文本、对《法典》和其他成文法体系的评注、著名法律人的非官方著作以及被英国法官和法庭评为顶多属于二流的浩如烟海的法律文献的另一些分支。然而,没有任何地方能够像我们一样,赋予一个得到判决的"案件"以同样的威严;而且我感到很难让外国法律人理解,为何他们的英国同行会默默服从法国人所说的一个具体法庭的"法理学"。从一个角度看,英国法无疑因这种不愿创新或把想象的事实作为规则的基础而受到伤害,并且它将继续带着这种伤害给它打上的烙印,直到立法上的变革和改变用语完全揭示目前被语言和形式的缺陷所掩盖的常识。另一方面,英国法庭的这些习惯似乎与英国体制最尊贵的特征之一有着密切的关系,即它对事实极为细心。世界上其他任何地方对事实皆没有同样的敬重,除非它有着英国的渊源。我们欧洲的同代人没有这种情感,我们的远古祖先也一样。据说,在人类历史的早期,事实问题被视为最简单的问题,这种说法在我看来是颇为公允的。诸如"神裁"（Ordeal）和"免罪宣誓审判"（Compurgation）①这样的事实检验方式，便可轻而易举地完全满足人类的智力；唯一得到承认的困难是，发现法律传统及其对检验结果的适用。从某种意义上说，我们自己的事实确定机制无疑仅仅是一种人为的技能。我们所采用的事实标准是，十二个人对在他们面前做出的陈述意见一致。但是，为了从人类的最高智慧中得到有关证据的决定，则必须采用能使他们相信或试图使他们相信的方式。这种古老的程序有时毫无意义，有时只是隐约合理；现代英国的法律程序大多数是不完美的，而且其中一些不完美是源自人性和人类社会的基本构造。因此我颇为同意专业人士的一般看法，即英国法律有关事实的观点以及确定事实的方式为它带来了很大的荣耀。然而，恐怕这个事实总是会让法律改革家感到绝望。边沁的一些说法让我觉得，他以为如果按他的原则重新制定《英国证据法》（English Law of Evidence），事实问题将不再出现任何严重困难。立法机关几乎采用了他的每一条建议，但是对事实的调查却变得比以往耗时更长，也更加复杂。不争的事实是，法庭不得不花费主要精力处理的有关人性的事实，要比有关物质本性的事实远为模糊晦暗和错综复杂；由于发明和创业精神的进步，由于现代社会的多样性有增无减，现代社会运动的节奏在不断加快，在我们这个时代，准确确定事实的困难也在不断增加。我们有可能会看到英国法律采用了边沁所希望并为之努力的形式；我们在流逝的岁月中一点一点地接近他的目标；结果，即使我们很少同意他的观点，即一切法律问题皆源于某些司法谬见或法律滥用，我们也可合理地期待它们不再那么频繁地出现和更容易解决。但是，无论是事实还是确定事实的方式，几乎都不会倾向于自我简化，在任何可以想象的社会状态中，法庭都不会享受永久的假期。

我已经尽力解释了在我看来爱尔兰布雷亨法律不具备的那种权威。"自然法"丧失了所有超自然的制裁力，除非它与"神法"相一致。它没有

---

① 神裁是一种裁决被告人是否有罪过的原始裁判方式，通行于欧洲至13世纪；有四种方式：火审、冷水审、沸水审和决斗。"免罪宣誓审判"为英国旧时一种判案方法，被告人可以找十二个人以宣誓方式证明其无辜。——译注

获得,或只是十分不完美地获得了国家运用公共武力通过法庭强制人们服从法律时它所获得的那种约束力。那么,它有任何权威吗?如果有,是什么样的权威?我在三年前曾试图给出这个问题的部分答案(《西方和东方的村社》,*Village Communities, in the East and West*, pp. 56, 57);对这个问题可以说的话不少,但我想以后择机再谈。以布雷亨法律宣示着古代的本土风俗而论,它有着适用于由合作性自然群体组成的社会所遵从的所有习俗的顽强生命力。但是,除此之外,它对人类精神的影响还有另一个来源,即对它进行阐释的那个阶层的大胆而绝非夸饰的自我肯定。印度婆罗门法律所享有的部分权威,毫无疑问应当以这种方式加以解释。布雷亨不能像婆罗门那样自负地做出如下断言:他的命令源自梵的头脑,它是完美纯洁性的具体体现,传授它的第一个老师直接受命于神。但是布雷亨的确宣称,圣帕特里克和其他伟大的爱尔兰圣徒批准了他所公布的法律,一些圣徒甚至对它做过修订。就像婆罗门一样,他也绝不会放弃证实其职业尊严的机会。在这些法律册页中,这一行的首领的地位,与凯撒所描述的德鲁伊在凯尔特社会中的地位一样,处于最高等级。伤害他们所要赔付的罚金,以及他们由其他阶层出钱进行宴饮的权利(后面我们将予以更多关注的一种权利形式),与主教和国王的权利相当。信众极有可能至死也接受这些权利主张。就我们所了解的那种思想状态而言,我们几乎很难为那个唯一的士人阶层的言辞被自发赋予的全部权威设定任何界限。肯定会让很多人吃惊的是,现代社会中那个相应阶层的势力,要远远超过仅仅考虑我们的社会机制时所能给予肯定的程度。外国人或许有一种印象,即随着历史车轮的行进,它所拥有的势力也与日俱增;这种印象可能来自麦考利勋爵(Lord Macaulay)的精彩叙述或被它所加强,他曾将他那个时代收入颇丰的文人工作与百年之前格拉布街(Grub Street)①贫困潦倒的雇佣文人进行了对比。我认为,这种观点大体上说几乎无疑是正确的。用现代的新词来说,这一阶层把民众——他们通过将他们零散的知识和经验删繁就简而免除了精神困惑,这本质上是一个

---

① 格拉布街为伦敦一条老街,以潦倒文人群集之处著称于世。——译注

让人省心省力的过程——懵懵懂懂感知到的观念"格式化";这一阶层并不总是只有哲学家、历史学家和小说家,而且还有诗人、牧师和法律人这些早期的代表。说后面这些人乃是其最强大的成员,亦绝非谬言。时至今日,他们不得不应付一群批评者,这种人或多或少随处可见,并且因自然科学的发现方法而力量倍增。当代的权威没有一位能够和从来听不到批评的时代的那些权威人士相媲美,他们在谈到法规时仅仅说:"有学问的人就是这样规定的",或者使用更加令人印象深刻的套话:"书上就是这样写的"。

然而,尽管我完全相信布雷亨法律享有巨大权威,但是我认为它的实施极有可能并无规律,时断时续;同时,在整个古爱尔兰,对它的局部的和各地的违背是一种普遍现象。任何对其实际适用的问题感兴趣的人,必会遇到印度婆罗门法律所提出的问题。后一法律体系的研究者经常自问,在英国人通过法庭将其付诸实施之前,婆罗门法学家的法律在多大程度上能够得以执行?如果把它同印度实行的无以计数的地方性习俗加以对比,他尤其会发出这样的自问。《古爱尔兰法律》第三卷的编者给出了性质相同的问题的一个非常恰当的例证,即从《凯路文稿》(*Carew Papers*)中摘录的一个故事,它是关于大爱尔兰奥尼尔家族(the great Irish house of O'Neill)首领地位的一个著名争议。该家族的首领康·奥尼尔(Con O'Neill)有两个儿子:马修(Matthew)和沙尼(Shane)。按继承权的规定,马修·奥尼尔是康·奥尼尔的蒂龙伯爵爵位(earldom of Tyrone)的继承人。沙尼·奥尼尔向英格兰政府激昂陈辞,认为这些规定是无效的,因为国王在授予伯爵爵位时不知道马修·奥尼尔是非法的私生子,他实际上是丹托克(Dundalk)一个锁匠的妻子所生。沙尼·奥尼尔被认为是纯粹爱尔兰观念的鼓吹者(参见 Froude, "English in Ireland", I. 43)。但是尽管他所坚持的合法性规则符合我们的观点,它却直接违背《艾锡尔书》的法律信条;在一段最令人诧异的文字中,《艾锡尔书》正式规定了一种程序,在支付养父母补偿金后,生父可以把和马修·奥尼尔这种情况一样的儿子带回自己的家。除非沙尼·奥尼尔对这种合法途径表现出的无知是为了蒙蔽英格兰政府,否则便应当说:尽管《艾锡尔书》被认为是考迈克王(King Cormac)所作,它并不享有一致公认的权威。

我不知道,英格兰人一旦彻底征服爱尔兰,他们疏于通过自己建立的法庭实行布雷亨法律,可曾被算作爱尔兰的错误。但是如果他们真这么做了,他们便会引起后来他们带给印度的那种变化,尽管无知,却是出于最良好的愿望。他们会赋予一个规则体系以更强大的力量和更广阔的领域,而在他们赋予它新的权威之前,它的实施是散漫的、时断时续的。即使如此,我也不怀疑英国人对于使我们所看到的那种形式的布雷亨法永久化贡献良多。盎格鲁—诺曼人在爱尔兰东海岸的定居点,犹如一股祸水,它不断越界侵扰凯尔特人的地区,加剧了那里的混乱状况。假如让这个国家自行其是,一个大爱尔兰部落几乎肯定会征服其他部落。我们并不知道其来源、只因存在着一个为司法注入力量的强大的中央政府而产生的所有法律观念,也会进入布雷亨法。在历史上的很多时期存在的所谓英格兰文明和所谓爱尔兰野蛮之间的差距,实际上比一般所认为的要小,它几乎会全部消失。

在结束本章之前,有必要说明,布雷亨法律并非没有受到使西欧现代法律有别于古代法律的两大势力——基督教道德和罗马法学——的影响。它已经被罗马法学观念所改变,虽然试图准确说明它的变化程度未免太冒失。我有可靠的材料,在已翻译但仍未付梓的册页中,引用了一定数目的罗马法律原理,并且提到了一位罗马法律顾问的名字。就已出版的册页能为形成一种观点所提供的材料而论,我倾向于认为罗马法影响十分轻微,而且这种影响不能归因于对罗马法学家著作的研究,而应归因于它与或多或少浸淫于罗马法律观念的教会人员的关系。我们可以非常有把握地说,法律册页中的一个概念——即"遗嘱"(Will)的概念——布雷亨是受益于他们的;其中看到的另一个比较先进的概念——即"契约"(Contract)的概念——的发展,我们很可能也要把功劳算在教会头上。对于有时在不属于古代的西欧诸法律体系中看到的遗嘱赠予规则的起源,近年来已经有很多思考;博学之士的意见强烈倾向于这样一种观点,即它普遍源于罗马法,但是因基督教神职人员的影响而传播开来。对"契约"不能做出这种十分自信的断言;但是遗赠的神圣性和承诺的神圣性对于作为虔诚赠礼的受赠人的教会,有着同样的重要意义;说到布雷亨法,在已出版的主要涉及契约的小册子《习惯法》(Corus Bescona)中,从封面上就能明白地看到教会的物质利益为其编纂提供了主要动机。《习惯法》——我可以说,它在某种程度上混淆了契约和许可、赠予的承诺和赠予的行为或执行(这在古代法中并非不常见)——包含着一些很值得关注的有关契约问题的主张。在这里,以及在《古制全书》的其他部分,以极其严厉的语言阐述了违约的危害。"如果口头约定没有约束力,世界将陷入混乱。""有三个时期世界将被毁灭:瘟疫时期、全面战争时期、口头契约被废除时期。""契约被废除,世界便没有了价值。"乍一看,这更像是 18 世纪而不是 6 世纪至 16 世纪之间任何时候的信条。我们不妨看看,在这种得到明确阐述的立场生效时会发生什么。我们在《习惯法》中可以看到一种分类尝试,恐怕它会深深震撼杰米利·边沁和约翰·奥斯汀。布雷亨法律文本的作者问道:"有多少种契约类型?"答案是"两种","一种是有效契约,另一种是无效契约"。这无疑是很荒谬的,但是似乎可以做出如下解释:契约绝对神圣的原则很可能源自异域,并且是出于特定的目的而得到坚持。因此,对于爱尔兰凯尔特人社会实际的法律状况和实际情形来说,它的规定太过空泛。在这种情况下,论述契约的文章必然在很大程度上采取论述契约无效的理由和过于宽泛的一般规则的多种例外情况的论文的形式。以古代而论,契约的效力受到各方面的限制。它受到你的家人、远亲、同村人、部落、首领的权利的限制。如果你的契约与教会相悖逆,还会受到教会权利的限制。《习惯法》在很大程度上便是论述这些古代的限制条件的文章。同时,一些无效性的现代理由也得到很好的阐述,这种优点或许应归功于罗马信条对布雷亨法学派的渗入。

关于基督教观念对这些布雷亨作品的影响程度,也要做出某些说明。基督教肯定对它们产生了相当负面的影响。布雷亨不可能再断言说,违背他的法规会招致超自然惩罚,而且其后果无疑很重大。但是正如各位所见,在"对人绝食"或"坐达纳"的事例中,异教法规仍保留在这种体系中,尽管它已经丧失了重要性。再者,布雷亨接受所谓"神法"的积极后果似乎是:大量与教会领地权利相关的法规得以发展,它们构成了布雷亨法相当有趣的一部分。但是,确实没有什么事情能与基督教原则向古爱尔兰法律内部的渗透相比。如果想在什么地方寻找这种影响,那必然是婚姻法,以及离婚法、嫡亲法和继承法这些相关的分支。然而,这正是一些作者在布雷亨法中详细阐述的部分。他们深信,关于两性关系,原始爱尔兰人与凯撒听说过其风俗的不列颠凯尔特人是十分相近的(B. G. v. 14)。《艾锡尔书》不但规定野合所出,而且规定通奸所出的私生子均具有嫡亲资格,并且规定了对养父的赔偿。关于"社会关系"的册页似乎假定,两性暂时同居是合乎习俗的社会秩序的一部分,它按这种假定调整双方的相互权利,并对妇女的利益表现出特别的关切,甚至达到了接受她在同居期间所做家务的价值的地步。然而,对布雷亨法律的这些条款也有必要做一说明。它们虽然令人诧异,但未必不能把它们理解为社会进步的标志。凯撒清楚地看到欧洲大陆的凯尔特人实行一夫多妻制,生活在由严格的父权凝聚在一起的家庭中。作为一名熟悉尚未衰落的"父权"(Patria Potestas)的罗马人,他认为值得记下高卢人的家族首领对妻子儿女握有生杀大权;而且他惊讶地注意到,如果丈夫死因不明,妻子会受到严酷的对待,一如在罗马一旦主人被不知何人所害,家奴就要殉主一样(B. G. vi. 19)。许多社会在宗教之外的因素影响下由一夫多妻制转变为一夫一妻制,尽管对这种转变(不过它无疑是个事实)说不出多少令人信服的话,但可以合理地做出推测,不论在什么地方,离婚自由是这种转变的原因。允许多妻的社会可以演变为禁止任何时候有不只一个妻子的社会,但它并没有进一步发展。现代西方世界的一夫一妻制其实是罗马人的一夫一妻制,基督教道德只是废除了它的离婚许可。几乎没有材料能够说明教会影响爱尔兰婚姻关系变化的程度,但是有一些迹象表明,在罗马帝国偏远地带的蛮族中,诸如有效婚姻的条件等教会法规的确立,其进程是十分缓慢的。伯顿先生(Mr. Burton)(*History of Scotland*,ii. 213)在谈到爱德华一世之前向苏格兰王室法院主张权利的私生子原告的数量时说:"他们可以提出自己的主张,这仅仅表明教会尚未绝对确立这样的规则,即唯有从她的仪式和她的圣礼中才能产生能够将继承权传于后代的婚姻。"论述"社会关系"的法律册页重视"原配"妻子,这种认可或可归因于教会,但从整体上讲,我的印象确实是:基督教在传入爱尔兰时采取的极端禁欲主义的形式,不利于它获得对民众道德的控制。普遍的看法似乎是:贞洁属于一个特殊阶层的职业美德,因为做出我所描述的有关俗人道德的假设的布雷亨册页,在谈及修士或主教的生活无节制时,带有最强烈的斥责和厌恶。现在,爱尔兰很可能是所有西方国家中两性关系最接近于建立在基督教理论所要求的基础之上的国家,而且没有任何理由怀疑,这种结果大体上是由罗马天主教神职人员带来的。但是,这种道德净化却是发生在这样一个时期:僧侣和禁欲修行不是被驱逐出爱尔兰,便是被置于法律管制之下。

我要利用这个机会讲讲基督教对于比布雷亨法更有名的法律体系的影响,在我看来,总是被特洛普朗(M. Troplong)和其他著名法学作家所夸大。有证据表明,在剥夺各阶层异端的资格、对属于旧法律规定的离婚自由加以限制方面,基督教当然影响了罗马法。但是,甚至以离婚而论,与我们所了解的罗马世界的民意相比,变化也并不像我们所预期的那样大。据说基督教对帝国的奴隶法有某些改进,但它们很可能只是被基督教的影响所催化,作为其开端的原则却起源于斯多葛学派而不是基督教。我毫不怀疑以下公认的观点:基督教大大减少并努力铲除了西方依附于人身和土地的奴隶制,但是我所提到的欧洲大陆的法律人,在很大程度上将基督教影响的时间提前了,而且甚少论及天主教牧区中所有人实际上的平等对后来所产生的巨大影响。但是从原则上说,我不赞成这种在一些国家已经成为专业常识的说法,这有两个理由:它们对一个富有教益的事实轻描淡写,即所有法律体系都有很强的刚性;它们模糊了一个有趣但悬而未决的问题,即教会法的起源。实际情况似乎是:罗马帝国的法律没有满足基督教社会的道德观,这是另一种规则体系在它旁边发展起来并最终几乎与之对抗的最可能的原因。

第三讲

作为社会基础的血亲关系

对人类社会原始时期历史的最新研究指向一个结论：最早将人们凝聚在共同体中的纽带是血缘或血亲。近几年来，人们对这个问题从不同的侧面进行研究，在原始血缘关系的意义及其如何产生等问题上聚讼纷纭，但是大家普遍同意我说过的事实。血亲过去是处在现在凝聚人类社会的多种影响因素的位置上，但我们或许有必要持谨慎态度，不可对它持太过宽泛的认识。它被视为是有效的联合纽带，但无论如何也不是情感性的联合纽带。由于缺少更好的措辞，我只能把它称为存在于全人类之中的一种道德亲情，这种观念在整个历史进程中稳步得到了普及，现在我们有了一个反映这种观念的极抽象的术语——仁爱。在造就这种更宽泛、更含糊的血亲观上，最强大的力量无疑是宗教，其实是一种伟大的东方宗教扩展了它，直至出于某些目的吸纳了全部情感天性。我们在品味原始的血亲观念之前，必须完全摒除现代人对它的扩大。除了被视为事实上的实际血亲关系，我们未开化的先祖从不承认任何同胞关系。如果一个人不是另一个人的血亲，他们之间便没有任何关系。他是敌人，或宰杀之，或劫掠之，或仇恨之，犹如部落捕杀野兽一样，这是最狡诈、最残酷的野兽世界。与异族部落的人相比，追随的营帐与

第三讲 作为社会基础的血亲关系

之有更多的共性,这种说法绝非夸大其词。

法理学的研究者所关注的人类部落,完全属于现在普遍按语言分类的种族,例如雅利安族和闪族。除此之外,他还考虑的人群顶多是后来被称为乌拉尔人、土耳其人、匈牙利人和芬兰人的那些边远人群。所有这些种族在部落时期的特征是,部落成员认为部落本身及其分支都是同一男性祖先的后裔。这些共同体认为,他们所熟知的家族群体,是由同一个男人及其妻子或妻子们的后裔所组成;大概他们已经习惯了那个由一个亡故不久的祖先的后裔组成的更大群体,它在印度仍作为一个紧密的血亲联合体存在着,尽管我们只能通过它在我们的"继承权位序表"(Tables of Inheritance)中留下的痕迹对它有所了解。他们相信,他们亲眼所见的构成血缘群体的方式,与这个共同体本身得以形成的过程是一致的。因此理论上的假设是,所有部落成员都是某位共同祖先的子孙;子孙形成分支,分支又生出更多分支,直到所有群体中规模最小者,即现存的家庭。我认为可以这样说,只要这种观点仅限于指雅利安人、闪族人、乌拉尔人等种族,其正确性便可以得到基本的认同。至多可以断言,在这些种族有记录可查的部分习俗中,隐约透露着另一些更早状态的迹象。然而,人类种族中有相当部分不能列入雅利安人、闪族人或乌拉尔人,对他们而言,则可以做出另一些非常不同的论断。首先,有证据表明,在他们中间广为流行的血缘观念,并不符合有着共同的单一祖先的假设。其次,人们已经指出,一些孤立的、十分野蛮的小群体,他们长期隐居于人迹难至的印度河流域,或南部大洋的珊瑚岛上,仍然遵循着某些习俗,若称它们为不道德是不正确的,也是有失公允的,因为以我们这里所持观点来看,它们要比道德更古老。最终的提示是,如果在世界历史的更早阶段这些习惯比现在的分布范围更广,那么我已说过的那些反常的、非雅利安人、非闪族人或非乌拉尔人的血亲观念,就应有它自己的解释。如果这里指出的结论反映着真实的情况,如果这些习俗确实一度普遍存在,那么人类曾遵循低等动物的方式这种说法,便是对人类的一种不当恭维,因为所有低等动物事实上并不遵守那种被归于它们的习俗。但是,不管这些探究有何意义,只有它们能够明确证明高等种族的血亲关系是从现在所知的属于

67 低等种族的血亲关系中成长起来时,才会使我们感兴趣,而且即使如此,它与我们的关系也十分遥远。毫无疑问,近来有些著作家坚信一种形式的血缘关系源于另外一种形式的血缘关系。纽约的路易斯·摩尔根(Lewis Morgan)先生写了一部非凡的大作《人类家族血缘与姻亲体系》(*Systems of Consanguinity and Affinity in the Human Family*),由华盛顿史密森学会(Smithsonian Institute at Washington)出版。他计算出,在家庭形式从雅利安部落视为自身起源的那种形式中呱呱坠地之前,以血亲关系为基础的共同体至少经历了十个阶段(p. 486)。但是摩尔根先生也谈到了以实际存在于雅利安族、闪族人和乌拉尔人中间的证据为基础而得到公认的体系,认为它"显然是建立在这样一种假设上,即存在着单一的夫妻婚姻,以及这种婚姻关系所导致的父母的确定性"。因此,他补充说,"它肯定是在单一夫妻的婚姻关系确立之后才发生的"。

关于这些较大种族所承认的联合的纽带,这里必须做出一个对早期习俗研究者来说相当重要的评论。血亲作为凝聚共同体的纽带,往往被认为等同于对一个共同权威的臣服。权力观念和血缘观念融为一体,但它们决不可相互替代。关于这两种观念的融合,我们有一个熟悉的例子,

68 这便是规模最小的群体即家庭对家庭首领的臣服。我们无论在哪里看到这种群体的证据,都很难说其成员被明确视为血亲,还是被看作产生他们血亲关系的那个人的奴隶或半奴隶的依附者。然而,血亲与——假如可以这样说的话——对父权的服从混在一起这种现象,在由家庭扩展而成的更大群体中也可以看到。在某些案例中,除了把部落描述为臣服于某个头人的一群人外,很难做其他的描述。这种特殊的观念融合,无疑是与以拟制或虚构(artifices or fictions)方式产生的古代宗族群体的地区扩张(我们大部分人都熟悉这样的事实)联系在一起的。正如我们发现以收养方式把外人置于家庭首领的父权之下可使家庭扩大一样,我们发现部落或氏族也有很多成员,他们在理论上同它有血缘关系,但事实上只是通过对部落首领的共同依附而与它联系在一起。各种宗族群体服从各种形式的权力,家族首领的父权是这些权力的典型,我这里无意对这种现象做出简单的解释。无疑可以用根深蒂固的本能对它做出部分解释。但是在我

| 第三讲　作为社会基础的血亲关系

看来,摩尔根先生的研究给出了另一部分的解释。他发现,在原始的半游牧共同体中有大量的宗族成员,我们在思想上应对他们有所区分,在语言上也应做出区分;他们聚合为大类,有通用的称呼;每一个人都与被称为他兄弟、儿子、叔伯的很多人联系在一起,其数量异常之多。摩尔根先生以自己的方式解释了这种事实,但他指出这种分类和称呼是出于便利。虽然这一点起初也许并不令我们吃惊,但血亲关系对于任何规模的共同体来说是都是一个笨重的基础,因为心智,尤其是粗朴的心智在接纳所有的人时,难以用血缘关系同任何一个人相结合,从而(这一点很重要)用共同责任和权利与他联系在一起。血亲观念的巨大扩展和某种程度的放松,克服了低等种族的困难,但是在高级种族中父权也许能够达到同样的目标。它先是在父权制家庭中,并最终在氏族或部落中,简化了血亲关系和共同责任的概念。

接下来我们要考察注定走向文明的群体在某一时间达到的阶段,即部落共同体在一定的地域上定居下来。关于这个进程,我所读过的最生动的描述,出现在古印度文献中,它们完全称得上具有真实性。马德拉斯政府(Government of Madras)出版过一本非常有趣的书,名叫《米拉斯①权利文件》(*Papers on Mirasi Right*)(Madras, 1862),书中收录了一些古代称为"纪念诗"的文字,讲述弗莱里(Vellalee)——很可能是一个雅利安部落——成员跟随其首领进入唐德曼达拉(Tondeimandalam)地区时的过程;这是一个大致相当于当代印度史上一度闻名遐迩的阿科特(Arcot)邦的地区。弗莱里人征服了那里的一些更原始的人群,要么将他们消灭,要么将他们变为奴隶,并且永久占有了他们的土地。女诗人——因为这些诗文是一位女人所写——将这次入侵比作在平面上流淌的甘蔗汁(*Mirasi Papers*, p.233)。甘蔗汁结晶,结晶物便是不同的村落。中间有一块尤为精美的糖块,它便是神庙的处所。尽管这个景象很平常,但在我看来,它在一个方面却特别贴切。它所描述的部落,虽然是一群混杂的

---

① "米拉斯"(Mirasi),印度旁遮普用语,指以给他人提供娱乐来谋生的人。通常他们被视为演员或小丑,比较贫困。——译注

人在迁徙,其中却包含着联合的原则;迁徙过程一结束它便开始发挥作用。此点并没有为人们所记住。通常,社会的历史经常被视为发轫于部落定居,好像部落并未从原来的家园携带任何联合的原则。但我们对任何原始或土著部落没有任何实际的知识。对于我们所考察的远古时代的部落,只要我们有大致可信的资料,它们便总是来自更古老的地点。在这个印度的例子中,弗莱里人既然一下子就聚集成了村落,他们肯定曾是某个地方的农耕者。

长期以来人们一直认为,社会的部落起初属于游牧群体,当人们的联合体最初定居于土地时,发生了一个巨大变化。然而,关于从游牧生活到定居生活的嬗变及其对习俗和观念的影响,人们对此的大量论述,在我看来不过是对各种可能情况的猜测。正如我刚才所言,整个过程被认为发生得如此迅速,以至于我们所掌握的知识不足以让我们相信这种情况。于是人们将注意力从有关这个问题的一个论断移开,而我认为根据可信的证据是可以做出这种论断的,即从部落最终在某个确定的地点定居那一刻起,土地便开始取代血亲关系成为社会的基础。这种变化极其缓慢地渐渐发生,在某些细节上甚至现在仍未彻底完成,但它在整个历史进程中持续进行着。诚然,家庭的构成是通过实际的血缘关系,这是一个可见的事实;但是就规模大于家庭的所有人类群体来说,他们赖以为生的土地倾向于代替血缘关系成为他们联合的纽带,血缘关系则变得日益难以辨认。我们在结合为国家或政治共同体、如今极其复杂的巨大群体中,以及在聚集于村落和领地——在这里出现了土地财产——的群体中,都可以寻找到这种观念的发展。入侵西罗马帝国的蛮族,尽管不是没有受到其古老家园旧定居点的影响,却将已被罗马的统治消灭的大量部落观念带回西欧。但是,从最终占据特定的地域那一刻起,这些观念便开始发生变化。几年前我曾指出(*Ancient Law*, pp. 103 et seq.)国际法历史所提供的证据,即领土主权作为国际体系的基础,这种观念与对特定地区的统治权密不可分,它十分缓慢地取代了部落主权的观念。从国王的正式称谓上就可以清晰地看出这种变化的踪迹。在我们的国王中,约翰王是总把自己称为"英格兰王"的第一人(Freeman, *Norman Conquest*, I. 82,

第三讲　作为社会基础的血亲关系

84），而他的前任通常总是自称"英格兰人的国王"。在法国，国王的这种称谓更长久地反映着古老的部落主权。也许不必怀疑，卡佩王朝①刚一出现，在本地语言中便使用了法国国王的名称，但一个令人印象深刻的事实是，甚至在发生圣巴托罗缪惨案②时，法国国王仍采用拉丁语的"Reges Francorum"（法兰克王），亨利四世放弃这个头衔，仅仅因为在铸币上它不能与纳瓦拉王（King of Navarre）的称谓相匹配，而纳瓦拉是波旁王朝纯粹的封建领地（Freeman, loc. cit.）。我们也可以从另一条途径使自己熟悉这种观念的转变。以前，英格兰是指英格兰人的居住地；现在，英格兰人则是指居住在英国的人。我们祖先的后代自称为英格兰族裔的人，以此保持着血缘传统；但是他们日益倾向于变成美国人和澳大利亚人。我不是说血缘观念已彻底销声匿迹，但它已经极为淡化，与民族的领土构成这种较新的观念相比，它已变得相当次要。混合的观念也反映在"祖国"（Fatherland）这个说法上，它本身便标志着一个事实：我们的思维不能将民族血缘和共同的国土区分开来。不必怀疑，在我们这个时代，由血缘形成的民族统一体这种古老的观念，似乎又被一般往往称为"民族性"（Nationality）的理论所复活，其具体形式便是我们皆知的泛斯拉夫主义和泛条顿主义。事实上，这些理论是现代语言学的产物，是从以下这样的假设中发展出来的：语言的相近性证明了血缘的共同体。但是，不论在何处，只要有关"民族性"的政治理论得到清楚的表述，它便等于宣布，同种族的人应当纳入同一个整体，但不是纳入同一个部落，而是纳入同一片领土主权。

我们从有关希腊和拉丁地区城邦社会的文献中能够认识到，在那里，并且很可能是在世界的大部分地区，共同的领土取代共同的种族而成为民族统一体基础的过程是缓慢的，并且非经过激烈斗争不可能完成。我

---

① 中世纪987—1328年的法兰西王朝。其历代国王通过扩大和巩固王权，为法兰西民族国家奠定了基础。——译注

② 圣巴托罗缪惨案（Massacre of Saint Bartholomew's Day, 1572年8月24日或25日），1572年在巴黎屠杀胡格诺派（新教）信仰者的惨案，因发生在圣巴罗托缪瞻礼日而得名。——译注

在别处说过:"政治观念史发端于这样一种假设:在政治功能上,血亲关系是共同体唯一可能的根据;我们着重称之为革命的任何颠覆感情的现象,都不如另一些原则——比如说地域毗邻原则——首次确立为共同政治行动的基础时所完成的变革那样令人震惊和彻底。"事实上,古代民主制的一个目标就是被当作贵族的血亲,它的简单依据是,身为贵族的老年公民和民主的新生代均生活于同一地理区域内。最终,雅典平民和罗马平民都适时达到了这一目标;然而,罗马平民派的彻底胜利产生了诸多影响,在今天,这种影响仍未减退,因为它是从部落主权观念向领土主权观念的过渡在现代社会比在古代社会更容易发生也更不易察觉的原因之一。前面我已说过,血缘关系和对权力的共同服从存在一定程度的混淆或不显著的区别,可以从雅利安思想的遗存中找到其源头,而且毫无疑问,这种观念的混合有助于使同种同族与对国王的共同效忠相一致,这大大有利于现代国家吸收新的公民团体。但是,对罗马帝国的记忆赋予所有国王的威严也对它大有贡献,而没有罗马平民的胜利,不消说,也绝不会有什么罗马帝国。

近年来迅速累积的新知识,使我们能够确切地描述规模较小的血亲群体——他们定居一地,形成了村落共同体而非国家——的同样的观念转变。昔日那些历史学家辛勤劳作的最大的不利条件可能是,他对这些共同体的重要性有着不可避免的无知,因此势必将注意力局限在规模较大的部落群体上。的确,时常有人指出,封建君主制是封建庄园的准确对应物;但只是现在我们才刚刚明白这种一致性的原因,即从起源上说它们都是假定的同族,定居一地并经历了由定居的事实所带来的同样的观念转变。较大群体的历史终结于现代的国家和主权观,较小群体的历史则终结于现代的土地财产观。有很长一段时间这两种历史发展过程是严格平行的,虽然现在已不再是这样。

自然组织、自我生存的村社,不能再被称为雅利安种族所特有的制度。德·拉维勒耶先生(M. De Laveleye)根据荷兰权威人士的观点,描述了在爪哇发现的这种村社;勒南先生(M. Renan)在北非更偏僻的闪族部落中也发现了它们。但是,无论在何地考察这种群体,其现有样本均表明弗里曼先生(Comparative Politics,p. 103)就日耳曼村落或"马克"(Mark)提出的同样理论。"在这里(即英格兰)和在别处一样,这种最低级的政治单位最初是由靠宗族纽带联系在一起的人形成的,第一阶段是自然关系,后来的阶段要么是自然的要么是人为的宗族关系。"无论如何,现在的证据已足够丰富,不但可以向我们表明这些村落起源的模式,而且可以表明它们转变的模式。事实上,世界上存在着处于各种发展阶段的农耕群体的样本,既有其成员实际上是血亲的农耕群体,也有血缘关系已经式微、其成员仅仅由共同耕作的土地结合在一起的群体。在我看来,变化过程中的重大阶段,当以印度人的联合家族、南欧斯拉夫人的同居共同体以及首先在俄国随后在印度发现的真正意义上的村落作为标志。我放在第一位的群体,即印度的联合家族,是真正的血亲团体,不论自然成员还是被收养的成员,均是一个公认的祖先的后裔。尽管现代印度法律有很多内容不利于它的维系,使它成为最不稳定的社会组合之一,很少能够延续两代人以上,然而只要它能延续,它便是一个合法的团体,并且在最完美的状态下其成员共同享有家庭的财物。我们经常注意到这种古代农耕社会中的现象,然而(我要补充一句)它也常常受到曲解。枢密院说:"根据印度的不分居联合家族这种真实的观念,当其没有分裂时,任何家庭成员都不能针对不分家的共同财产断定,他作为一名特殊成员拥有一定的份额。……根据这种信条,共同财产所获得的收益,必须放入共同的钱柜或钱袋,并根据联合家族成员共同享有的模式使用。"(Per Lord Westbury, Appovier v. Rama Subba Aiyan, 11 Moore's Indian Appeals, 75)然而,当这些"共同享有食物、信仰和财产的"印度家庭不断从事土地的耕作,"根据联合家族成员共同享有的模式"分配农产品时,它们并不是村社。不管他们的地产多么广阔,他们只与土地有着附带的联系。使他们聚合在一起的不是土地,而是血缘;没有理由不去从事贸易和手工业,而且他们也确实经常这样做。在发展顺序中接下来出现的是同居共同体,德·拉维勒耶先生(P. et s. F. P., p. 201)和帕特森(Patterson)先生(Fortnightly Review, No. xliv.)在克罗地亚、达尔马提亚、伊利里亚考察过它们,这些地区尽管与印度相比离我们较近,却与未完全受伊斯兰教影响的东方有着更多的相似性；但是有理由认为：即使是在西欧，罗马法和封建制度也未完全将之铲除殆尽。一个明显的事实是：几乎与斯拉夫人的同居共同体完全对应的血亲联合体，杜宾先生（M. Dupin）1840年在法国的涅夫勒省就对它们进行过考察。他满意地看到：甚至在1500年它们就被当作一种古代现象。在我看来，这些同居共同体不过就是印度人的联合家族，它们可以不受阻碍地自我扩大，并在土地上世代定居。印度制度的全部主要特征是：有共同的家和共同的餐桌，在理论上这是印度家庭生活的核心；集体享有财产并由一位选举产生的管理者进行管理。然而，很多富有启发性的变化已经开始，它们显示出在共同体仍是血亲共同体的时代，这些群体发生了怎样的变化；但是尽管拥有共同祖先在很大程度上可能是真实的，传统却已变得相当脆弱，就像在任何时候一样，这使它得以通过接纳陌生人，将很多人为关系引入社团。这时土地就会成为群体的真正基础；它被视为对群体的生存能力至关重要的因素，它仍是共同财产，而动产和家畜开始允许私人占有。在真正的村社中，已经看不到属于联合家族和同居共同体的共同住所和共同餐桌。村庄本身是家庭的组合；诚然，村庄地域有限，但它是由各立门户的家庭组成，每个家庭都警惕地防备着邻居的侵犯。村子的土地不再是共同体的集体财产，耕地被划分给了各个家庭，牧场也部分地被划分，只有荒地仍属共同财产。出色的观察家已对两种村社——俄国和印度的村社——进行了最长时间的调查研究。通过对它们进行对比，我们可以得出这样的认识：古代的集体占有在习俗和观念上留下的痕迹的衰微，与同村人之间存在着实际血亲关系的信条的衰落有着准确的对应关系。我们被告知，在俄国，同村的农民确实相信他们有共同的祖先，相应地我们便可以看到，俄国村落的耕地是定期重新分配的，村里的手艺人也许会带着工具外出，但他们总是为同村人的收益而工作。在印度，虽然村民仍同属一家人，虽然这种身份使一个人有别于外界，但很难说他们认为这种纽带是由什么构成的。在村落的构成上，很多明显的事实总是与村民是同一个祖先的后裔不一致。私有土地财产由此而产生，尽管其轮廓不总是很清晰；定期重新分配土地变成了一种单纯的传统，或者只在该种族中野

第三讲 作为社会基础的血亲关系

蛮的人之间实行;理论上的血亲关系的结果相当有限,仅仅是这样一些义务:服从耕作和放牧的共同规则、不经村民同意不得出售或转让,以及(根据某些看法)不得对同族成员课以重税。因是之故,印度村社是一个由共同占有的土地的人聚集在一起的团体:有着共同血缘和祖先的观念已几近灭绝。在这同一发展进程中,不多的几个步骤——实际上英国法律正在使之加快——就将使我们国家和我们时代人尽皆知的观念传遍整个印度;村社将会消逝,完全英国意义上的地产将会产生。弗里曼先生告诉我们,尤芬顿(Uffington)、吉令海姆(Gillingham)和图廷(Tooting)极可能是最初由尤芬格斯(Uffingas)、吉令格斯(Gillingas)和图廷格斯(Totingas)这三个条顿联合家族定居而形成的英格兰村社。但可以确信的一点是,住在图廷的所有人并不视自己为兄弟;他们绝少承认因互为邻里而加在他们头上的义务,共同的乡土是他们唯一真实的纽带。

近年来,原始农耕群体的"自然共产主义"有时被描述为最先进、最严格的民主理论的先声,俄国的著作家尤其如此。据我判断,对人产生误导的莫过于这种描述。如果使用"贵族制"和"民主制"这类术语,我想以下说法才更加合理:在世界很多地区,村社的转型和有时被毁灭,是由民主制对贵族制的成功袭击引起的。俄国村落与人们所认为的原始形态稍有偏离,在我看来其秘密在于古代俄国的殖民习惯,通过这种殖民,大批古老村庄的人不断涌入广袤的荒地并定居。但是,印度村社所处的地区,其人口在无籍可考的时期就远比北方稠密,部落人与外来的依附阶层为分享土地或按更宽大的条件使用土地的权利而竞争,因而留有这种竞争的诸多烙印。印度的村民蒙昧无知,常常处于肮脏的悲惨境地,将他们与雅典或罗马的公民进行对比,乍看起来有些怪诞,但是有关拉丁国家和希腊国家的起源,最具可信性的传统看法似乎是:它们由两个或更多村社联合而成;而且即使它们处于最完美的形态时,在我看来,在其早期历史中它们基本上也是属于那种类型。有种想法常常浮现于我的脑际,印度的官员尽管激烈争论组成村社的不同阶层各自的权利,却是在不自觉地以仁慈的仲裁方式尽力调整"世袭贵族"(Eupatrids)与"平民"(demos)、

"民"(populus)与"百姓"(plebs)相互对立的主张。甚至有理由认为,在古代的大邦国中绵延不息的内争,其最广为人知的结果之一会不时在村社出现,所有阶层不得不服从一种权威,它的最纯洁的形式是罗马独裁官一职,最令人作呕的形式则是希腊篡权的僭主。丹麦人是现代欧洲一个贵族制国家的一部分建立者,人所共知他们最初是农民,在村落间你死我活的斗争中,他们把自己的住宅建成要塞,然后便利用他们这种优势。

然而,我刚刚提及的贵族的这种发端,在西方世界似乎属于例外;在英格兰所有地方、日耳曼大部分、俄国和整个东欧少数地区村落所发生的大转型,必须考虑到另一些原因。我在另外一本著作(*Village-Communities in the East and West*, pp. 131 et seq.)中曾尝试对有关"欧洲的封建化"问题所知或推测的看法做一个简要说明,它有效地使"马克"变成了庄园、使村社变成了采邑。现在我可以就古爱尔兰法给这个过程带来的新认识做更多的阐述。但这里我只想说,当这个过程完成时,它的效果是使土地成了人们的联合体的唯一纽带。庄园或采邑完全是以对土地的占有作为基础的社会群体;围绕这个核心事实滋生出的庞大封建规则体系,受其熏染的印记无处不在。诚然,土地是封建体系的基础,人们早就完全认识到了这一点;但是对于这个事实在历史中的地位是否得到了充分的评估,我仍然有所怀疑。它标志着变化过程中的一个阶段,该阶段延续了数代,而且发生在比土地财产更广大的领域。这时共同血亲的观念已完全销声匿迹。"庇护制"(Commendation)产生的领主与封臣之间关系,在性质上完全不同于血缘产生的关系。它所形成的关系延续了一段时间后,对领主最大的侮辱莫过于将他视为与他的大多数佃户有共同的起源。封建群体中的上等人对待下人的憎恨与蔑视,仍在语言中保留着它的痕迹;源于这种嫌恶的辱骂词汇与那些源于宗教信仰差别的辱骂词汇几乎同样突出。事实上,人们对恶棍、粗人、异端和乡巴佬这类词汇几乎不加选择地使用。

大多数欧洲国家封建群体的先行解体,以及在法国和英格兰的完全解体,将我们带入我们现在生活的社会状态。书写这个历程与缘由,无异于重写大部分现代史,不管是经济的还是政治的。然而不难看到,没有较

第三讲 作为社会基础的血亲关系

小的社会群体的瓦解，没有以平民形式或以独裁形式对其成员所行使的权威的削弱，我们便绝不会拥有作为我们思想宝库之基础的一些重要观念。没有这种衰落，我们便不会产生土地是可交换商品的观念，它不同于其他商品之处仅仅在于供给上的限制；没有这种衰落，政治经济学的一些著名篇章也不会问世。没有这种衰落，我们也不会看到"国家"——因共同的国土而结合在一起的更大共同体的诸多名称之一——权威在现代的巨大增长。从而，我们也不会看到作为最新法理学体系之基础的理论——主权理论，或（换一种说法）共同体中一部分人对其他人享有不受限制的强权性暴力的理论——和法律完全是一个或若干个主权者之命令的理论。同样，我们也不会目睹与这些理论相对应的立法机关日益活跃这一事实；而且，检验立法价值的那条著名标准，即最大多数人的最大幸福，也不会被发明出来，并把它的作者变为检验道德状况健康的标准。

现在，有大量原始所有制的现象可以供我们观察，它们强烈提示着最早的农耕群体是由血亲组成；这些群体逐渐变为由共同耕作的土地维系在一起的群体，而土地财产（在我们现在理解的意义上）在这种群体的解体中呱呱坠地——当我谈到这件事时，切莫以为我是声称这一系列变化可以分为判然有别的几个阶段。充其量只能说，能够使用跟特定历史时期相应的观念对它们加以区分，这种观念即使不是唯一的，也是处于主导地位。在这件事上，就像其他事一样，世界充满了"遗存物"，当社会开始由土地维系时，由血亲维系的社会观也依然存在。同样，当土地成为可交换的商品时，社会关系的封建观念仍发挥着影响。土地如同其他任何财产一样也是一种财产形式，没有哪个国家比我们更加彻底地接受了这种理论。但是，英国的法律人是生活在"封建体制的残余"（faece feodorum）之中。我们的法律充斥着封建原则，我们的习俗和民意很大程度上是由它们塑造的。的确，近年来我们甚至发现，村社的痕迹仍未从我们的法律、习惯和耕作方式中完全抹除。

我以为，古爱尔兰法律的研究者尤须当心，这些阶段的顺序并不意味着一个阶段突然转向下一个阶段。我已经提到过沙利文博士为新近出版的《欧柯里讲义》①所写的导言,他着重强调了古爱尔兰人中间也存在私有财产,强调了对它的热情维护。但是,一位博学的爱尔兰人,因否认其祖先曾拥有任何文明化制度的轻率态度而深感苦恼,因而他会十分看重布雷亨法律册页中有关私人所有权的迹象,这是非常自然的,但我还是要说,按我的判断这并不是它的真正意义之所在。在我看来,至少对法制史研究者而言,布雷亨法律册页的启发意义在于,它们表明被打上现代标签的制度是与带有非常古老的观念色彩的另一些规则并存的;我认为无可怀疑的是:原始血亲观念,作为凝聚共同体成员的黏合剂,在爱尔兰的凯尔特人和苏格兰高地居民中,要比在任何一个西方社会中存在得更为长久;它在布雷亨法律册页中留下的烙印之清晰,甚至超过了印度现行的土地法。从部落领地的各部分被分配给单个家庭中发展起来的土地私人所有制,得到了布雷亨法学家的明确承认,这一点完全属实;但私人所有者的权利受到血亲集体控制权利的限制,它在某些方面甚至比印度村社对分立的财产的控制更为严厉。同样真实的是,起源于领主对农耕群体享有的庄园权威的另一种土地所有制也开始出现;但是,尽管氏族首领向着与庄园主相符的地位快速攀升,他却未曾达到那样的高度,而布雷亨法律册页中所包含的最新奇的内容,便是有关这种攀升过程的信息。

有关布雷亨法律的开端,我们能够想到的最具启发意义的事实是,同一个词汇,即"Fine"或家族,适用于爱尔兰社会的所有分支。它用于可以自称具有某种程度政治独立性的最大部落,也用于我们所理解的家族等中间团体;更有甚者,它还用于家族的组成部分(Sullivan, 'Introduction,' clxii.)。似乎可以确定地说,古代凯尔特社会分为各种各样的群体,其中每一个均认为自己是某一共同祖先的后裔,整个家族的姓氏或若干姓氏之一便来自这位共同祖先。尽管这种假设在古爱尔兰绝不像希腊各部族或希腊共同体的姓氏起源于一位英雄祖先那样,是一种明显的虚构,但是对于作为一个政治单位的部落的酋长及其家庭而言,极有可能确实如此。同样很有可能的是,对规模较小的群体,如氏族、部落

---

① 指1861年出版的《古爱尔兰历史手稿材料讲义》。——译注

分支或联合家族，它偶尔甚至常常也是真实的；在我看来它们便是布雷亨法律册页中的法律单位。这种群体有着作为其名称来源的祖先的传统是确定无疑的，而且也是明显可信的；其成员是为整个群体命名的同一个祖先的后裔，由此他们相互之间有着血缘关系。首领在当时被称为"族长"（caput cognationis），英裔爱尔兰法官在著名的"男性继承人财产均分案"（Case of Gavelkind）就是这样来称呼他的。

不仅部落或氏族按祖先的姓氏命名，而且占有的领地最常使用的名称也是来自这位祖先的姓氏。我有此议论，主要是因为家族姓氏与地名关系的学问家的论断导致了一种错误的推论，只有理解得当，他们这种论断才是完全合理的。人们一向认为，只要家族和地域同名，几乎可以肯定地说，是地域给家族命名。在封建化国度里，这无疑是实情，但在仍未受封建制度影响的地方则并非如此。像"奥布林的家园"和"麦克雷的家园"这样的名称，与人对土地的占有同样悠久，这是极有可能的；当我们用早期著作家的语源学谬论来评估他的智力时，这一点值得铭记。若说"希贝尼亚"（Hibernia）来自一个为它命名的发现者"希贝"（Hyber），这听上去相当滑稽可笑；但是编年史学家也许距部落社会的时代很近，以至认为将地方与名称联系起来是他能够提出的最自然、最合理的建议。甚至希腊人最具幻想色彩的语源学，如"赫勒斯邦"（Hellespont）来自"地狱"（Helle），也许就是原始部落地域命名体系的"遗存"。在名称和地方的关系中，就像在更重要的事情上一样，封建制度独特地加强了土地的重要性。

现在让我来说一下我对爱尔兰部落的农业组织所形成的印象，它部分来自对翻译文本——法律的或非法律的——的研究，部分借助于沙利文博士的导言。这种部落很可能已经在一片部落领土上居住了很长时间。它有足够的面积和重要性，因此可以构成一个政治单元，而且在其鼎盛期，很可能是爱尔兰文献称为诸王的众多酋长之一。全部部落领土为整个部落所有，这是主要的假设；但事实上大部分领地被永久分配给了部落的各个小团体。一部分以特殊方式分配给酋长，作为其职位的从属物，而且按一种特殊的继承规则在酋长之间传承。另一部分被部落中分散的人员所占据，其中有些受小首领或"弗莱斯"（flaiths）统领，另一些尽管不受首领的严格统领，但拥有某个类似贵族阶层的人作为其代表。所有未被占用的部落土地以一种更特殊方式属于整个部落的财产，任何土地从理论上都只能说是暂时占有。但这种占有经常发生，而且在部落土地的占有者中，根据这些条件，有些自称为部落成员的人群，实际上主要是为了放牧而按契约组成的联合体。很多公共部落土地从未被占有，而是部落的——用英国人的说法——"荒地"。这种荒地仍被一些部落成员的移民点所耕种或固定放牧，并准许奴隶身份的耕种者占用它，尤其是在靠近边境的地方。正是在这一部分土地上，首领的势力有不断增长的趋势，他在这里安置他的"富伊福希尔"（fuidhir）或称外来佃农，这是一个很重要的阶层——来自别的部落寻求他保护的逃亡者和"破产"的人，他们和这个新部落的关系仅在于他们对首领的依附和首领加在他们身上的义务。

永久性或临时占有部落领地的各种群体的构成很可能存在着很大的一致性。表面看来，每个群体都或多或少是它们所归属的大部落的一个缩影。每个群体很可能都包括自由人和奴隶，或在个人地位上无论如何存在实质性差别的人；但是每个群体都自称为某种意义上的家庭。每个群体很可能都有自己占用的土地和荒地，按同样的原则从事耕作和放牧。每个群体要么受一位首领的统领，他真实地代表着所有同族自由成员的共同祖先；要么受这样一个人的统领，他承担着按原始社会的观念在自然的血缘首领之间代代相传的责任。在探究这个阶层时，我的脑海里总是浮现出三年前我在这里陈述过的重要事实。当第一批英格兰移民定居新英格兰时，他们组成村社，开创社会生活的新轨道和社会习惯的新路线难乎其难。几乎可以确定的是，在我们所说的这种社会，只有一种社会组织和习惯的模式会占上风，只有对它的轻微或难以觉察的悖逆才是可行或可以接受的。

但是，这样组成的社会并不是完全固定不变的。通过部落成员的默许，或通过他们的积极赞同，对部落公地的暂时占有往往趋于永久性。从理论上讲，特定的家庭会尽力规避群体对群体共同财产进行的定期再分配；其他家庭经群体同意而获得土地份额，作为提供服务的奖赏或是官职封地；由于部落权利和教会权利紧密地混合在一起，土地还经常被转移给教会。个人土地产权的建立无疑受到土地是否充足和——再次用那位印度女诗人的比喻来说——结晶出部落的法律的阻碍，因为占用一块部落土地的每一个家庭，都有可能扩展为其成员拥有平等权利的大部落群体。然而，仍然存在一些共同发挥作用的原因易于导致个人土地财产权的结果；布雷亨法律表明，当它形成时这些原因发挥着很大作用。不难预期，土地脱离公地的性质，在首领那儿表现得最彻底；许多首领除拥有领主所特有的领地外，还按普通保有制拥有大片私人地产。

  这便是我脑海中浮出的与土地有关的爱尔兰部落组织的景象。在接受这些描述时必须有所保留：姑且不论其他原因，即便从法律册页中获得的证据也不完备。但是，如果这种描述具有某种正确性的话，关注这类问题的人立刻就会发现，我们习惯于视为日耳曼特有的土地制度，其要素也存在于爱尔兰部落的领地安排中。无疑存在着实质性的特点。当时将爱尔兰群体的成员编织在一起的仍然是血亲关系而非土地权利。首领当时仍是与庄园领主非常不同的角色。当时甚至没有大城镇和城市发端的任何迹象。仍可以冒险做出沙利文博士的文章中的论断而不会失之草率，即日耳曼人中间的一切至少在凯尔特土地制度中都有它的胚胎。对布雷亨法律的研究得出了现代研究的很多分支所指出的相同结论。它使人产生比以往更强烈的一种印象，即雅利安种族和其他血统的种族之间存在巨大差别，但是它也表明，在雅利安种族各分支中存在的所谓性质上的差别，其中许多或者说大部分实际上仅仅是发展程度上的差别。我们或可抱着这样的希望，当代思想不久就会摆脱它在运用它引起的种族理论时那种轻浮的习惯。很多这类理论除了便于在它们之上建立推论之外几乎没有任何优点，而这种推论与人们为之付出的智力极不成比例。

第四讲

部落与土地

一种十分普遍的看法是,在詹姆士一世实施他的农业政策之前,爱尔兰是土地私有财产权被授予最少神圣性的国度之一,通常被视为野蛮的所有制形式大行其道。斯宾塞和戴维斯确实提出了这种观点,当代几位著作家也持这种观点。然而布雷亨法律册页证明,只有做出相当的限制和修正,这种观点才是可以接受的;这些册页表明,私有财产权,尤其是私有土地财产权,在它们所处的时期很久以前就为爱尔兰人所知晓,它们的出现要么由于集体所有制的自然解体,要么由于特定的地产脱离了部落的管辖。尽管如此,我认为无可怀疑的是,在这些册页所标明的时期,全爱尔兰很多土地的占有遵循的是散发着古老集体所有制气息的规则或习俗;就我的理解而言,沙利文博士是同意这一点的(Introduction, p. cxliv.)。

爱尔兰历史的研究者对于上述事实证据是相当熟悉的。17世纪初,英属爱尔兰法官宣布英国普通法适用于爱尔兰全境,此决定一出,除非授权或遗嘱另有安排,所有爱尔兰土地均由最后一位拥有者的长子继承。约翰·戴维斯爵士在他关于判例和法庭辩护的报告中指出,以前爱尔兰的土地都是按"选定继承人"(Tanistry)或"男性继承人均分制"(Gavelkind)继承的。这里所谓"男性继承人均分制"的继承制度,可以对它进行如下描述:爱尔兰氏族中的一个土地所有者去世时,首领会重新分配氏族的全部土地。他不是把死者的地产分给他的子女,而是用来增加组成氏族的各家的份地。法官将"选定继承人"和"男性继承人均分制"视为特别野蛮和有害的死后继承制度;作为继承制度我后面还会谈到它们。但是,所有的死后继承制度均与古老的生前享有模式密切相关。比如,在印度人的不分居联合家族中的"支系"(stirpes)或"家系",在欧洲法律体系中仅被视为继承人的分支,在印度却是家庭的实际组成部分,一起生活在共同住所的不同部分 (*Calcutta Review*, July 1874, p. 208)。所谓的爱尔兰"男性继承人均分制",属于法律初创时期十分常见的一类制度;它的设立是为了保障共同财产的联合所有者之间的相对平等。这里提到的再分配发生在家长去世之时;但是,如果实际实行的一种同样的程序——如定期重新分配——能够确保平等,就会产生出一种制度,它在现代欧洲仍未绝迹,而且所有古老国家都存在这种制度的传统。同时我不怀疑,当爱尔兰的"男性继承人均分制"被宣布为非法时,它并非爱尔兰除"选定继承人"之外唯一的继承制度;而且我还认为,将土地传给长子的决定废除了很多不同的拥有模式和继承模式。

冯·姆勒尔(G. L. Von Maurer)对特殊的农业习俗、特殊的耕作方法和土地占有所依据的古怪规则进行实际考察,使人们得以开始恢复对日耳曼的"马克"的知识。纳西(Nasse)正是利用冯·姆勒尔的结论作为钥匙,得以解读散见于英国各种文献中有关"中世纪农业共同体"的推论。恕我冒昧地认为,在爱尔兰却没有进行这种足以为可信的观点提供材料的深入考察,不过似乎可以确定,这个国家很多地区盛行的"小块土地占有制"(rundale),有着古代集体所有制的遗迹。在这种制度下,众多家庭占有一块明确的土地。以现代很普遍的形式,可耕土地为私人所有,牧场和沼泽则属公有。但是最近五十年来,将耕地划分为农场的情况时有发生,这些农场在佃农家庭之间定期流转,有时以年为周期。即使不存在这种划分,也会不时看到日耳曼和英国那种著名的"马克"制度的遗风:耕地依据土质分为三等,每家佃户都享有一份或数份三种等级的耕地,这与社会地位无关。在苏格兰高地，不久前还存在实质上相同的土地占有制度。我可以确切地说，组成西部高地上刚刚灭绝的村社的家庭，用抽签的方法在它们之间定期分配村庄的土地；而且，我从斯肯先生对"苏格兰部落共同体"的可贵说明（附于他所编 *Fordun' Chronicle* 第二卷）中得知，他相信在苏格兰凯尔特人中间，这种重新分配制度一度普遍存在，最起码曾广泛蔓延。

应当说（就我学识所及），爱尔兰"小块土地占有制"并不是财产形式，而是占有形式。总有某个特定的人是家庭群体占有的全部土地法律上的所有人，从理论上说，他可以改变土地的占有方式，尽管实际上民情会给他这样做带来极大困难。然而我们必须记住，古代各种形式的租佃制是古代各种所有制类型的持久证据。出现了高级所有制的一些国家都属于这种情况，它的出现是通过向小地产主购买，通过向村落荒地殖民而使之最终变为领主荒地，或通过（在社会的更早阶段）整个农民村社沦为隶农，以及通过随之而来的有关他们权利的法学理论的转变。但是，如果以为由于首领或领主逐渐得到了承认，他是全部或大部分部落土地的合法拥有者，因此他改变了传统的土地占有和耕作方式，或者（像有些人所认为的那样）他由此马上开始把占有土地的农民视为现代的自愿租户或佃农，这却是对上述变化过程的严重曲解。毫无疑问，古代的所有制类型在很长时期一直是租佃制的典型，公共所有作为财产权消亡了，却作为占有权生存下来。如果其他国家是这种情形，爱尔兰就更是如此，那里的财产权转手十分频繁而激烈；数百年来土地所有者并不考虑占有者，其处境也不允许他这种考虑，而是只把他们视为租金的缴纳者；以自己的合法所有者身份采取行动，关心改进和增加生产，这完全是一种现代观念。

阐明集体部落和个体的部落人或由部落成员组成的家庭之间相互权利的主要布雷亨法律册页，被称为《习惯法》（*Corus Bescna*），刊于官方版第三卷。它包含着一些重大难题。我完全同意编者的看法，释义和注解常常与文本相互冲突，使文本晦涩难解，这要么是因为释义者不理解它，要么是因为他们属于后来的时代，处于不同的法律关系的阶段。但是，对于文本研究者来说最大的疑惑，来自编撰者对教会利益的明显而强烈的偏见。的确,这份法律册页的部分内容公开宣布信奉教会财产法和宗教房产组织法。当这位作者断言,在特定条件下部落成员可以赠送或以契约方式放弃自己的部落土地,他的教会倾向会让人对他的法律信条产生怀疑。他是在表明土地的放弃可以一般性地针对任何人,还是仅指将土地转让给教会?这种解释上的困难有其自身的意义。我本人相信,关于基督教会对法律的影响的研究普遍找错了方向;它将自由立约、个人财产、遗嘱继承等观念传播到罗马帝国之外那些由原始血缘纽带凝聚在一起的共同体所居住的地区,法律史学家大大忽视它的这种作用。学者们普遍一致的意见是,教会人员为这些种族引入了遗嘱和遗赠;布雷亨册页最起码向我提示,除了遗赠的神圣性之外,它们还坚持契约的神圣性;而且众所周知,在日耳曼诸国,教会团体是公有或"民间"土地最早和最大的受赠者之一(Stubbs, *Constitutional History*, vol. i. p. 154)。事实上,教会作为虔敬捐献的受赠者,遗嘱、契约和分立的所有制(Separate Ownership)对它是不可或缺的。在教会渐趋成熟的文明中,它们是基本的特征要素。《习惯法》的编撰者可能是个教士,在爱尔兰社会以外他肯定是个教士;但是,如果他是一位法律人,他就会像法律人代表重要当事人陈述案件那样进行著述。让我再补充一点,在我看来,布雷亨法律的所有作者都对有别于集体财产的私人财产或分立财产怀有偏见。毫无疑问,正如通常的情形那样,这种财产是法律生意的重要来源,而且很有可能在他们看来它是他们国家能够在文明上取得如此进展的标志。

"Fine"的权利和权力是《习惯法》的主题,译者将它译为"部落",然而在我看来它既不是最广义上的部落,也不是现代意义上由一位活着的长辈的子孙组成的家庭或家族,而只不过是氏族。它是一个血亲团体,他们的祖先已经去世,但其后裔却是一个实体,这既不是神话也不是虚构。它是印度的联合家族,但有着由于在土地上定居而发生了相当大变化的群体的特征。这种血亲关系组成的特殊的联合体或团体,前面我已提到过几次,它是由历经数代人、甚至是无数代人的家庭联合体的延续而形成的。大部分文明世界通行的规则是:出于法律的目的,首领一去世,家族便解体为个人或分解为诸多新家庭。但是情况并非一定如此。在我们笼统地称为自己的亲戚的人——我们的兄弟、侄甥、老伯、叔伯和表兄堂弟，就像家族谱系中在我们之间和之后的人——中间，任何成员去世后，他们所组成的团体，不仅通过血缘和情感关系，而且通过法律规定的相互权利和义务而仍得以维持。此种联合体，便是印度法律中众所周知的不分居的联合家族，或者用技术性语言来说，是"共享食物、信仰和地产"的家庭。如果一个印度人是一家之主，他的死亡并不必然导致分家；由于法律的关系，他的子女将作为一个血缘联合体继续存在，而且，如果兄妹中的一个人或几个人想解除相互权利的纽带，分割家产，就必须采取某种特定的行动。几代人继续保持联合，以这种方式形成的家族大致与更古老的罗马法的研究者非常熟悉的团体即父系宗族（Agnatic Kindred）一样。罗马法中的父系宗族是这样一些人的群体：他们处于某个共同祖先的父权之下，如果他的寿命足够长，使他能够行使这种权威的话。印度的联合家族则是这样一群人：如果他们的共同祖先在这个家庭还存在时亡故，他们会参加葬礼上的祭祀。在后一种场合，祭祀的观点不过是取代法律和世俗的观点。

尽管我们的权威文献的隐晦性给我们带来一些不利条件，我们还是尽力来探究一下古爱尔兰法律赋予在爱尔兰发现的这种血亲团体的法律特性。首先，布雷亨法律册页中的"部落"是一种集体性的、有机的和自给自立的单位。"部落自给自立。"（Ancient Laws of Ireland，ii. 283）它的持续存在已经开始依赖它所占有的土地——"土地是永恒的人"，一篇尚未出版的册页这样说；但是它并不是纯粹的土地拥有团体；它"拥有活的有形财产和死的有形财产"，它们不同于部落成员个人拥有的财产（Ancient Laws of Ireland，ii. 289）。它也不是一个纯粹的耕作团体；它可以从事专业性职业（Ibid.，iii. 49 - 51）。部落土地的一部分，很可能是耕地和上等牧场，被分配给部落成员的分立家庭，但是他们持有分配得来的土地时要服从整个血亲团体的控制权，而且主要的或基本的规则便是，他们要让分配所得的部落土地保持原样。"每个部落成员都可以保有自己的部落土地，但不得出售、转让或隐藏，或用来赎罪或订立契约。"（Ancient Laws of Ireland，ii. 283）"任何人都不得对他的土地或他的部落收租金。"(Ibid., iii. 52,53)"保持自己的部落土地完好,不使债务超过土地所得的人,均是富有的。"(Ibid., iii. 55)

在某些条件下,部落成员可以通过赠送、契约或遗赠,转让一定数量的部落土地;但条件是什么、数量是多少,我们不敢冒昧地做出确切说明,因为制定的规则十分含混和自相矛盾。尽管看来非常明确,经部落全体同意或在强烈必要性的压力下,存在着一种普遍的转让权,但主要的预期受赠者肯定是教会。进一步讲,部落成员对通过自身努力获得的财产,要比对他作为一名部落成员分得的财产有更大的处置权;对通过自己独立的劳作而获得的收益,要比对通过耕作部落土地而获得的收益有着更大的权力,这似乎也不是问题。"除非经部落同意,若非自己购置,不得赠送土地。"(*Ancient Laws of Ireland*, iii. 52,53)"没有进行买卖的人(亦即把获得的部落土地保存完好的人),允许其赠送,每人需按其地位(按注释者的解释,指部落土地的三分之一或二分之一)。""在必要性较小时,没有买卖的人可以转让部落土地的三分之一,必要性较大时为二分之一。"(*Ancient Laws of Ireland*, iii. 47)"如果土地需要转让,是二分之一;……如果他是有技能的人,则是契约所定数目的三分之二"(iii. 49)。

自己所获财产和从血亲继承或接受的财产之间的区别,以及对前者拥有更大的放弃权,在很多古代法律制度(其中也包括我们自己早期的法律)中皆可以看到。转让应在必要性的压力下进行,否则即属非法,这样的规则在印度法律的很多部分皆可以看到。财产转让须经同族集体同意的规则,以及布雷亨法律这一部分内容的诸多次要规则,也一向是印度和俄国村社习俗的一部分。遵守村庄共同习惯的义务,这种在日耳曼地区延续时间最长的这些共同体的遗风,在《习惯法》中与婚姻一起,被列为爱尔兰人的基本制度之一(*Ancient Laws of Ireland*, iii. 17)。但是最令人惊奇和出乎预料的是,在有关部落成员和部落的事项上,布雷亨法律与印度关于不分居的联合家族的法律有着诸多一致。按照印度的婆罗门法律,不论是通过特殊的学问还是通过个人技艺的运用,联合家族的成员一旦获得财产,他无须交付公库,除非这种财产是通过家庭提供的训练或家庭出资而完成的训练所获得的。有关这个问题的整个法律,在提交马德拉斯高等法庭的一个奇怪案件中有很多体现（*Madras High Court Reports*，ii. 56）。在该案中，一个联合家族对一个舞女的收入主张权利。报告者这样概括法庭的裁决："如果所学技艺是由家庭供养期间通过家庭出资而获得，此种技艺的一般收入便是可以分割的［即应当根据对不可分割之财产的分割，进入混合财产（hotchpot）］。如果习艺的费用由不是家庭成员的人出资，则另当别论。"印度的这种法则和例外，在古爱尔兰法律中也可以看到十分对应的内容。"如果（部落成员）是一名技工——即财产的获得是通过法律、诗艺或无论其他什么专业才能——他可以将财产的三分之二献给教会，……但是，如果是他的部落的法定专业，他便不能像献出部落土地一样献出其技能所得之薪酬。"（*Corus Bescna*，*Ancient Laws of Ireland*，iii. 5）

从我给出的例子中可以看出，爱尔兰布雷亨法律调整部落成员个人转让其分立财产之权力的规则，与印度婆罗门法律调整联合家族的成员个人享有分立财产之权力的规则相对应。两者的区别具有实质性。印度法律假定，全体成员集体享有财产是原则，而把个体成员享有分立的财产视为例外——我还可补充说，现在围绕这种例外滋生出了大量法律。另一方面，就能够理解的范围而言，在我看来，可与布雷亨法律相调和的唯一假设是：部落中个人财产权已然产生，而且获得了某种程度的稳定性。这些权利之行使，同时受到部落集体权力的限制；就这些权力而言，正如罗马的父系宗族一样，它似乎保留了某种终极继承权。因此，准确说来，爱尔兰的法律单位不是联合家族；如果布雷亨法律值得相信，它很少具有印度制度中的"自然共产主义"特征。册页中提及"Fine"时，经常是与地产联系在一起；当存在这种联系时，我猜想它必定经历了一些常常与土地有关的变化，而且在那种情况下我把它作为"马克"或村社，它的适合于更古老群体的观念是从使它得以成长起来的联合家族中产生，以格外强大的力量而存活下来。从这个角度说，它更接近于俄国而非印度的村落。

《共同保有（Co-Tenancy）裁决》是一份布雷亨法律册页，在我写作时它尚未出版，以其现有的状态而论，它呈现出诸多解释上的困难。它开头便提出这样的问题："共同保有人如何发生的？"给出的答案是："发生于几个继承人和他们这片土地上的增长。"这份册页继续解释说:第一年,同族人像每个人所乐意的那样耕种土地;第二年他们交换土地;第三年地界被固定下来;整个财产分立过程最终在第十年完成。如果说此处提示的变化顺序要比它为每个阶段确定的时间更为可信,我相信这不是一种冒失的猜测。从集体财产到分立财产的整个转变为期十年,在我看来实在是太短了,而且很难与爱尔兰的其他证据相一致;我认为,这位布雷亨法学家信奉分立财产制度,就像他的其他同行一样,是在描述一种理想的而非实际的状况。然而,此处所描述的过程,如果延续的时间更长,那么它确实与我们关于农耕社会之兴起和发展的所有知识相吻合。最初由"几个土地不断增多的继承人"所组成的联合家族定居于一处。在最早的阶段,各个家庭开垦土地,没有固定的规则。随后发生了土地交换制度。最后地块成了分立的财产。

在爱尔兰的非法律文献中,似乎很少提到古代的集体所有制和古代的集体占有制。不过友人惠特利·斯托克斯先生为我提供了相关的两个段落。被认为属于11世纪的《圣歌集》(*Liber Hymnorum*)中有这样的说法(对开页5A):"其时[即爱德·斯雷恩(Aed Slane)诸子时代,公元658—694年]爱尔兰人口众多,他们习惯于为每个人只划出三种地界,每种有九条;具体来讲就是,沼泽地九条,平地(可耕地)九条,林地九条。"另一份被认为是12世纪的爱尔兰手稿即《褐牛传》(*Lebor na Huidre*)中说:"直到爱德·斯雷恩诸子时期,土地上才围起了壕沟、篱笆或石墙,但也[只]是平坦的田地上才有。当时家庭数量庞大,因而他们在爱尔兰引入了地界。"在这些令人好奇的话被写成文字时,当然只能被视为对存在着的一种观点的权威说法,即在爱尔兰的某个时期出现了从集体所有制向有限享有的转变,而且存在着一种有关这种转变发生日期的传统认识。但是,这两种说法都把转变归因于人口增长,这一点尤具启发意义;《圣歌集》中关于被认为取代了更古老事物的土地再分配的记录,尤其令人感兴趣。向每一户家庭定期分一块沼泽地、林地和耕地,与今天仍在瑞士"公有土地"(Allmenden)进行的按共同规则分配牧地、林地和耕地的做法(参见Laveleye, *P. et s. F. P.*, pp. 268 *et seq.*)极为相似;而且它无疑是某些瑞士州作为条顿百人团(Teutonic Hundreds)的古老政体留下的遗产。

无论什么地方,从古代农耕社会的逐渐解体中成长起来的土地财产,都具有使之有别于英国人和英国族裔最为熟知的地产形式的许多特征。把后一种财产形式作为唯一或主要所有制类型的地区,通过向除墨西哥之外的北美和英国人最早定居的所有殖民地的传播,现在要比过去广阔得多;但是我认为,由于我们几乎只熟悉这种所有制,这使我们普遍过高估计了它在全世界甚至西欧的存在范围。它的起源也许不应归因于部落对部落成员分立财产的权威日渐衰落,而应归因于首领先是针对他自己的领地和"在册"土地、后又对部落的土地的权力的增长。因此,首领权力的早期增长在土地财产的发展史上最有意义;我打算在后几讲中对此做更多的讨论。这里我要谈谈父权事实上在以血缘凝聚起来的群体中所经历的转变,这种群体现在仍构成雅利安社会的一部分。

不分居联合家族,无论在这种社会的什么地方看到它的发端,普遍诞生于父权制家庭,即由自然的或收养的后裔臣服于仍在世的最年长前辈——父亲、祖父或曾祖父——而凝聚起来的群体。不论法律上有何正式规定,这种群体的头领总是实际的专制者,而且即使不总是爱慕的对象,也是尊敬的对象,这种尊敬要比任何实际制度有着更深的根基。但是,在构成联合家族的同族成员所组成的更大联合体中,最古老家系中的辈分最高的男性绝不是全体成员的父亲,也不必然是他们中间的最年长者。对于很多成员来说,他不过是一个远亲,或许还是一位未成年人。父权观念在这种群体中并未绝迹。每一个父亲或祖父对自己的妻子、子女和后裔享有比任何人更大的权力;总是存在着一种可称为信念的想法:流淌在某个家系中的宗族血缘,要比其他家系更纯正。在印度人中,这个家系中最年长的男性,如果精神健全,一般会被立为照料联合家族的首领;但是在这种制度保存完整的地方,他并不是"家族长"(Paterfamilias),也不是家庭财产的拥有者,而仅仅是家庭事务的管理者和家庭财产的管理人。如果他被认为不再适合履行其职责,就会选出一位"更优秀的"同族取代他;事实上,联合家族持续时间越长,选举就越是有理由取代血统。

斯拉夫人同居共同体（它们比印度人的联合家族有着更多的人为因素）的头领或管理者便是一位经公开选举产生的代表；在我们的某些实例中，属于最古老家系的同族所组成的议事会取代了个体管理者。我将这整个过程描述为家长向首领的逐渐转变。一般规律是，首领由选举产生，但十分看重最古老的家系。有时他得到一个范围有限的近亲同族议事会的辅佐，有时这个议事会把他取代。整体说来，无论在什么地方，以联合家族为原型而形成的血亲团体是一种纯粹的民间制度，大趋势是血缘的权利越来越不受重视。但是在一些国家，血缘团体不仅是民间互助团体，而且是政治、军事和自给自足的团体，我们能从现存的实例中体会到一组独立的原因在发挥作用，作为军事领袖的首领，有时会重新获得由于将他与全族共同祖先联系在一起的传统的衰败而失去的特权。然而，只要群体扩张的过程被打断，血缘团体中的一个成员从其他成员中脱颖而出，真正的父权便会复活。一个印度人从联合家族中脱离出来，英国法庭采行的法律会给他极大的便利这样做；以我们对"家庭"一词的理解而论，他对他的家庭就会获得比他作为家族成员更大的权力。同样，在发达的联合家族或村社中，由于小群体的人口不断增长、村庄的扩张、独立居住生活方式的普及以及土地而非共同的血统开始被视为凝聚族群的基础，每一名男性在自己的家庭中实际上都获得了对自己妻子、子女和仆人的严格的家长权威。然而，从另一方面来说，从联合家族分立出去的成员或村里住户的头领，自己又会成为新的联合族群的基础，除非其子女在他死后自愿让这个家庭解体。可见，人类社会的所有分支既可以是，也可以不是从由原初的父权制细胞生长出来的联合家族发展而来；但是，只要在联合家族是一种雅利安人制度的地方，我们就会看到它是源于这样一种细胞，而当它解体时，我们将会看到它又分解为这样一些细胞。

第五讲
首领及其地位

在我看来,近期的研究再清楚不过地表明,有必要将部落和部落首领单独列为实际制度的独特来源。后代的支系会不断地变得越来越复杂,但其中每一支系最终都能追溯至一个独立的起源。若将这个主张运用于政治史,我也只能大量重复弗里曼先生在其大作《比较政治学》中所说的话。由于我仅限于谈私人制度的历史,所以不妨这样说,那些意欲探究土地财产起源的人,应当细心记住我所做的区分。这个主题受到一种做法的严重遮蔽,如今可把它归咎于那些研究封建法的早期作家,它系统地忽略或曲解了不能根据他们的原理做出解释的所有财产享有形式,后人只有通过某些土地保有规则才能直接看清真相。不过,现在也许可以不失草率地做出结论,为雅利安种族的共同体所熟知的土地财产有着双重的起源,它部分起源于宗族或部落人的个人权利摆脱了家族或部落的集体权利,部分起源于部落首领统治权的增长和转变。可归结为这个双重过程的现象,在我看来是很容易相互区分开来的。在大部分西欧地区,首领的统治权和土地的家族或部落所有制都经过了封建制熔炉的冶炼;但是前者带着军事或骑士土地保有制的一些显著特征重新出现,后者则以非贵族小块土地占有作为主要原则的面目再现,其中包括无兵役土地租佃制(Socage),即独特的自由农土地保有制。首领的身份给我们留下了长子继承制(the rule of Primogeniture)的遗产,但它早已失去了其最古老的形式。另一笔遗产是收取一定费用和享有某种垄断的权利;第三笔遗产则是一种特别绝对的财产形式,曾经为首领以及其后的领主在构成其领地的部落土地上独享。另一方面,几种死后继承体系,其中包括子女均分土地的制度,在部落所有制衰落的各个阶段浮现。这种继承在一些习俗性的规则中留下了另一些痕迹(不是十分普遍),这些规则决定着土地的耕种,有时也调整土地产出的分配。

这两套制度在英格兰和法国的命运,在我看来最有启发意义。我经常在这里谈到一种庸俗观点的谬误,它将法国土地的过度细分追溯至第一次法国革命时对教会土地和逃亡贵族土地的出售。一位作家——我这里要说的是读者甚众的亚瑟·扬(Arthur Young),但他的读者甚众肯定是因为人们经常引用他——认为,这种在法国革命前夕和革命后立刻出现的土地"细分"(morcellement)是使法国有别于英国的重要特征。"以我们在英国所见,"他说(*Travels in 1787*,'88,and '89,p.407),"我们对法国小地产、即属于自耕农的小农场的数量之多是无法形成认识的"。他估计,法兰西王国的三分之一土地被他们所占有,如果考虑到法国教会的土地规模,这是一个很大的比重,近期法国的研究使人们有理由认为实际的比例更高,而且它仍在增长而不是减少,由于某种原因宫廷生活给贵族养成的挥霍,迫使他们将自己的领地分成小块卖给农民。扬清楚地看到,土地的这种细分是某种法律规则的结果;他极不赞成那些希望进一步实行这种规则的革命领袖,宣称"应当通过一条法律,把低于一定数量阿邦①的土地划分定为非法"。

人们似乎普遍忽略了死后平均或接近于平均分割土地的法律是在法国通行的法律。长嗣继承制的规则的适用只是例外,大多限于骑士阶层保有的土地;的确,在平分的习俗为罗马法理学的同样原则所加强的法国

---

① 阿邦(arpent):法国旧制面积单位,现仍在加拿大的魁北克和美国的路易斯安那州部分地区使用,约等于0.85英亩。——译注

南部,长子特权只能通过以下方式获得保障:诉诸罗马法中照顾"现役士兵"(milites)立遗嘱或处分自己的继承权的例外规则,或规定每个"骑士"(chevalier)和每个高层贵族都是罗马法作者那种意义上的"士兵"(miles)。这两种继承制和两种财产形式并行于世,不久前还活着的人仍能记得它们的并存和对抗所造成的强烈怨恨。平信徒拥有的很大一部分土地属于农民,并且依据平分规则继承,而领主权只在长子之间继承。但是贵族后裔所遵循的长嗣继承原则并不是真正的怨恨对象;它充其量是因为受到卢梭引起的特殊情绪的影响,才成了怨恨的对象。实际受到人们怨恨的部落统治权留给领主特权的遗产,我将之放在次要的地位上。由于不动产委员会(Copyhold Commission)采取的措施,收取封建税费和实行小范围垄断的权利,如今在英格兰几乎已被消灭,这种权利在上世纪末之前对于投资于它的阶层来说早已变得无足轻重,而托克维尔(M. de Tocqueville)在《旧制度和革命》(*Ancien Régime*, i. 18)中解释说,它几乎是大部分法国贵族拥有的全部生计。一定数量的贵族除了封建权利之外,还拥有自己的"terres",或称领地,属于他们的绝对产权,有时面积巨大;这个有限的阶层中的最富有者,即"大领主"(grands),频繁地现身于法国宫廷史,但是当他离开宫廷时是他们这个阶层中最受尊敬和爱戴的人,从法学的观点看他们构成了与英国土地所有者相对应的人。其余贵族的生活主要不是靠租金,而是靠他们的封建税费,以及通过为国王服兵役获得的微薄收入。因此,对土地有财产意识的不是领主,而是农民;农民在看到行使领地权利时的感情,十分接近于苛税激起的情绪。它所产生的这种民情,即使在当今法国也是一股不可小觑的政治力量。另一种相似的仇恨,虽然弱小得多,是由这个国家的什一税所引起,这已为人们所熟知。重要的事实是,在人们公认所有权掌握在上层所有者手中的地方,即使对下面的佃农课以重租,也很少引发同样强烈的憎恨。

因此,法国在第一次革命时所发生的变化是,人民的土地法代替了贵族的土地法,英国则经历了相反的过程,发生的事情显然与英国历史中的其他事情很和谐。贵族体制在所有基本细节上都变成了人民的制度。一度仅适用于骑士占有的土地的长嗣继承制,也逐渐适用于英国大部分地产，只有肯特郡的"男性继承人均分制"(Gavelkind)和其他一些只有地方意义的情况除外。这种变化部分地发生于久远的时代，其具体情况已模糊难辨。我们对它有确切的了解，仅限于它迅速发生于格兰维尔(Glanville)和布莱克顿(Bracton)著书立说之间这段时间。很可能不早于亨利二世三十三年，格兰维尔本人说，一般法律规则使无兵役租佃制(socage)下的自由耕作者所占有的土地，在已故的所有者的男性后嗣之间均分；很可能不晚于亨利三世五十二年，布莱克顿写道，长嗣继承制似乎普遍适用于军人占有的土地和无兵役租佃制的土地。但是，这个过程的另一支流几乎一直延续到我们今天。可能没有多少英国人有着像最近一位法国作家(Doniol, *La Révolution Française et la Féodalité*)那样清楚的认识，他认为习俗性不动产和登录保有财产向完全保有财产的转变，在不动产和圈地委员会(Copyhold and Enclosure Commissions)委员的指导下已经进行了大约50年，它和平地、不知不觉地消除了一种怨恨，而这是引发第一次法国革命和阻止重建古代政治制度的最大因素。但是，在不动产管理委员会成立很久以前，英国的大量土地财产便已具备某些特征，使其明显有别于欧洲大陆受到法兰西民法典(*French Codes*)影响之前存在的、并且至今仍存在于一些国家的那种农民财产。这后一种形式的所有权，十分普遍地受到某种特殊耕作方式的义务的羁绊，通常在处分它时不能剥夺继承法为所有者的子孙和遗孀保留的权利。类似的所有制很可能曾广泛分布，其遗迹在特殊的英国庄园仍随处可见。这里我要重复我在三年前提出的一个观点：现代英国的绝对地产观念，实际上是承袭了庄园主所享有的特殊的所有权，和更为古老的由部落首领在自己的领地上享有的所有权。在我看来，为了使英国土地能够像现在得到普遍接受的理论所要求的那样进行自由交易，这些变化是可取的，但在这里讨论它们未免离题。不过我认为，这个国家信奉的是分立和绝对土地产权的原则。当我说除非土地财产至少要被像家庭这样小的群体所占有，不然文明便不会取得任何实质性进步，我相信自己是在表述全部已知的法律史所提示的一个推论。让我再次提醒各位，能够取得垦殖北美土地这样的成就，我们得感谢英国这种特殊的绝对所有权形式。

古爱尔兰法使我们对我所谈到的制度的原始状态有了新的认识,在讲述这一点之前,我想提醒各位,要慎重对待当代爱尔兰作家关于爱尔兰部落与部落首领的最初关系的论述。不幸的是,对这个论题的探讨一直是从爱尔兰后来农业史的角度进行的。一方面,一些争论者抱着为爱国主义目标效力的想法,认为每个部落的土地绝对属于部落本身且是其共同财产,首领仅仅是管理人员,通过在部落成员中公平分配土地而获得酬劳,即一块大于部落其他成员的土地,此土地是作为其领地分配给他的。相反,一些著作家也许没有受到对爱尔兰人民的同情的鞭策,但至少认为他们总是受到上等人的残酷压迫,而且他们的天然首领对他们的压迫尤甚。这些作家指出了首领进行压迫的强有力的证据,这见于观察爱尔兰的英格兰人的书中。埃德蒙·斯宾塞(Edmund Spenser)和约翰·戴维斯(John Davis)爵士在他们的书中明确宣称"首领极其可耻地对佃农课以重租",并且义愤填膺地谈到部落成员受到的勒索,如"侍宴"(coshering)和"贡币及草料费"(coin and livery),这些话一而再、再而三地出现在他们的著作中,他们在这样做时不可能只是污蔑爱尔兰本土的贵族。还有另一个迥异于他们的学派,在当代爱尔兰最博学的人士中有其代表。他们厌恶土地归部落共同所有这种说法,因为这实际上是把古爱尔兰划归不知私有财产为何物的彻头彻尾的蛮族制度。他们说,在布雷亨法律的每一部分,都可以见到所有权得到忠实捍卫的痕迹;他们在谈到这些法律所规定的部落成员对首领的臣服时,整体上倾向于认为,前者蕴含着现代的租佃制,后者蕴含着现代的所有制。但是他们说,领主与佃农的关系受到细致而温情的条款的调整;就像爱尔兰的其他不幸一样,他们将这种制度的衰落归因于英国人的贪婪和无知。人所共知,首批定居爱尔兰的诺曼贵族后来变成了爱尔兰部落的首领;有人认为,正是他们最先忘记了对佃农的义务,只想着自己的特权。这后一种假设并非不可信。一位定居于印度并在那里购买土地的英国人,与作为他邻居的本土地主相比,往往背上更严厉的名声,这并非因为他更刻薄(其实在某些事情上,他通常要体贴、厚道得多),而是因为他已经习惯了一种更严格的制度,无法让自己适应本土地主与佃农之间那种比较松散和无章可循的关系。

第五讲 首领及其地位

对于这些有关首领和部落的任何一种理论,我皆不敢完全苟同。在我看来,每一种理论都包含部分真理,但不是全部真理。首先我要说,隐藏在布雷亨法律中的整个土地制度,我以为首先是以部落土地的部落的所有制为基础。同样真实的是,首领似乎对这种土地行使某些管理职责,在他的居住地或要塞附近,他拥有部落土地中分配给他的特定地块,用来供养他的家庭成员和亲属。但这并非全貌。正如我们从布雷亨法律中所见,这种制度不是固定不变的,而是处于变化、发展、解体和重组的过程中。甚至从显然最古老的文本来看,许多部落土地似乎不断转让给部落分支、家庭或从属的头领;评注和解释也表明,在它们写就之前,这个过程其实就已发生了很长时间。再者,不论首领最初有何尊严和权威,它们显然在不断增长,不仅是通过引入外来原则和观念,也通过在全欧洲或多或少都发挥着作用的自然原因。这些原因的一般特点与在日耳曼地区的情况十分相似。首领权力的增长,首先通过一种在有些地方称为"庇护制"的过程,自由的部落人在这个过程中变成了"他的人",且不同程度一直处于依附状态。进一步的增长则是通过他对部落领地中的荒地以及对他派往那里的奴役或半奴役状态的殖民者的权威的扩大来实现的。最后,它因首领通过直接的臣属和盟友获得的物质力量而增长,这些人多数都或多或少依附于他。但是,布雷亨法律还详细告诉我们很多有关这些变化的具体过程和性质的新颖而令人惊奇的事情。它使我们对社会从封建雏型向完全的封建制度变化的过程有了全新的认识;它有助于我们完成从日耳曼文献得出的对这个过程的描述。以我之见,这便是它的最大意义之所在。

现代的贵族制和君主制的早期历史是从部落首领制开始的。这两种重要制度事实上最初有着相同的历史,长期以来,西方世界一直带有它们这种起源一致性的烙印。由领主的自由佃农拥有的租地(Tenemental lands)和直接归属领主的领地所组成的庄园,是所有完全形态的封建统治权的类型,不论统治者承认他上面还有一个上级,还是只承认教皇、皇帝或上帝本人的权威。在每个郡县、公国或王国均有大量佃农,他们直接依附于首领和某个与之相当的人;也有由首领更直接地进行统治和可直接处置的领地。所有这些政治的和财产的构造均以一个阶层的权力作为基石,研究这个阶层的起源是最晦涩、最困难的问题;为我们这方面的知识哪怕做出最微小的贡献,也是求之不得的事情。

关于特权阶级起源状况的一种观点,尽管为博学之士所持有,最近却由于日耳曼研究而大大削弱;而且在我看来,布雷亨法律的内容使它进一步发生了动摇。人们的印象是,他们总是构成共同体中的一个独特的阶层或部分,就像他们现在的实际情况一样,该阶层每个成员与其他成员的关系,要比与整个阶层所归属的国民或部落的其他成员更亲近。无疑,最早的现代意义上的贵族便具备这种特征,这是使他们得到辨识的一个事实。弗里曼先生(Freeman, *Norman Conquest*, i. 88)说,"埃尔(Eorl)和乔尔(Ceorl)①之间的区别,是我们作为出发点的基本事实"。塔西佗从他所看到的日耳曼社会中,明确区分出了贵族和非贵族的自由民;正如我在另一讲中所言,凯撒将所有欧洲大陆的凯尔特部落划分为骑士和平民(Plebs)。从外部观察一些部落共同体的观察者,自然将地位明显高于其他成员的那些人归为一类,这是可以理解的;但是在遵循冯·姆勒尔(Von Maurer)和兰道(Landau)的方法的研究者看来,这并不是早期日耳曼社会所呈现的面貌。在他们看来,每个首领或领主之为贵族,与其说是相对于其他贵族成员而言,毋宁说是相对于与他处在同一群体中的所有其他自由部落成员。贵族有多种起源,但首要来源似乎是同村人或血亲联合体对认为保留了各自小型社会最纯粹血统的后裔的尊敬。同样,布雷亨法律提示,爱尔兰首领本身并不是一个阶层、一个与凯撒眼中的欧洲大陆凯尔特人中相对应的等级,而必然是他们的宗亲或臣属组成的独立群体的头领。"每个首领",我前面所引用的文本说:"统治着自己的土地,不论其面积大小。"爱尔兰法律描述了一个普通自由民成为首领的方式

---

① "埃尔"(Eorl)意为大土地所有者或上层大户,"乔尔"(Ceorl)意为下层自由民。在盎格鲁—撒克逊时代人被划分为这两类,前者拥有大片土地,后者只是贫穷的自由土地保有者。"埃尔"和"乔尔"主要表示社会地位而非法律地位上的差别,大体类似于15世纪时苏格兰的"骑士"(knight)和"下层自由民"(churl)之间或后来的绅士与庶民(gentle and simple)之间的差别。——译注

(正如我要指出的),同时它也表明,他所获得的地位是对一群依附者的支配权。然而,以这种方式提升地位的人,出于不同的原因,无疑会倾向于成为一个独立阶层和整个共同体中的一个特殊部分;这种趋势很可能在极早的时代便发生着作用。更应特别指出,一些贵族其实从一开始便是共同体的一部分。这种社会结构的出现,要么是因为一个完整的部落群体征服其他仍完整的部落群体或将自身最高权威置于其上,要么因为一个原先由部落成员、村民或市民组成的团体渐渐在周围聚集起由各种受保护人所组成的依附者联合体。这两种过程有很多著名实例。人们肯定都知道,凯尔特社会中便存在着前者所包含的部落群体的特殊关系。在苏格兰高地居民中,据说一些完整的"氏族"(septs)被另一些人所奴役;我们一接触爱尔兰历史便会遇到的自由部落和交租部落之间的区别,很可能意味着同样的优等地位与臣服地位。

在我看来,关于首领的地位,布雷亨法律所显示出的最为新奇之处是:不论首领还是什么,他首先是一位富人。然而,他的财富并非如流俗的想象导致我们期待的那样是土地,而是牲畜,如牛群和羊群,尤其是公牛。这里请允许我插一句话,在出身与财富,尤其是非地产财富之间普遍形成的对立,完全是现代的。在法语文献中,就我知识所及,这种对立首次出现是在法国君主的财政官员即"督察"(Superintendents)和"包税人"(Farmer-General)的财富开始引起注意的时候。在我们这里,它似乎完全是最大规模的产业的巨大扩张和生产力的结果。但是,荷马史诗中的英雄不仅骁勇而且富裕(*Odyss.* Xiv. 96 - 106);《尼伯龙根之歌》①中的骑士既高贵又富有。我们在后期希腊文献中发现,出身之荣耀,与连续七代祖先皆富有(ἑπταπάπποιπλούσιοι)的荣耀相同;诸位非常清楚,罗马的富有贵族多么迅速和彻底地变成血统贵族。说到爱尔兰首领,我们发现,名为《达耶尔牲畜租赁法》(*Cain-Aigillne*)的册页规定(p.279):"部落首领应当是部落中这样的人:他最有经验,最高贵,最富有,最博学,最得民心,最有反抗的力量,最坚定地为损益承担责任。"许多其他章节也表达了同

---

① 日耳曼史诗,写于约 1200 年,作者为多瑙河地区一个不知名的奥地利人。——译注

样的意思；细致研究这种制度（正如我提议当前要做的那样），我们可以意识到，个人财富是首领得以维持其地位和权威的要件。

但是，尽管布雷亨法律提示，拥有个人财富是维持首领身份的条件，它同时也非常清楚地表明，通过获得这种财富，总是能打开成为首领的路径。我们并非完全不知道，在一些欧洲社会，卑下的自由民可以通过财富升至后来成为现代贵族的地位。有关特定的现代贵族的特殊起源，相当确定的少数事实之一是，一部分丹麦贵族起初是农民。早期英格兰法中的一些遗迹记录了"乔尔"变为"大乡绅"（Thane）的过程。这些都是不言自明的事实，人们无疑有充分的理由推测贵族的起源具有多样性，但是布雷亨册页在多处以法律的细致性指出了古爱尔兰自由农民成为首领的方式。这些法律所谈到的角色中，最令人感兴趣的莫过于"鲍-艾尔"（Bo-Aire），字面意思是"有牛的贵族"。最初他只是个农民，很可能通过获得大量部落土地的使用权而逐渐拥有大量牲畜。真正的贵族或"艾尔"（Aire）——这个词由于与条顿语中具有相同含义的词汇相契合而饶有兴味——分为七个等级，尽管我们很难相信这种分类符合普遍的事实。各等级之间的区别是其首领占有的财富数量、他提出的证据的分量、他以契约（contract，字面意思是"打结"）凝聚部落的权力、他依据这里描述的体系从附庸收取的实物税费、他的名誉价格（Honor-Price）或他遭到侵害所引起的特别损害赔偿金。这个等级分类底端的首领或贵族名为"艾尔-德萨"（Aire-desa）；布雷亨法律规定，当"鲍-艾尔"获得两倍于"艾尔-德萨"的财富，并已将其保有若干代的情况下，他本人便成了"艾尔-德萨"。诸位可以看到，赋予财富的优越性并未排除对出身的尊敬，而是将其渗入其中。《古制全书》说："其父若不曾是首领，他便是下等首领。"还有其他许多对维护世袭地位之尊荣的强烈宣示。有关首领身份的最初观念明显是它源于血统的纯粹性或高贵性；但是高贵的出身被视为与财富天然相连，逐渐变得富有的人所上升到的地位，与生为贵族的人所具有的地位变得难以区分。因此，这一体系的新鲜之处在于，它清楚地记录了作为一种身份的贵族源于古代社会的有机结构，而在实践中又总是拥有新的起点。

在布雷亨册页所反映的早期雅利安社会中，财富（尤其是牲畜的财

第五讲 首领及其地位

富)具有极大的重要性。依我之见,这一点有助于消除每当我们研究贵族起源时都会遇到的一个大难题。我假定,关于现代社会特权阶级这个主题的流行理论是,它最初所获得的身份,更不用说它的权力或权势,要归于国王的恩宠。一位英国人曾经就俄国贵族身份的问题询问保罗皇帝。这位沙皇说:"在我的统治下,唯一拥有贵族身份的人,是我与之说话的人,现在我就正在与他说话。"这些话我只是拿来当作我这里提到的观念的最有可能的表达;但是说这话的君主头脑糊涂,由于长期臣服于鞑靼人,他的权威在某种程度上也染上了东方特征,甚至对俄国而言,这些话也绝不是绝对真实的。然而,就我们而言,无论我们从中获得的实际结论多么微不足道,得到偏爱的假设似乎确实是:所有贵族特权均源自国王的恩典。大体来说这似乎是英国法的理论。但是欧洲大陆很多地区的制度长期保留的遗迹,反映的是一套不同的观念,它们见于君权实际上比英格兰大得多的地方。法国革命之前,作为一个团体的法国贵族会憎恨他们是国王的产物这种论断;而法国国王们不止一次承认:自己不过是与他们同为贵族的那个阶级中地位最高的成员。

今天,各地的国王均垄断了册封贵族的权力,在很多国家这种情况已有数百年之久。这种成为贵族的路径践行如此之久,以至于人们几乎普遍忘记了还曾有过另外的途径。然而历史学家长期以来一直清楚,由王室特许授予贵族称号在某种意义上是一项现代制度,尽管他们没有成功地对它如何替代或阻碍着使它得以嫁接而生的制度做出完备的解释。表面看来无可争议的是,最先由国王恩宠而产生的贵族是"陪臣"(Comitatus),即"陪伴国王的人"。尽管有大量证据表明,最初这个阶级在某种程度被视为奴仆,但它在一些国家渐渐成为所有贵族的原型。还为人所熟悉的少数事实可以提醒我们,在整个西欧,王室全体成员的命运是多么值得注意。法兰克宫相(Mayor of the Frankish Palace)成了法兰克人的国王,罗马日耳曼皇帝的司库现在是德意志皇帝,苏格兰管事(Steward)的血流淌在英格兰国王的血管里,法兰西皇家军事总长(Constables)反复削弱或拯救着法国王冠。在我们这里,御前会议和王室的重要大臣仍然比所有贵族或所有同级贵族享有优先权。那么,宫相或伯爵、大执事或管事、高级秘书、大司库以及高级皇家军事总长——这些头衔既然最初不是僧侣担任的官职的标志，它便是指具有奴仆性质的职位——的地位的这种大幅度提升是如何发生的呢？

似乎很确定的是，王室成员的起源很卑贱。塔西陀描述过日耳曼首领的陪臣，他们与他同住，靠他的奖赏生活。斯塔布斯（Stubbs）先生说（*Constitutional History*，p. 150）："（英格兰）国王的'哥赛特'（Gesiths）是他的警卫人员和私人顾问"，他的结论是："一个乔尔家里的自由家仆，在某种意义上也是他的'哥赛特'。"国王的陪臣似乎也出现在爱尔兰法律文献中，但他们不是贵族，与实质上为奴仆的国王私人卫队有关。尽管（严格说来）除了几个很短的时期外，爱尔兰国王从未存在过，但可以说他总有存在的倾向；沙利文编辑的《欧柯里讲稿》的末尾提供了布雷亨册页《克里斯·凯波莱茨》（*Crith Gablach*）①的一个译本；它包含一幅他的王宫和国家礼仪的图画。其中所要描绘的这座建筑，很明显与冰岛大王宫（the great Icelandic house）非常相似；关于冰岛大王宫，在《伯恩特·亚尔的故事》（*Story of Burnt Njal*）中，达森特（Dasent）先生试图依据挪威文献中的描述画出一幅草图。爱尔兰国王在这里飨宴宾客，其中包括储王及其子嗣，以及一大群戴镣铐的囚徒，即臣属首领或氏族分支因背誓而成为人质的人。陪臣也在那里，据称他们是由国王的特权承租人和贴身卫队组成，后者由他所赦免的死刑、监狱、奴役中的人组成，但不包括（一个很重要的例外）他在战场上救出的人。《克里斯·凯波莱茨》所提供的爱尔兰社会图景，恐怕在很大程度上只能认为是完全想象的或理论上的；无论如何，去过爱尔兰的英国人给出很多证词，表明不少重要的爱尔兰首领，居室远比塔拉（Tara）的爱尔兰国王简朴。不过他们很可能都有陪臣随行；以我之见，维持一个小宫廷的义务，可能与一种后来有着可悲历史的奇怪特权有着莫大的关系，即首领带领扈从去他的佃农那里、由佃农出钱进行宴饮的权利。在苏格兰高地，甚至微不足道的首领也拥有同样的

---

① 此册页多译为"branched purchase"，大意是"（氏族）分支的财产"，主要关涉地位、特权以及两者之间的关系，平民与贵族的等级以及可以拥有什么财产等等。——译注

扈从,记得凯尔特社会的不朽场景的人都知道这一点;几乎和我们是同时代的人通过小说《威福尔里》(*Waverley*)①,第一次了解到古凯尔特的生活和风俗几乎一直延续到他们那个时代。

似乎极有可能的是,在特定的社会阶段,为首领或国王提供的这种私人劳役,在每个地方都有望获赠土地作为报酬。在欧洲大陆,条顿国王的陪臣广泛分享采邑(Benefice),即被赐予人烟稠密、牲畜丰富的罗马行省土地。人们相信,在古英格兰,这一阶层是仅次于教会的公地最大受赐者;毫无疑问,在这里我们触及了隐蔽变化的部分秘密,由于这一变化,从国王那里获得尊严和权威的新贵族即"大乡绅"(Thanes),吞并了更古老的贵族"埃尔"。但是我们易于忘记,在罗马帝国北部和西部边境以外的地方,土地是丰富的。托罗欧德·罗格尔斯(Thorold Rogers)先生记述了一晚得多的时代,其立论基础是有关庄园土地利润的现有证据,他说土地是"中世纪时期最便宜的商品。"实际的困难不是获得土地,而是获得使它多产的工具;因此,在比我们拥有确切知识的任何条顿社会都更古老的社会,即布雷亨册页使我们得以了解的社会,大致的情况也应该是:法庭诉讼标的与其说是获得土地,毋宁说是获得牲畜。正如我所说,首领的财富首先是牛羊。他是军事领袖,大部分财富必然是战利品。就民事身份而言,他使母牛增殖的方式,是通过不断增长的权力占用荒地用于放牧,以及在部落成员中散放自己的畜群的体制,对此我将在下一讲描述。追随他进行劫掠或准备进行劫掠的陪臣,只能通过他的奖赏变得富有;由此,如果他已是贵族,他将变得更加尊贵,如不是贵族,财富便是成为贵族的路径。我下面为各位宣读的段落,或可说明可能发生过的情况,尽管只有共同的人性能将它所谈到的习俗与原始条顿人和凯尔特人联系起来。H. 都格摩尔(H. Dugmore)牧师在英属卡弗拉里亚(British Kaffraria)科克山的卫斯理传教出版社(Wesleyan Missionary Press)出版了一本非常有趣的书,名为《卡福尔人的法律与习俗概览》(*Compendium of Kafir Laws and Customs*)。在这本书中,他就南非土著种族中最发达的卡福尔

---

① 英国作家司各特于1814年匿名发表的一本历史小说。——译注

人或祖鲁人(Zulus)(p. 27)写道:"牲畜是人们的唯一财富,因此它是他们进行交换、偿付或报酬等交往活动的唯一媒介。扈从为牲畜而效劳于首领;如果首领不能提供给扈从相当于金钱衣食的东西,他就别指望能够维持自己的权势,或能够确保有任何数目的随从。因而,他需要稳固的财源以满足他的依附者,对所需财源的规模,要以对他提出的要求的性质做出判断。他的扈从、臣属或无论有何名称的人,由部落中的各种人组成,包括青年人、聪明人和勇敢的人;他们在一段时间内臣服于他,可以获得牲畜作为迎娶妻子、装备武器或置办其他所需物品的手段。他们在获得这些后便会返家,给他人腾出位置。因此,首领当下的扈从是不断更换的,并且总是在消耗他的资源。"都格摩尔先生接着又说,首领财富的来源包括从父亲那里继承的牲畜、割礼仪式上所得的赠品、从部落征收的贡金(benevolences)、罚金、充公物品以及劫掠所得。

母牛在古爱尔兰社会中的显著作用,我想在下一讲做出更易于理解的说明。这里不妨这样说,这些岛屿上的这两种凯尔特社会最为悠久地保留着他们古老的习惯,也都有劫掠牲畜的恶名。麦考利勋爵说到爱尔兰牲畜盗窃事件时,我必须承认,有时在我看来他好像认为这种习惯可归因于爱尔兰人性格中的某种恶劣的天性。但它无疑是泰勒(Tylor)先生教我们称为遗风的现象,即一种根深蒂固的古老习惯;在这种情况下它不幸地持续着,使爱尔兰缺少现代法治观的重要条件,即一个强大的中央政府。同样的风俗,在苏格兰高地的凯尔特人和低地边境地带的野蛮日耳曼人中,被一个天才人物几乎赋予了美德的尊荣。还是再来谈谈《威福尔里》吧,我以为原始凯尔特首领最真实的代表人物莫过于唐纳德·比安·里安(Donald Bean Lean),他驱赶图里·福欧兰(Tully Veolan)的牛,雇佣占卜者来预测他可获得的牛肉数量。与因为没有获得一块伯爵领地就干脆放弃自己事业的福格斯·麦克伊福(Fergus McIvor)相比,他是更加名副其实的"遗风"。

我们已经指出,国王陪臣的身份起初具有某种程度的奴仆性质。如果要对"陪臣"与条顿国王的关系进行法律描述,人们选用的罗马法中的内容,一致宣称受庇护者(Client)或自由民与其保护人(Patron)之间具有半奴仆关系。布雷亨法律使我们能同样看待凯尔特社会中的相应阶层。一些文本表明,在一个高级首领身边,总是可以预期有一些不自由的依附者;诸位当会记得,爱尔兰国王的扈从不仅包括自由的部落成员,也包括对他负有奴仆义务的贴身卫队。就目前而言,关于奴仆身份与原始的血统贵族已经与之融合不分的那种贵族之间最初的关系,我很同意弗里曼先生的解释。他说:"罗马贵族的低级受庇护人与希腊和条顿领袖的贵族随从,实际上可能有着相同的渊源,二者可能都是同一远古遗产的一部分。"(*Comparative Politics*, p.261)但是我们也许可以比这种解释更进一步。首领的陪臣,即使是自由民,也不必然是或通常不是他的近亲。他们对他的依附,伴以友谊和情感,在现代社会中将使他们处于一种非常容易理解的地位,类似于与他平等的地位;但最初一个人不是另一个人的宗亲或奴隶,便是他的敌人,仅仅是纯粹的友谊和情感创造不出任何人际纽带。它为了得到一定的落实,就必须将之视为建立那个思想阶段人们所知的关系之一。在平等的人之间,这种关系便是假定的或拟制的血亲。但是,在体现部落纯正血统的首领和他的扈从之间,多少会以奴隶对奴隶主的依附关系为模式;而在陪臣并非真是首领奴隶的地方,连接他们的纽带,很可能要适应由前奴隶与前奴隶主的关系所提供的更具荣誉性的模式。

第六讲

部落首领及其土地

布雷亨法律充分提示了几乎被我们现代人遗忘的事情之一,即有角之牛在社会发展初期阶段以及社会已然向成熟阶段取得相当进步的时期具有的重要性。翻看布雷亨法律册页,几乎每一页都能看到提及牛肉、公牛、母牛、小母牛和牛犊。马、羊、猪、狗以及原始社会最昂贵的奢侈品的生产者即蜜蜂,被赋予了大致相当于古罗马法中一宗财产的地位。但是最为经常提到的动物是母牛。在语源学和法律分类上,有相当多的事实指出了牛在早期的重要性。"资产"(Capitale)——意思是按头数计算的母牛——产生了法律上最著名的术语之一"实物资产"(chattels)和政治经济学上最著名的术语之一"资本"(Capital)。"畜群"(Pecunia)很可能是人类用来表示金钱的使用时间最长、范围最广泛的词。然而,尽管"公牛"为私人财产提供了一个现代同义词,但是不必说,在所有古代法律制度中它们并不被列为低等商品。原始罗马法将公牛列为最高级的财产,与土地和奴隶一起作为"财产法"(Res Mancipi)的对象。正如在其他几个事例中一样,这种财产规定在罗马人的法律上的尊贵,似乎相当于它在印度人中间那种宗教上的尊贵。在最古的梵文文献中作为食物食用的牛,在某个不为人知的时期成了圣物,其肉禁止食用;毕竟,罗马两种主要的"买卖对象"即公牛和地产,相当于湿婆的圣牛和印度的圣地。

这个论题可能被一种印象所遮蔽,即有角之牛仅在社会的畜牧阶段对人类具有非同寻常的重要性;这个社会阶段是一些不总是有益的想象的主题。实际的证据似乎表明,当人类群体定居某地并致力于耕种谷物时,它们才获得最大价值。很可能牛起初仅有的价值完全是它们的肉和奶,但有一点也很清楚,在很早的时期它们就具有了作为交换工具或媒介的明确而特殊的重要性。在荷马时代的文献中,它们肯定是一种价值标准;没有理由怀疑以下传统故事:罗马所知最早的铸币上印有牛的图像;"pecus"(牲口)和"pecunia"(货币)之间的联系无论如何是明白无误的。布雷亨法学家赋予有角之牛的突出地位,肯定源于它们在交换中的用途,虽然只是部分而非全部源于此。在布雷亨法律册页中,罚金、费用、租金和收益都是按牲畜的数目计算,不一定只是牛,但也接近于如此。经常提到的两种价值尺度是"希德"(sed)和"卡姆哈尔"(cumhal)。"卡姆哈尔"据说原义为女奴,就像中世纪拉丁语中的"安西拉"(ancilla)有时是指年轻女奴的价格一样。但"希德"明确地用来表示一定数目或数量的牲畜,这或许会在较小的程度上有所变化。然而,在牲畜史的下一阶段,它们为人类提供的劳力是它们的最大价值。对它们的价值评估主要是、在某些共同体则完全是根据它们在耕作中的用处,即它们的力气和粪肥。在西欧,它们作为耕畜的地位普遍被马代替,但即使在那里,这种变化也是逐渐发生的,并且是一种比较现代的现象;在世界上更广阔的地区,马仍然如同过去在各地一样,只用于征战、游乐或狩猎。所以公牛几乎是现代政治经济学家称为用于土地的资本的唯一代表。我认为很有可能的是,导致不使用公牛作为交换媒介的经济因素,同样导致了我们发现在罗马和印度发生的它们法律地位上的变化。公牛在印度人中的神圣化,使食其肉成为非法,这肯定与保留它用于耕作的愿望有关;它在"财产法"(*Res Mancipi*)中的地位上升也可认为有着同样的趋势,因为这使它的转让变得极为困难,大大阻碍了它被用于交换。在这一点上,有角牲畜的历史不幸与大部分人类的历史混在一起。我们认为的改变公牛地位并使其变为某种程度上"附属于土地的"(adscriptus glebae)动物的同一原因,无疑也造成了奴隶制的大力扩张。直到相对晚近的时代,即使在一些被人们视为古老的国家,土地也很丰富,而最原始形式的资本则很稀缺。在我看来,托罗欧德·罗杰斯先生在极具启发性的《中世纪的农业与价格》(Agriculture and Prices during the Middle Ages)一书中对此做了极清晰的阐述,并对很多仅能部分理解的历史做了解释。奴隶大量输入罗马共和国的中心地带,西欧的自由农耕共同体大规模退化为隶农群体,这些似乎是与禁止公牛转让与食用的规则本质相同的权宜做法,而且似乎同样为获得和保留耕地工具的迫切必要性所要求。

若要理解古爱尔兰法律最值得注意的部分之一,既有关"提供牲畜"(giving stock)这种习俗的内容,就应谨记有角之牛在特定社会阶段对人类的重要性。我在前面讲过,尽管我不能从这一事实中做出与某些著作家相同的推论,但我与他们一样认为,古爱尔兰土地体系的理论基础是部落土地在部落自由成员之间进行分配。但是我也说过,依我之见,当时真正的困难不是获得土地,而是获得耕种土地的手段。原始意义上的资本的短缺是必然的,它压迫着小块土地保有者,不时使之陷于极端痛楚的困境。另一方面,大量牲畜的所有者是各种首领,他们在这方面比其他部落成员占有优势,很可能要归结于他们作为部落军事领袖所具有的天然职能。布雷亨法律让我觉得,首领也有自己的难处,他们要为自己的畜群找到充足的牧地。毫无疑问,他们对自己统领的那个群体的荒地的权力一直在增长,但部落中最肥沃的土地往往已被自由的部落成员占用。部落首领的牲畜财富与他们处分部落土地的权力不匹配的事实,以及部落成员无时无刻不苦于获得耕作手段的必要性的事实,在我看来能够为牲畜收授体系提供最佳解释;《古制全书》中有两份有关它的附页,即《萨耶尔牲畜租赁法》(Cain-Saerrath)和《达耶尔牲畜租赁法》(Cain-Aigillne)。

这两份附页意义重大。首先,它们对我们了解部落首领的权力是如何增长的大有帮助;不仅是对他的奴仆依附者的权力,还有对起初他不过是其中"同辈中年纪最长者"(primus inter pares)的自由的部落成员的权力。其次,它们通过对那个特定社会古老习俗的真实记载,为我们提供了有关封建附庸关系创建过程的一个全新的例子。各种力量使领主与附庸的关系首次得以确立,其历史重要性无须多言。正是通过它们,罗马专制体制下的西欧才变为封建君主的西欧。最引人瞩目的外在方面,莫过于从时盛时衰的蛮族入侵的暴烈过程前后所看到的社会状态的了。在蛮族入侵之前,我们看到人类的大部分可以说处在一个广袤的平面上,各地皆笼罩在罗马皇帝的权威之下,它们作为众多平等的单位分布于这个平面上,将他们联系在一起的制度只能被视为罗马实在法的产物;在它们和它们的统治者之间只有身为其奴仆的大批官吏。当封建欧洲形成时,所有这些均发生了变化。人人都成为另外某个人的从属,他比他们地位要高,但差距并不太大。如果我用过去我采用的一幅景象来描绘的话,社会呈金字塔或圆锥体形式。人数庞大的农耕者位于底部,越往上越小,直至达到顶点;这个顶点往往看不见,但总被认为是可以发现的,要么是皇帝,要么是教皇或全能的上帝。有充分的理由相信,哪一幅图像都不可能包括全部实际细节,无论是罗马法学家的理论,还是封建法学家的学说,都没有解释或注意到实际存在于他们那个时代的诸多习俗和制度。然而,每一种理论都是建立在使其产生的时代最为明显的事实之上。

我们对使后来的事实变得截然不同于过去的事实的正式手段有一些了解,尽管所知不多。斯塔布斯先生(*Constitutional History*, i. 252)由此总结出有关这个论题最为现代的观点:封建制度"是从两大源头成长起来的:采邑和庇护习俗。采邑制部分起源于国王将自己的地产赏赐给他们的血亲和仆从,并附有效忠的特殊义务,部分起源于地主将自己的地产让予教会或有权力的人,然后以支付租金或劳务的佃农身份重新取回并保有。通过后一种安排,弱者获得强者的保护,感到自身不安全的人将自己的财产所有权置于教会的保护之下。另一方面,通过庇护习俗,地位低下的人将自己置于领主的私人照管之下,但不改变自己的身份或放弃自己对地产的权利;他变为臣属并宣誓效忠。"庇护制的发生遍及整个西欧,其作用的普遍性和结果的一致性举世无双;它在使条顿社会的古老结构发生转型中发挥的作用,不亚于罗马的行省制度。然而,关于人们诉诸如此繁复的过程的动机,至今仍然疑云密布;几乎所有关注这个主题的著作家的论述都是笼统的,而且主要是猜测性的。在这个如此广阔的地区,人们自愿处于人身依附的地位,关于其原因,或许迄今我们能够冒昧做出的最为精确的论断是:他们肯定是与当时的民事和刑事责任体系联系在一起。不管是真实的还是虚构的、自然的还是通过协议形成的家族,要对其成员的刑事犯罪甚至民事责任负责。集体责任必然为单一领主的责任所取代,这对所有相关的人都是一种方便;他能阻止侵权并为侵权赔付金钱;在宣誓证明无罪程序和其他法律程序中,他的证词所具有的通常赋予它的分量,要超过几个下层人加在一起的证词的分量。更一般地说,但最起码具有同样的合理性,世事的普遍混乱与新制度的发展密切相关,在一个封建领主下紧密团结的小社会,在军事攻防上要比任何由血亲或同村人组成的团体以及任何由自愿合伙人组成的群体强大得多。然而,对于人们顺从于一种变化的动机,以为我们拥有得出可靠意见的材料,却是荒谬的,因为在不同的国家和相对不同的社会阶段,这种变化很可能是由非常不同的条件提示给他们或强加于他们的。

我不想从布雷亨法律提供的新材料中做出过度概括,但长期以来在学问家中间一直存在一种猜测(我只能把它称为猜测):凯尔特习俗能够多少为庇护制提供一些解释,由于我们缺乏材料,任何有可靠来源的增补无论如何是有价值的。我不妨再说一下我对布雷亨册页所展示的那个阶段的古爱尔兰土地制度所形成的印象。不论耕地还是荒地,部落土地均归部落所有;不论部落是由血亲组成的联合家族还是一种更大的、更具拟制性的联合体,这一点都是真实的。从理论上说这是原则,如果有关原始阶段的传统观点可以称为一种理论的话。但是,较大部落的很多土地被永久分配给了首领家族或部落成员的分支;这些分支的土地往往在其成员之间进行分配,但要服从于宗亲群体所保留的某些特定权利。每个具有相当规模的部落和其中几乎所有的较小规模的群体,都有一位首领,不论他是爱尔兰文献称为国王的诸多部落统治者之一,还是后来英属爱尔兰法学家称为"宗族长"(Capita Cognationum)的家族头领。但他不是部落土地的所有者。他可能拥有自己的土地,这由他的私人地产或正式领地构成,或两者皆有;他拥有全部部落土地的总管理权,对尚未被占用的那部分荒地而言,这种权力总是变得越来越大。同时,他是部落成员的军事领袖,很可能正是因为这种身份,他获得了大量牲畜的财富。对他来说,将部分牲畜放养在部落成员中变得颇为重要,而对部落成员来讲,他们时常发现自己由于环境所迫需要牲畜耕种土地。因此,出现在布雷亨法律中的部落首领总是"提供牲畜",部落成员则接受牲畜。值得注意的是,从这种习俗中产生的,首先是我们比较熟悉的所有权所附带的权利义务,比如收租的权利和付租的义务,以及其他一些爱尔兰历史研究者不愿意知晓的附带性权利与义务;除此之外更加重要的是几乎所有广为人知的封建保有制所附带的权利与义务。正是通过接受牲畜,爱尔兰自由部落成员变成了"克伊列"(Ceile)或"卡伊尔"(Kyle),即自己部落首领的臣仆或下人,他们不仅必须向他缴租金,还要提供劳务和效忠。"庇护制"的确切结果由此产生,有趣的是,它们产生于一种简单而又可理解的动机。部落首领与臣属之间的交易对后者来说负担非常沉重,但导致这种交易的必要性却是迫切的,而且产生这种必要性的社会越原始、离定居于土地的时间越近,它的力量也越强大。所有这些都很具有启发意义,因为没有任何理由认为,采邑制和庇护制是在罗马帝国解体时倏然降世。它们很可能是以这样或那样的形式,深植于所有雅利安社会初级形态的习俗中。

  部落成员通过从部落首领那里接受牲畜而获得的新地位,随着他所接受的牲畜数目而变化。如果他接受牲畜很多,他的身份要比接受数目少的情况低得多。从这种接受牲畜数目的不同中,产生出了爱尔兰的两大佃农阶层,即"萨耶尔"(Saer)和"达耶尔"(Daer)的差别;说他们的身份与英国庄园中的自由佃农和身份稍高的基层佃农的身份相似是不会错的。"萨耶尔"牲畜佃农(Saer-stock tenant)的特点是从部落首领那里接受的牲畜数目有限,所以仍为自由民,且完整保有他的部落权利。他的佃农身份的正常期限为七年,期满他便对已经拥有的牲畜获得权利。在此期间他能够利用它们进行耕作,部落首领则得到"产出、增加物和奶",前两者是指牛犊和粪肥。至此这种制度安排中没有什么特别值得注意的地方,但是它明确规定:除此之外部落首领还有获得效忠和劳力的权利;劳力被解释为是指臣属为部落首领收割庄稼和帮他建城堡或要塞的劳动,另外可要求臣属应征,随部落首领征战以代替劳务。在"萨耶尔"佃农所接受牲畜数量基础上再增加一个较大数目,或部落成员起初就接受了非同寻常数量的牲畜,首领和臣属之间便形成了称为"达耶尔"租佃的关系。"达耶尔"牲畜佃农无疑失去了一部分自由,所提到的他的义务也总是非常繁重。部落首领提供给他的牲畜包括两部分,一部分与接受者的等级成比例,另一部分与接受者所应付的实物租成比例。第一部分的技术标准是佃农的"名誉价格",即给他造成伤害时应付给他的罚金或赔偿金,在这些古老的法律体系中,后者因受害者的尊贵程度而不同。对于第二部分牲畜与租的关系,布雷亨法律做了精确的界定:"三个'萨姆赫伊斯科'(sam-haisc)①的小母牛或其价值,相当于价值一'袋'(sack)②的牛犊及其附属物和三人在夏天的饮宴以及干三天工的牲畜数目"(*Cain-Aigillne*, p. 25);换句话说,部落首领要获得牛犊、饮宴和劳务的权利,必须将三头小母牛交给佃农保管。"十二个'希德'(seds)相当于一头肩肉肥厚的小母牛及其附属物的牲畜数目",这被解释为等于十二个"萨姆赫伊斯科"的小母牛或六头母牛,等等。以这种方式与所接受牲畜数目成比例的实物租或食物租,无疑很快就演变为佃农可用土地支付的地租;但是颇为令人好奇和不可预测的事实是,被认为囊括大部分古爱尔兰佃农的这个阶层所支付的租,其最早的形式与佃农土地的价值丝毫不相对应,而是仅仅对应于部落首领交付给佃农的财产。然而,加在"达耶尔"牲畜佃农身上最沉重的义务,是我前面刚刚提到的引语中所说的"宴饮"。除了实物租和封建劳务之外,提供牲畜的部落首领在特定的时期,有权带一定数目的人去"达耶尔"佃农家里宴饮一定天数。这种"宴饮权"以及提供宴饮的义务,是古爱尔兰习俗最显著的特征之一;它们的起源很可能要由这种情况来解释:爱尔兰首领尽管比他的佃农享有更多特权,但住所比他们好不了多少,居室设施几乎同样差,不能在家里享用他提供牲畜的行为给他带来的饮食。然而这种习俗有一段极不幸的历史。布雷亨法律在所有方面

---

① 萨姆赫伊斯科(sam-haisc 或 samaisc),指三岁且尚未产过奶的小母牛。——译注
② "袋"(sack)为重量单位。——译注

第六讲　部落首领及其土地

对它作出严格规定和限制，但它的不便和退化为被滥用的趋势是明显的，从中无疑产生出了压迫，如爱尔兰部落首领的"贡币和草料费"以及"侍宴"，令斯宾塞和戴维斯等观察爱尔兰的英国人深恶痛绝，并义愤填膺地给予了批驳。在英国人看来，没有任何爱尔兰习俗能如此充分证明从司法和立法上彻底废除爱尔兰习俗的合理性，而我认为这完全是巨大的失策和错误。布雷亨法学家用以限制它的防范措施不可能总是非常奏效，但正如我前面讲过的，他们已经尽力而为；另外，正如他们所界定的，产生"达耶尔"牲畜佃农及其特殊义务的关系并不是永恒的。提供食物租和劳务七年之后，如果首领过世，佃农便有权利占有那些牲畜；从另一方面说，如果佃农过世，其子嗣便部分地解除了他们的义务，尽管不是全部解除。同时极有可能的是，肯定是起源于佃农很必要性的"达耶尔"牲畜佃农制，常常由于同样的原因而在实际上变为永久性的。

　　人们常做出这样的猜测：封建保有制所附带的特定的权利与义务可以回溯到诸如布雷亨册页向我们描述的体系。英国登录土地保有制中的"荷利奥特"①（Heriot of English Copyhold tenure），即领主在奴仆死时所获取的"最好的牲畜"，被人们解释为承认古时领主对他寄存在其奴仆土地上的牲畜具有所有权，正如军役佃农的"荷利奥特"被认为起源于武器的寄存一样。亚当·斯密确认了仍然广泛分布于欧洲大陆的分益租佃（Metayer）②的古老性，当时他在苏格兰还发现了它的一个称为"斯特尔鲍"（Steelbow）③的变种。布雷亨法律官方译本的一篇序言将这种分益保有制与古爱尔兰法律中的"萨耶尔"和"达耶尔"保有制进行了对比，对此我一点也不会感到惊奇。表面上的相似值得考虑，分益保有制的历史如此模糊不清，以至于我当然不敢说，与我的描述相一致的习俗，在一些国家中与其原始形式并不相关。但是，古代保有制与现代保有制的差别要比它们的相似之处更重要。在分益保有制中，领主提供土地和牲畜，保

---

① "Heriot"指领主在佃农死时攫取佃户最好的牲畜或其他动产的权利。——译注
② 指耕种者使用土地而向土地所有者缴纳实物地租的土地租佃形式。——译注
③ "Steelbow"指承租人在向领主正式提出租佃时从领主那里接受的一定数量的耕畜，他有义务在租佃期结束时保持这部分牲畜的价值不减损。——译注

有人仅提供劳力和技能；但是在"萨耶尔"保有制和"达耶尔"保有制中，土地属于保有人。另外，古爱尔兰的这种关系不仅产生了契约义务，而且产生了身份。保有人自己的社会身份和部落身份，明显随着接受牲畜而改变。进一步说，接受牲畜并不总是出于自愿。无论如何，在爱尔兰习俗的某个阶段，部落成员不得不从他的"国王"——换一种说法，从他规模最大的部落的首领——那里接受牲畜；在我看来，布雷亨法律总是将接受牲畜说成一种严酷的必要。最后，有意做保有人的人所归属的部落在某些情况下可以否决他接受自己的新身份，如果它明确地被认为侵犯部落的权利，累积起来有削弱后者的效果。只要部落拥有干预的合法权利，为了给予它这样做的机会，对牲畜的接受必须是公开的，法律对秘密进行的后果做了详细的规定。在我看来很清楚的一点是：当时民众的道德使人不敢这样做。古代的法律体系经常出现一些与其说是法律条款，毋宁说是道德准则，其中一条宣称："任何人不得向他没有见过的土地收租。"

我所描述的这种体系，肯定极大地推动了更古老的部落和家族组织的解体。如果提供牲畜的首领和接受牲畜的"克伊列"属于同一部落，这种交易的结果所产生的关系当然不是完全不同于部落关系，但在很多方面仍与之有实质性区别，而且对首领更有利。但是，一个人接受其牲畜的上级，并不总是他本人的"氏族"或部落的首领。如果能够说布雷亨法律表现出对新型臣属制度的任何有利之处，它鼓励的也是天然部落首领和天然部落成员之间的这种关系，另一方面它却阻挠部落成员与陌生部落的首领之间建立这种关系。但是似乎存在很多途径，自由民有时可以用这种方式托庇于自己的首领以外的上级。正如我前面说过的，每个贵族通常都被假定有很多牲畜，他们每个人的目标都是用提供牲畜的习惯将畜群散养出去。有望成为贵族的富裕农民，即"鲍-艾尔"，似乎拥有接受其牲畜的"克伊列"，也有在他之上地位更高的贵族。相应地，由领主及其臣属——假如我们可以在某种程度上提前使用这些后来的词语——所组成的新群体，往往与由首领及其氏族组成的旧群体完全不同。另外，这种新型关系并不局限于"艾尔"或贵族与"克伊列"或自由的非贵族部落成员之间。"鲍-艾尔"当然有时也从比自己地位更高的部落首领那里接受牲畜,地位更高的首领看来也接受地位比他们还高的首领的牲畜;最终,"提供牲畜"变成了宣称某人为封建上级的同义语,"接受牲畜"则变成了其他社会的语言称为"庇护制"的同义语。布雷亨法律(当然是通过拟构)将爱尔兰国王描述为从罗马帝国皇帝那里"接受牲畜",这有力地证明了近年来历史学家[例如布赖斯(Bryce)先生]所得出的结论的公正性。他们说,就罗马帝国甚至以其后来的形式的深刻而广泛的影响而言,布雷亨法律把爱尔兰国王称为"从皇帝那里接受牲畜"。当爱尔兰国王未受到反抗时——据解释,即他占据着通常掌握在丹麦人手中的都柏林、沃特福德(Waterford)和利莫里克(Limerick)的港口时——"他从罗马人的国王那里接受牲畜"(S. M., ii. 225)。评注中又说,有时"是通过帕特里克的继位者,牲畜被提供给爱尔兰国王";这段值得注意的话似乎表明:爱尔兰著作家这样来谈论圣帕特里克的继任者,大约同一时期的英国或欧洲大陆作家想必会这样来谈论教皇。

我希望我不必坚持这部分布雷亨法律具有的意义。根据苏格兰高地居民的风俗所提供的材料将凯尔特部落习俗与封建规则做鲜明对比,这种事并非不常见;在这些习俗与完备的封建体制之间无疑存在着极为重要的不同。但是假如布雷亨册页中的证据可信,那么这种差别并非源于实质性的差别,而在某种程度上肯定是源于社会相对发展程度的差别。封建体制的胚芽深植于更古老的社会形式之中;甚至在像爱尔兰这样的国家,它们也准备展示自身的生命力,这个国家一旦基督教化之后便不能再从邻邦借用任何制度,它因距离而与欧陆保持隔绝,因顽固的民族厌恶情绪而与英格兰保持隔绝。同样值得注意的是,封建体制的这种自然成长过程,并非像最近某些知名著作家所认为的那样,完全有别于首领或领主对部落或村社的权力的扩展过程,而是在相当程度上构成其一部分。当未被占用的荒地成为他的领地时,村民或部落成员便因自然的力量而处于他的个人权力之下。

在我看来,爱尔兰"提供牲畜"的习俗本身,也与另外一些通常被认为属于非常不同的历史阶段的现象有关。我们从册页中获得了一种最原始形式的财富贵族的图景;我们看到,这种财富的占有赋予了贵族对只拥有土地的非贵族自由民的巨大权力。在我看来,当凯撒说高卢首领即骑士阶层所拥有的债务人的数量是其势力的一个主要来源时,他显然参照了与凯尔特同类型的社会中的相同关系状态(B. G. i. 4;B. G. vi. 13)。现在各位不妨想一下,当我们开始认识古代世界的时候,我们发现平民阶层是

167 多么一致地深陷于对贵族等级的债务之中。在雅典历史初期,我们发现雅典平民因对雅典贵族(Eupatrids)负债而成为奴隶;在罗马历史初期我们则发现,罗马平民同样受着罗马贵族的金钱奴役。这个事实通过多种方式得到记录,似乎合理的看法是:恶劣季节的反复出现,将雅典和罗马的小农户置于受财富贵族任意摆布的地位。但是这种解释并不完美,除非我们记住这些布雷亨册页的主要教益,记住土地和资本的相对重要性一直在历史中发生着变化。普遍的先入之见是:土地数量有限。正是这种数量的有限使它有别于在实践中可以进行无限生产的其他商品,这在抽象意义上当然总是正确的。但是,与政治经济学中的其他许多原则一样,它的价值取决于它所适用的具体环境。在远古时代,土地是滞销货,而资本则极易衰败,它的增加最为困难,而且只掌握在少数人手中。农耕的这两个必要条件的相对重要性变化得非常缓慢,也仅仅是在近期它在一些国家才差不多发生了逆转。因此,除了土地本身,对农耕器具的所有权,在早期农业共同体中是第一位的权力;或许正如人们所相信的那样,

168 比正常情况更多的原始资本,普遍地是通过劫掠获得的;我们可以理解:这种资本大多被以战争为职业的贵族阶层所掌握,他们总是垄断着职权带来的好处。资本以高利贷利息形式的增加、借贷者均不可避免的身份下降,便是这些经济条件的自然结果。考虑到《萨耶尔牲畜租赁法》和《达耶尔牲畜租赁法》的晦涩,以及已被忘却的布雷亨作者的荣誉,请不要忘记:他们的任务本质上与使那位雅典立法者不朽的任务是一样的。他们准确、详细地阐述了在首领提供的牲畜和保有人支付的报酬之间所应保持的比例,他们有着明白的意图,要将确定性和平等性引入天然具有压迫性的体系之中。在梭伦所要治理的社会,铸币很可能刚刚取代类似于布雷亨法律中的"希德"的东西不久,除了将通货贬值和取消债务之外,他没有任何其他方便的办法。但是他与布雷亨法学家抨击同样的邪恶;同样

第六讲　部落首领及其土地

干涉因其存在于其中的社会而有着非常不同表现的契约自由。

作为最古老形式的资本，牲畜在布雷亨法律中所发挥的重要作用，使爱尔兰式罚金体系的最初目标没有进一步留下任何可怀疑的地方，这种罚金或可称为为残暴罪行支付的金钱和赔偿费。我前面说过，任何爱尔兰制度都不像这项制度那样受到英国人的猛烈谴责，或使他们表现出如此大的义愤。作为一个富足共同体的成员，他们长期习惯于强大的政府，所以他们的反感部分来自这种制度明显的不当，部分来自它似乎授予富人不公正的豁免权，却剥夺穷人的这种权利。他们力图用来取代爱尔兰赔偿费体系的英格兰刑罚体系，现今被一位普通作者描述为具有相当多的黑暗面，正如斯宾塞和戴维斯所描述的爱尔兰体系一样，然而16世纪时爱尔兰拥有了英国程序法和刑罚制度，这对它很可能是有好处的。很多证据表明，爱尔兰式罚金的益处已经消失殆尽，它们不公正地让有钱有势者获益。但是这仅仅表明，爱尔兰的混乱使一种起初作为脱离野蛮制度的巨大进步的制度保留得过于长久。苛评这些金钱赔偿费的现代著作家，如果来到这样一个社会，那里部落之间争斗不息，命如草芥，他们发现由于这种习惯法，作奸犯科者的"氏族"或家族会丧失相当一部分土地；我不敢说他们不会认为这种制度在那个时代展示了一种极为严格的治安措施。但是在社会初期，加在农耕共同体上的罚金，即后来称为罚款的那种惩罚，是一种比丧失土地更严重的惩罚。在他们的领地内他们拥有充足的土地，耕作器具却供应不足，而用作罚金的正是后者。随着共同体分崩离析和财产的分配变得不平等，这项制度当然失去了它的意义。然而在当时它却是一项重大成就，到处都留有它的痕迹，甚至可见于罗马法，尽管它只是残存于其中。

169

170

在离开这个论题之前，请允许我讲一下"Feodum"、"Feud"或"Fief"这些著名词汇的语源学。作为它的来源的"Emphyteusis"（永佃权）现在已被完全放弃。虽然没有取得完全的共识，但一般同意"Feodum"起源于无数古条顿术语体系中的某一个，现代德语中的"vieh"（牲畜），便是它们的体现。有人认为，类似的拉丁词汇也有同样的语义流变。与"pecus"（牲口）有关的"Pecunia"首先指金钱，后来泛指财产；事实上罗马法学家

171

告诉我们，它是表述一个人全部财产最全面的术语。同样，"feodum"指"财产"，是从最初"牲畜"的意思演变而来。然而，我们所进行的探究或许意味着，"feodum"与牲畜之间的关系，要比这种理论所假设的更为密切和直接。我还要补充一句，沙利文博士认为"feodum"有着与此前提出的所有假设都不相同的起源（Introd. p. ccxxvi.）。他主张它是一个凯尔特单词，并且将它与"fuidhir"联系起来，"fuidhir"是部落领地上一个居民阶层的名称，后面我将对其身份加以讨论。

在每个爱尔兰部落的领地上，除了"萨耶尔"和"达耶尔"的"克依列"之外，似乎还住着其他阶层，他们的身份与那些因为接受部落首领的牲畜而从原有地位降至最低的自由的部落成员相比，更加接近于奴隶。他们有不同的名称，比如"先克列伊特"（Sencleithes）、"鲍特哈克"（Bothachs）和"富伊福希尔"；后两类像"克伊列"一样，又细分为"萨耶尔"和"达耶尔"的"鲍特哈克"以及"萨耶尔"和"达耶尔"的"富伊福希尔"。在法律册页中，尤其是未出版的册页《家族法》（Corus Fine）中，有证据表明，那些奴仆性质的依附者和领地上的自由民一样，也有家族或部落的组织；实际上，像古爱尔兰那样的社会，所有分支都或多或少采取当时通行的模式。《末日审判书》（Domesday）和其他古英格兰文献中隐约记述为"柯塔里"（Cotarii）和"鲍尔达里"（Bordarii）①的阶层，其地位很可能十分类似于"先克列伊特"和"鲍特哈克"；在这两个例子中，据猜测这些奴仆性质的等级在起源上可能不同于处在统治地位的种族，他们属于当地更早的或土著的居民。由他们组成的家族或部落支系很可能是统治部落或其支系的伐木工和汲水工。其他人肯定是处在部落首领的特殊奴仆或依附者的地位上，这些人或为首领耕作他的直属领地，为他放牧牲畜，或被他安置于部落荒地的独立定居区。他们为使用这种土地而支付的租或劳务，显然只由首领随意决定。

从历史的角度来看，这些阶层中最重要、最令人感兴趣的，是上述被

---

① 《末日审判书》是英格兰国王威廉一世1086年下令编纂的土地登记册。"柯塔里"（Cotarii）的字面意思是"住茅屋的人"，指租用房屋和一小块土地的佃户。"鲍尔达里"（Bordarri）指地位高于隶农的农民，其支付地租的方式是为领主提供膳食所用的鸡蛋和家禽肉。——译注

首领安置于尚未被占用的部落土地的那个阶层。的确有人提出,它的命运与绝大部分爱尔兰人是一样的。它是由"富伊福希尔",即从其他领地来的外人或逃亡者组成,实际上,他们是切断了赋予他们以共同体身份的原有部落纽带,尽力在新部落和新地方获得另一种纽带的人。布雷亨法律中有大量证据表明,这个阶层人数众多。家族或家族的组成部分离开他们的土地被反复提及。实际上,在某些情形中,部落纽带的断裂和切断纽带出逃的情况,是布雷亨法律做过明确考虑的事件。在布雷亨法律中,正如在其他古代法律体系中一样,现代制度加之于个人头上的刑事责任,甚至某种程度上的民事责任,被部落、部落分支和家族的集体责任所取代,但是通过强迫或诱导一个群体成员——习惯上以暴力复仇或发誓复仇的方式——可以防止这种责任脱离群体。《艾锡尔书》给出了驱逐所要遵循的法定程序:部落成员向首领和教会缴纳一定赔偿金,而后便可宣布出逃。这些条款声称要为它们所适用的社会提供一定的秩序,然而我们所知道的事实是,这个社会在数百年里一直处在暴力和混乱之中。结果很可能是使这个国家充满了"逃亡者",这些人只有变为"富伊福希尔"佃农才能找到家园和保护。总之,倾向于给实行布雷亨法律的爱尔兰的秩序造成破坏的所有事情,也会使这个特殊阶层的人口大量增加。

那时,"富伊福希尔"佃农是完全依附于首领的人,他们只能通过他与部落联系在一起。在爱尔兰社会的自然状态下,刑事责任归家族或部落;对"富伊福希尔"来说这种责任则归首领。对这个佃农阶层来说,首领事实上变成了他们原先部落成员或宗族所承担的角色。另外,他们在逃亡地耕作的土地并不属于他们,而是属于首领。他们在爱尔兰以第一批"他意佃农"(tenants at will)①而知名;毫无疑问,理论上他们总是可以被课以高额租。《古制全书》说:"有三种租,即对外来部落人员征的'莱克租'(rackrent)②,对部落成员征的'合宜租'(fair rent),部落成员和外来人员均须支付的'规定租'(stipulated rent)。"所谓"外来部落人员"无疑便是

---

① 他意佃农(tenant at will)指在出租人意志或利益的任意支配下保有租赁物的承租人。——译注

② 指可以获得的最高租金或财产的全年价值。——译注

"富伊福希尔";尽管翻译过来的爱尔兰语"rackrent"在人口与土地之间的古代关系中当然不可能是指极端的竞争租(competition rent),但它肯定意味着高额租;因为在一条注释中它被生动地比喻为被迫月月产奶直到年底的母牛所产的牛奶。同时没有理由认为,就第一种租而言,"富伊福希尔"受到了首领的压迫性对待。鼓励他们对首领是大有益处的;一份册页说:"他招徕'富伊福希尔'以增加财富。"利益真正受损的是部落;领地人口的增加,可以使部落在攻防上变得更强大,但部落作为共同所有人团体,必然由于适宜畜牧的荒地的缩减而受损。前述部落成员的身份随首领权力的增长而相应下降的过程,必然由于"富伊福希尔"的加入而间接地以各种方式加速进行。布雷亨法律提供的有关这种变化过程的此类说明,令人好奇地与最近出版的一部著作中的一段话相一致,除了其他很多有价值的材料外,它生动描绘了印度落后的奥利萨邦(Orissa)农业生活的场景。作者翰特尔(Hunter)先生谈到了领主与佃农之间的关系,其中提到的"世袭农民"与其领主相对照,也享有法律规定的权利,他们与古爱尔兰领地的部落成员并非没有相似之处。"流动农夫",即现代印度的"富伊福希尔","不但失去了他在原来村落中的世袭地位,而且在其投身其中的新共同体中是憎恶和猜疑的对象。新来的农耕者往往会提高领主的地位,在某种程度上损害(原有)农耕者的地位。只要庄园的土地仍是世袭农民所能耕种的土地的两倍,那么常住农夫的重要性便十分重要,不能胁迫或激起他们的不满。但是一旦发展出流动耕作者的庞大团体,这种对领主苛捐杂税的原有制衡力量便不复存在了。因而,外来佃农不但失去了他们在原来村落的地位,而且在新定居地也受到袭扰。最糟糕的是,他们在某种程度上被混同于没有土地的下等种姓,这些人缺乏被乡村社会视为拥有可敬身份的证明而极为推崇的当地关系网,作为雇工和耕作乡村剩余耕地的短工四处游荡。"(Hunter, *Orissa*, i. 57, 58)

各位或许已经猜到了对这些"富伊福希尔"佃农要给予特别关注的理由,对于听到以下观点也已有所准备:他们的特殊身份据认为影响着在爱尔兰历史上以神秘的频率屡屡再现的农业困境。确实令人惊奇的是,在悠久的爱尔兰传统中,我们遇到了付租部落和收租部落之间的冲突,在

第六讲 部落首领及其土地

我们有关爱尔兰的材料首次变得完整可信时,我们的材料提供者义愤填膺地强调爱尔兰首领对佃农的"压榨"。爱尔兰领主和佃农之间的关系,自本世纪初被认定为头号社会难题以来,最终成了一个政治难题,只能留待来日解决。我并不是说,爱尔兰农业史中不存在一条联结这些阶段的主线,而是说如果我们假设这条主线始终如一,我们便有可能陷入两种相反的谬误。我们首先可能陷入的谬误,是禁不住要把那些经济规律发挥影响的时间提前,它们过去在爱尔兰发挥过巨大效力,直到其能量由于1845年至1846年的大饥荒而几乎消耗殆尽。人口的大量涌入和有限的耕地,对爱尔兰那个时期的状况起着很大作用,而且很可能是最大的作用;但这两者都不是16世纪末爱尔兰的特征。其次,我们可能倾向于认为一些社会变化晚于它们实际发生的时间,在我看来一些颇有名望的著作家就是这样认为的;这些变化使爱尔兰的大量土地置于不受控制的市场法则的支配之下,或者用寻常话来说,使"他意佃农"的数量增至不正常的水平。毫无疑问,如果我们只能将有关其原因的观点完全建立在古爱尔兰法律和英国现代不动产法律的基础上,我们或许会得出结论说,一种极少承认绝对所有制的古老制度,被另一种制度以暴力和非自然的方式所取代,后者以绝对土地财产权作为基础,有着浓郁的现代特点。但是在16世纪末,我们有证据表明,部落首领对他们的佃农享有巨大权力,难以想象它还能增加。埃德蒙·斯宾塞在不晚于1596年的著作中写道:"在那里,土地的领主不是按数年一期分给佃农耕种,而是一年一年地进行分配,或者在他高兴时分配;如果他不高兴,爱尔兰的佃农或农夫就得不到他的土地。在佃农方面的原因是,那里的领主极为可耻地竭力压榨佃农,任意向他们征收贡币和草料费,向他们索取契约之外他想要的任何东西;因此,可怜的农夫要么不敢与他订立长期契约,要么保持改变的自由,想以此使领主悚于对他施虐。领主不与佃农保持契约关系的原因则是,他每天都想改弦更张,老是期待着新世界的到来。"约翰·戴维斯爵士在写于1613年之前的著作中,甚至使用了更激烈的语言:"领主是绝对的暴君,佃农则是十足的奴隶和隶农,在一个方面甚至比卖身的奴隶更凄惨,因为通常都是卖身的奴隶靠他的领主养活,这里却是领主靠卖身的奴隶养活。"

　　此处所描述的爱尔兰佃农的凄惨地位,与接受首领牲畜的农奴即"克伊列"更低下的底层身份绝少相同之处。如果布雷亨法律是可信的,"达耶尔"的"克伊列"是值得怜悯的,这与其说是因为他饱受肆无忌惮的压迫,毋宁说是因为他作为与首领同血缘的自由部落成员的权利受到了损害。除了支付更具有现代租金性质的费用之外,他确实还要承担为首领及其扈从定期提供宴饮这种不幸的义务。但是,布雷亨法律不仅规定了他应付费用的数额,还详细而明确地规定了他款待首领的肉块的大小和浓啤酒的品质。如果布雷亨法律中有个条款比其他条款更明晰的话,它就是租佃关系或臣仆关系的正常期限不是一年,而是七年。我们如何解释这种矛盾?把它解释为布雷亨的理论在现实中从未与上述事实完全相符?在某种程度上也许如此,但布雷亨册页的细心研究者倾向于认为,它们的作者有一种夸大首领特权而不是夸大部落成员豁免权的普遍偏向。从另一方面来说,是否有这样一种可能,就像一些爱尔兰爱国者所说,斯宾塞和戴维斯受英国人偏见的影响,公然歪曲他们那个时代爱尔兰生活的事实?他们的文字大量透露出某种偏见,我也不怀疑他们偶尔会误解他们所看到的现象。然而,他们的著述并未表明他们在故意曲解他们看到的事实。我宁愿设想,他们没有看到首领与佃农关系中的一些事情,一方可能自愿提供高度忠诚,另一方可能仁慈而和蔼。但是,当时爱尔兰首领拥有他们归之于他的权力或权利,这一点不能给予严肃质疑。

　　如果承认16世纪爱尔兰首领的权力和他们对待佃农的严酷性,那么正如我前面所说,一种假设可以对之作出解释,即诺曼贵族如菲茨杰拉德氏(Fitzgeralds)、伯克氏(Burkes)和巴里氏(Barrys)逐渐穿上了爱尔兰首领身份的外衣,却在滥用本土贵族手中会受到自然限制的权威,从而为所有爱尔兰首领树立了邪恶的榜样。这种解释不像乍一看去那样在前提上就不能成立,但是我不知道有可靠的证据为它提供支持。在解释这种变化的成因上更加合理的理论,我认为当归之于沙利文博士;他在《导言》(p. cxxvi)中提出,这取决于"富伊福希尔"佃农人数的稳定增加。请务必记住,这个阶层的人不受源于血缘共同性的原始制度或自然制度的保护。

第六讲 部落首领及其土地

"富伊福希尔"不是部落成员,而是异族人。在所有靠血缘凝聚起来的社会,丧失或切断共同体纽带的人,其处境总是异常凄惨。他不仅失去了他在其中的自然地位,而且在别处也没有容身之地。印度的被驱逐者,即失去或被驱逐出种姓的人,其悲惨处境并非来自他的社会地位从较高降至较低,而是来自他没有任何身份,当他离开自己的阶层时其他社会阶层也不会接纳他。诚然,"富伊福希尔"尽管失去家族和部落的多重保护,实际上他并没有暴力侵害加身之虞。他受到他所依附的新首领的保护,但除此之外他与新首领之间没有任何关系。通行的原则是他受首领的支配。在最好的情况下,一些对他有利的习俗会随时间的流逝建立起来,但这些习俗都不具有规定首领对"萨耶尔"佃农和"达耶尔"佃农享有权利的那些规则的强制性力量。我们可以看到,与这些权利相对应的若干义务同样会招致滥用;与它们类似、但完全是首领随意强加的义务,更加确定地带有残酷的压迫性。对"富伊福希尔"来说,布雷亨法律中的"饮宴权"由于可悲的坠落,会变成(借用斯宾塞和戴维斯的语言来说)贡币和草料费、肉块、侍宴和花销。同时,还有促使这一阶层人数大增的一些原因长期发挥着作用。有些爱尔兰人相信在遥远的过去有过一个还算秩序井然的爱尔兰,甚至他们也承认,数百年来他们的国家遭受着不绝如缕的动乱。丹麦海盗、内斗、盎格鲁—诺曼人从未贯彻始终或彻底完成的征服、"围栏区"(Pale)的存在,尤其是对围栏区境外的首领玩弄的挑拨离间政策——人人都承认,所有这些使这个岛屿陷入内战的水深火热之中,不论你将责任如何分摊。然而,这也是一个部落必然被严重打破的过程,而破裂的部落意味着大量的游民。即使在短暂的和平时期,长期混乱所产生的暴力习惯也会致使家族不断驱逐它们拒绝继续对其负责的成员;在更常见的战争时期,全部碎片不断脱离部落,其单元散布于爱尔兰的每一个角落。因而,具有相当高的合理性的推测是,其苦难激起斯宾塞和戴维斯义愤的爱尔兰首领的佃农,大多是由"富伊福希尔"构成的。

然而,解释不应止步于此。各位想必还记得我引自翰特尔《奥利萨》中的那段话,它们表明一个享有世袭权利的佃农,是如何被大量涌入、依附于领主或印度地主(Zemindar)的农耕者所损害的,甚至在厉行和平与秩序的政府之下也是如此。他们的占用减少了可用的荒地。尽管他们不与享有世袭权利的佃农直接竞争古老的耕地，但从长期来看，他们提高了租的水平，同时使领主获得了征收更高租金的种种权力；在古爱尔兰，这些权力构成了首领自己的强制力，而在现代印度，它们是能使法律的利器挥舞起来的金钱。我毫不怀疑，"富伊福希尔"佃农的大量增加，往往会使"萨耶尔"和"达耶尔"牲畜佃农的身份更加恶化。

第七讲
古代的家族分配

"在(英国)普通法建立之前,爱尔兰领土上的所有财产要么适用'选定继承人'制,要么适用'男性继承人均分制'(Gavelkind)。所有领主身份或首领身份以及随它转移的那部分土地,不加分割地传给选定继承人(Tanist);选定继承人总是由选举或实力而不是凭血统产生。所有次级保有地则按'男性继承人均分制'在男性成员之间分配。"(Sir J. Davis' Reports, *Le Cas de Gavelkind*, Hil. 3, Jac. 1, before all the Judges.)

这段文字出现于一宗著名案件中;英属爱尔兰法官在此案中宣称,爱尔兰本土的土地保有制是非法的。他们宣布英国普通法在爱尔兰具有效力,此后长子作为法定继承人不但继承领主身份下的土地,而且继承已按特殊的爱尔兰习俗即此处所谓"男性继承人均分制"分配的地产。法官们完全明白他们正在制造一场革命,他们可能认为,他们正在用一种文明的制度来代替一套只适合野蛮人的有害习俗。然而有充分的理由认为:"选定继承人"是作为长子继承制前身的一种继承形式,与他们将之与肯特郡的"男性继承人均分制"做出明显区分的爱尔兰"男性继承人均分制",不过是同一种制度的古代形式而已,英国法庭一向对它给予司法上的关注,在欧洲大陆它也远比长子继承制更为盛行。

不妨首先看看所谓的爱尔兰"男性继承人均分制"。约翰·戴维斯爵士对它做了这样的描述:"依据爱尔兰的男性继承人均分制'习俗,次级保有地(inferior tenanties)①在氏族的所有男性成员之间进行分配,不论非婚生还是婚生;分配完成后,如果氏族中任何一名成员死亡,他的地块不在其儿子之间分配,而是由氏族首领将属于氏族的全部土地重新进行分配,依照其世系的古老程度分给每个人相应的一份。"

这种说法会引起一定的困惑,但这并不是因为它在前提上不可信。各位将会看到,它说的不是规模最大的宗族或部落,而是"氏族"。前者是庞大的混杂团体,其中大部分人与首领及众多自由的部落成员之间的血缘关系,仅仅是一种拟制。后一种团体要小得多,更接近于一个共同的祖先,因而承认他们的血缘是一个事实或相信它是一个事实。它对应于一位英国工程官员大约在 1730 年从苏格兰看到的规模较小的高地共同体。"他们(指高地居民)分为部落或宗族,上面有首领或酋长;每一宗族又从主干分出上有首领的分支。这些分支又进一步分为更小的分支,大约五六十人,它们从自己特定的首领那里推断自己原初的首领。"(转引自 Skene, *Highlanders*, i. p. 156.)这样一种团体,正如我已经说过的,似乎是印度人所熟知的"联合家族",但它通过数代人的延续,作为一个法人单位继续存在着(在印度则很少有这种情况)。在戴维斯所描述的继承模式与印度"联合家族"因其中一名成员死亡而受到影响的模式之间,从原则上说没有差别,在实际效果上也几乎没有差别。全部财产是共同拥有,全部收益均要交给"公共钱柜或钱袋",任何一个生命的消失都会影响到在家族的血亲之间对死者财产份额的分配,即使没有实际影响,也有潜在影响。倘若"联合家族"解体,其财物的分配不是按人头(per capita)而是按世系(per stirpes)进行,那么它便与戴维斯描述首领"依照世系的古老程度"向每个成员分配所表达的意思相一致。

古爱尔兰法律透露给我们的特别新颖的信息是,它向我们揭示了一

---

① 指非领主身份和非首领身份的人所保有的土地。——译注

个雅利安种族的社会,他们定居在土地上,深受定居生活的影响,但保留了另外一些以血缘而非土地作为社会团结基础的时期所拥有的观念和规则。因此,在爱尔兰古老习俗中看到爱尔兰"男性继承人均分制"这类制度,它散发着原始财产形式的"自然共产主义"的浓厚气息,并不是什么非同寻常之事。我一再主张,这种"自然共产主义"并非起源于有关分配共同体土地的最优或最正义模式的任何理论或先验假设,而是起源于这样一种情况:在一群只靠真实的或拟制的源于共同祖先的血统来维系的血亲之间进行区分是不可能的。这种共产主义的天然瓦解剂,便是宗族定居于其上的土地本身。随着共同祖先逐渐变得模糊不清,共同体开始视自己为同村人的团体而非血亲联合体,每个家庭会愈加不屈不挠地固守它过去获得的份额;在整个共同体中进行土地再分配,无论是定期进行还是一名成员死亡后进行,变得越来越稀少,最后完全停止,或仅仅作为一种传统遗存下来。这样,分布广泛但有所变化的部落继承模式最终得以确立,在英格兰这种继承模式被称为"男性继承人均分制"。已故土地保有者的子孙获得其财产,其他任何人均不得染指;家庭之外的共同体权利缩减为土地售卖的否决权,或控制耕作模式的权利。尽管如此,如果全面观察整个雅利安社会,看一看仍有一些古老社会组织的残片幸存的社会,我们就会发现一些令人惊奇地接近于戴维斯所描述的爱尔兰"男性继承人均分制"的继承模式或财产模式。它的最佳事例是俄国广大地区延续至今的一种习俗。它的原则是,村里的每个家庭都有权享有一份与其成年男性数目成比例的土地。因而,每个成年男性的死亡,均会在一程度上减少家庭的土地份额,每一成长至成年的成员则会增加它在耕地中的份额。有个固定的面积单元对应于一个成人劳力所能耕作的土地;在定期分配中,每个家庭所得到的土地面积,对应于它拥有的成年男性劳动力的数目。这种体系与在约翰·戴维斯爵士看来很邪恶和不自然的体系之间的主要差别是:在前一种体系下,重新分配不是因每个成员的死亡而发生,而是其规定的间隔期。切莫误解我,我并没有说我认为这种差别不重要。成员死后对共同财产进行重新分配的做法,在财产史上很可能标志着一个比定期重新分配的做法更进步的阶段,对终生享有利益的承认可能率先发生,为最终将财产份额永久划归各个家庭铺平了道路。然而,在达到这最后一点之前,我们所知道的所有重新分配模式明显是参照着同一个原则。

因而,"男性继承人均分案"的陈述所提示的困难,不在于难以相信它能够成立或是在普遍性不足的情况下做出。但是它明确说明了,爱尔兰所有不依照选定继承人规则继承的土地,均要依照男性继承人均分的规则继承。布雷亨册页所提供的法律或习俗的状态的种种迹象,在我看来肯定与这种说法不一致。它们向我们展示的财产权,其界定是清晰的,其保护是严谨的,很难与戴维斯报告中所暗示的"自然共产主义"的程度相协调。我前面谈到过的《习俗法》,处理的是对部落土地的权利,它暗示土地在某些情况下确实可以永久地让与教会;现在我们必须讨论一些十分独特的继承规则,无论它们对家庭会有什么影响,但看来肯定不会影响到"氏族"。沙利文博士参阅的原始权威文献似乎比已有译本或已经面世的文献还要多;他本人的看法好像是,爱尔兰通行的继承规则与肯特郡的男性继承人均分制十分类似。"根据爱尔兰习俗,财产首先只能传给团体中的男性继承人,每个儿子得到相等的份额……但是如果没有儿子,女儿似乎最终也有继承全部财产的资格。"(Introd. , p. clxx)

对于布雷亨册页与戴维斯及其同代人有关爱尔兰土地继承法的说法之间的这种明显矛盾,我不指望在全部古代法律文献面世之前得到完全解释。然而,对这种不一致有个合理的解释,即爱尔兰和英格兰的著作家关注的是不同的现象。我毫不怀疑,在这个国家的大部分地区均发现了所谓的爱尔兰"男性继承人均分制"。关于这一点,英国权威人士的说明是极为准确的。他们断定:"在采用'男性继承人均分制'的地方,没有建立起文明的生活条件,土地没有地界或得到改进。"他们说,乌尔斯特(Ulster)尤其如此,"那里是完全是野蛮之地"。然而,另一组事实极有可能证明了布雷亨册页所提供的迹象的正当性,除了"选定继承人"的继承制和特别古老的继承制——在这种制度下,一位成员一旦死亡,其财产份额立即在全体氏族成员之间进行分配——之外,极可能还有另外的继承模式。尽管例外的情况有可能使后一种继承制保存下来,但这种制度自

第七讲　古代的家族分配

身包含着衰落的原则。随着离共同的祖先渐行渐远，"联合家族"中的每个家庭对它的土地份额获得了更牢固的拥有权；最后将其占为己有，仅仅在自己世系的分支中进行继承。在这种情况下，极有可能经常发生爱尔兰"氏族"的土地继承习俗的例子；更有可能的是，具有同样现代特征的习俗，普遍存在于从部落永久分割出来或"依法脱离"部落的财产，或是在远离部落中心的地方形成。确实，在以血缘为基础的社会，与其他家族分离的每个家族自身往往会扩展为"联合家族"或"氏族"；但在这些分割的地产上，习俗倾向于衰弱，其专制性倾向于有所减轻。因此，姑先不论"选定继承人"规则，我很容易设想，爱尔兰"男性继承人均分制"、肯特郡的现代"男性继承人均分制"以及介于两者之间的许多继承模式，同时存在于爱尔兰。英格兰和爱尔兰的法学权威都有自己的偏见，这可能使他们仅仅关注特定的习俗。在我看来，布雷亨著作家有着明确的偏向，赞成财产在单个家庭中进行继承，作为法学家、教会的朋友以及（或许是）为自己国家祈福的人，他们喜欢这种情况。另外，他称为"男性继承人均分制"的那种奇怪的古代所有制形式，会强烈地吸引居住在爱尔兰的英格兰人加以观察。他想必没有我们现在对它感受到的好奇心，但是惊奇和厌恶使他专注于它，这大概阻碍着他承认相反类型的制度有着相对广泛的扩散。

对我们的权威文献之间的相互矛盾的这种解释，与我们对古爱尔兰土地的实际分配状况的少得可怜的认知相一致。爱尔兰和苏格兰高地经常发生的情况是，首领除了附属于职位的领地，还有被英国法学家视为次级保有地的大地产。存在着相当尊贵的爱尔兰首领将这种地产分配给自己的亲属的两个有案可查的例子：在 14 世纪，康诺尔·摩尔·奥布林（Connor More O'Brien），一位有亲生子女的首领，他分配地产所依据的原则，据称或多或少地与英属爱尔兰法官所谴责的那些原则相一致。他将大宗地产分配给由其亲属构成的"氏族"中的不同家庭，只给自己留下三分之一中一半的六分之一，即使这六分之一也分给了他的三个儿子，只给自己保留了租金。但是在 15 世纪末，多诺·奥布林（Donogh O'Brien），即伯莱恩·杜夫（Brien Duff）的儿子，康诺尔的孙子，作为托蒙德（Thomond）的王，将其全部土地分给了他的十一个儿子，自己只保留了宅邸和附近的自用地产。这两个案例相隔至少一个世纪(看到这一点是有益的),其间的区别在我看来相当明显。在前一种情况下,土地在几代人中一直处于未分配状态;在后一种情况下土地已经定期分配。康诺尔·摩尔·奥布林分配的是联合家族的遗产,多诺·欧伯莱恩分配的则是家庭的遗产(Vallancey, *Collectanea de Rebus Hibernicis*, i. 264, 265)。

194　　值得注意的是,在更早的那个案例中,康诺尔·摩尔·奥布林似乎很看重从他的家族始祖的后裔分化出来的不同世系或支系。我认为,他所遵循的原则,与戴维斯讲到首领"依照世系的古老程度"在"氏族"成员之间分配去世成员的财产份额时指出的原则是一样的。这种做法值得注意,因为它展示了一种相对于已知最古老的部落习俗的进步。在联合家族以及由它产生的体制即村社中,这些分配是"按人头"进行的。享有权利的任何人都不能比其他成员获得更多的份额,不论分配的是全部地产还是部分地产;特定个体成为共同祖先之后裔的特殊方式并不能得到特殊照顾。在更进步的制度下,分配是"按世系"进行;从联合家族的共同祖先的后裔分化出的支系受到了细心关照,为他们保留了单独的权利。最终,各支系自身脱离了联合家族所形成的外壳;现在,进行定期分配的每个人的财产份额,他死后在其直系后裔中进行分配。正是在这一时刻,现代形式的财产权得以建立;但是"联合家族"对财产继承的影响并未完全

195　消失。如果没有直系后裔,那么联合家族的规则仍决定着遗产的取得。如果血缘关系疏远,旁系继承便遵循更原始的古老制度,即"按人头"进行;若是血缘比较近,他们便将继承模式调整为更加现代的形式,即"按世系"进行。

　　需要进一步指出,康诺尔·奥布林和多诺·奥布林都是在生前将自己的土地在儿子或血亲之间进行分配的。就像《奥德赛》中的雷欧提斯(Laertes)和莎士比亚悲剧中的李尔王一样,年迈的首领在精力衰退时放弃了自己的权力,只保留自己所管理的财产的一小部分;较穷的自由民成了册页中经常提到的部落"高级"领养老金者之一。印度更加古老的法律体系所认可,甚至是(像有些人所认为的那样)强制推行的,正是这种习俗。它的原则是:家族每个成员的权利从他一出生时便产生;由于家族

在理论上永远存在,那么如果分配财产的话,没有任何特别的理由认为财产只有在死后才可以进行分配。凯尔特首领行使的遗产分配权一向被作为一些很令人怀疑的理论的基础;但我毫不怀疑,它实质上与《密陀娑罗》(Mitakshara)①保留给印度父亲的粗陋特权是同一种制度。它是联合家族中血统最纯正的代表的特权之一;但是随着联合家族、"氏族"或"宗族"变为更加拟制的团体,分配权也倾向于变得看上去更像是纯粹的行政权力。

在印度法律的一些制度中,父亲在生前分配财产时有权保留双份;按照一些印度习俗,长子与兄弟分遗产时可以获得两倍于其他兄弟的数量。各种共同体中都存在这后一种形式的习俗的大量遗迹。比如希伯来父权制历史上的"长子权"(birthright)。我特别提到它,是因为在我看来它有时被错误地混同于我们称为长子继承制的权利。但是双份是作为奖赏或(大概我们可以说)公正分配的保障而特别给予的,而且我们发现它经常与只取得无法分的东西——比如家庭住宅——和某些器具的权利联系在一起。它实质上并非长子的特权,其证据我们在以下情况中便可发现:它有时为父亲所享有;有时又为幼子所享有,在这种情况下它与我们的"幼子继承制"(Borough English)是一致的,这里我应当对它多说几句。此种特权继承制与我们所说的长子继承制的历史起源是不同的。前者起源于部落习俗,这里提到的后者在我看来则可能源于首领的特殊地位。

目前译出的布雷亨册页,并没有对我们已掌握的有关与长子独自继承的习俗相应的爱尔兰习俗的知识有所增益。长子继承制仍然是我在十三年前所说的"历史法学中最难解答的问题之一"(*Ancient Law*,p. 227)。与它相关的第一个困难是,在某一特定历史时期之前,完全不存在有关这种财产继承模式的有记录的先例。它不为希腊世界所知,不为罗马世界所知。它不为犹太人所知,显然也不为整个闪族世界所知。在所有这些社会的记录文献中,存在着男性继承和女性继承之间有巨大差别

---

① 专门处理继承的法学著作,作于12世纪,是印度法中最有影响的文本之一,其中关于财产分配、财产权利以及继承的准则至今仍在大部分印度地区适用。——译注

的诸多遗迹。然而,并不存在只把财产传给一个儿子这样的事情,虽然已故国王将统治权传给长子是一个为人熟知的事实,而且希腊哲学家也曾推测,在比他们更早的社会阶段,较小的人类群体,即家族和村社,是由一代又一代长子统治的。

甚至当条顿人遍布西欧的时候,他们也没有将长子继承制作为通行的继承规则。条顿自由民的自主财产,即他在血亲群体最初定居时理论上从他们领地获得的那一份额,当确实进行分配时,也是他死后在其儿子或儿女之间进行平等分配。然而十分确定的是,长子继承制出现于西欧以及迅速扩散,肯定与蛮族入侵以及由他们重新带入罗马世界的部落观念有关。但是在这一点上我们碰到另一个困难。我们所看到的最早的长子继承制,与我们现在熟知的长子继承制并不完全一样。长子的权利有时要让位于死者男性亲属中的最长者;有时情况似乎是,长子继承制和亲属中最长者继承制都是无效的,除非经过两者所属群体的成员的选举或批准。

就像通常的情况一样,我们必须从印度的习俗中寻找古代制度的活证据。根据印度人的理论,家族由其头领实行专制统治;但是如果他死亡且家族由此分裂,财产便在儿子之间进行平均分配。然而,如果家族没有分裂,而是自行扩展为"联合家族",我们就会看到我们在早期欧洲长子继承制的例子中发现的那种选举与令人疑惑的继承制的严格混合物。长子及长子之长子,通常是联合家族事务的管理者,但是他的特权从理论上说取决于同宗的选举,可以由它废止;当特权被废止时,通常会支持已故管理者的一位兄弟,他由于年龄较长而被认为在管理和经营上比他的侄子更具有资格。在古爱尔兰社会中,"联合家族"经过数代延续首先发展为"氏族",之后发展为"宗族";而由于规模的扩大,它的拟制程度也相应增加。同时,首领对于部落的重要性在增长而不是降低,因为他不再仅仅是部落民事事务的管理者,而且还是战争领袖。从这些要素中产生的制度,在我看来是很容易理解的。引起部落崇敬的不是首领家族中的个人,而是首领家族,因为它代表着全部宗亲中最纯正的血统。它从这个家族中选择自己的头领和领袖(除了极罕见的例外),也存在着从两个家族中有系统地轮流进行选择的例子。但是，拥有一位具备体力和毅力的军事领袖的必要性极为迫切，因此不能总是等到现任首领去世后再进行选择，或只选甚至总是选他的儿子。斯宾塞说："爱尔兰人的习俗是，他们在自己的一个大领主或军事领袖去世后，便立即去一个约定的或他们都知道的地方集会，选举另一个人来代替他，他们提名和选举的大多不是已故领主的长子，也不是他的任何其他孩子，而是血亲中仅次于他的最长者和最有德行者，一般是他下面的一个亲兄弟，如果有这样一个兄弟的话；或是他下面的一个堂兄弟等，总之是该宗族或氏族中年龄较长的人；选出首领后，他们在血亲中选出'选定继承人'，他将继承前者的领袖职位，如果他能活到那个时候的话。……因为，在首领去世时，如果领主身份传给他的儿子，而儿子可能年幼，别人也许会插手以武力将他撵走，而他又无力保卫自己的权利，抵挡外人的暴力。所以他们指定血亲中最年长的人担任领主，因为这个人通常已是壮年，经验较多，有能力维护遗产和保卫乡土。……为了这个目的，'选定继承人'随时都知道，如果首领突然去世、阵亡或外出，他要保卫乡土使之免遭所有此类危险。"（Spencer's *View of the State of Ireland*.）

因此，作为一种财产继承规则的长子继承制，是部落首领地位衰落的产物。以爱尔兰的"选定继承人"为代表的这样一些制度，很可能一度为蹂躏罗马帝国的所有部落组织所拥有，但是不可能精确地断言其开始发生嬗变的历史阶段，这尤其因为梭姆的调查（见 Sohm, *Fränkische Reichs-und Gerichtsverfassung*）已经向我们表明，在塔西佗的观察与《撒利法》写成之间的那段时期，一些这样共同体的社会组织受中央或皇帝权威的影响是何其之深。但是我认为，我们可以放心地做出推测，在与爱尔兰的"选定继承人"得以长期生存的条件相反的条件下，旧式长子继承制向新式长子继承制的转变在任何地方都会发生。无论何地，只要某种程度上内部维持相当一段时间的和平，有了形成明确的现代社会的路径，军事和民事制度开始围绕一个国王的中央权威累积起来，下面的小首领的战略能力的价值便会削弱，较小的宗亲团体中对血统纯正的尊敬就会无节制地发挥作用。这种尊敬最为自然的对象，便是已故统治者最近的直系亲属;因此,长子即使未成年,在继承权上也要优先于他的叔叔。如果没有儿子,继承权甚至会落在女儿头上。有不少迹象表明,观念的转变是逐渐发生的。苏格兰高地大家族中对特定"氏族"首领身份的头衔的纠纷,似乎可以追溯到新旧继承原则仍存在着相互冲突的时期;在相对晚近的时期,当大部分西欧地区封建规则取代部落习俗时,这些规则对继承的影响有着明显的不确定性。格兰维尔在写到亨利二世后期英格兰的军役保有制时说:"一人去世,若留下一幼子和孙子即长子的孩子时,对于幼子和孙子两人,法律究竟倾向于让谁优先继承,存在很大疑问。一些人认为幼子比孙子更有继承权……另一些人则倾向于认为孙子优先于他的叔父。"(*Glanville*, vii. 7)这种古老的疑惑不仅在史书中,同样也在文学中留下了印记,因为它显然影响着莎士比亚《哈姆雷特》中的阴谋;但是在布鲁斯(Bruce)和巴里奥尔(Balliol)之争①中,同样的原则问题也存在于女性后裔之间。苏格兰的王位继承问题,就像过去的情况一样,最终是用相当于全国选举的方式得到解决的;但是爱德华一世做出的支持巴里奥尔的决定,毫无疑问与那些在各地得到落实的原则是一致的;我十分同意伯顿(Burton)先生的看法(ii, 249),这场争执的名声以及对它的全面思考,足以确立一条最终通行的原则:必须等到年长孩子的后裔都不在了,年幼孩子的后裔才能拥有权利。然而,一旦长子取代他的叔父成为小首领身份的继承人,他无疑也获得了"附属于领主身份或首领身份的那部分应该不加分割地交给选定继承人的土地"。随着每个共同体逐渐安顿下来,在王室或中央的权威之下进入相对和平的状态,这种后来被称为自有地产的财产,必定会越来越具有仅按长子继承制继承的财产的特征。也许可以认为,由这种方式形成的继承原则,首先从自有地产扩展至首领身份保有者的全部地产,不论它是如何取得的,并最终决定着整个封建化欧洲特权阶级的继承法。后一过程的一个遗迹,或许可以在一度广泛分布于欧陆的贵族保有制中找到,它在法语中称为"Parage"。在这种制度下,长

---

① 苏格兰国王亚历山大三世(Alexander III)1286年意外坠马而死,指定继承人也紧跟他去世,因此引发苏格兰王位继承权之争,在十几位宣称有继承资格的后裔中,最有资格的是罗伯特·布鲁斯(Robert Bruce)伯爵和约翰·巴里奥尔(John Balliol)。——译注

子的近亲仍能从家族财产得到利益,但他是作为"与他平等的人"(Peers)而保有这种利益。然而,导致长子继承制在中世纪早期大发展的还有其他一些原因,对它们的研究请参阅我前面提到的拙著。(*Ancient Law*,*pp*. 232 *et seq*.)

我认为,将废除"选定继承人"的合法性并用长子继承制来代替它列为英格兰人在爱尔兰犯下的错误或罪行之一是不公正的。让这种习俗永久化的是该国的秩序混乱,它使小的血亲群体及其小首领保持着一种非自然的活力。约翰·戴维斯爵士指责它"使所有财产变得不确定,带来混乱、野蛮和不文明",也许这并非刻薄之论。针对爱尔兰"男性继承人均分制"的裁决远远说不上公正。即使这种制度确如戴维斯所认为的那样,让构成已故保有者的氏族的远亲的期望突然落空也是不公正的。几种不同的继承模式很可能是以"男性继承人均分制"的名义混在一起,在很多情况下有些子嗣很可能因为一个子嗣的优先权而被不公正地剥夺了继承权。关于这种变革的始作俑者,只能这样说:他们似乎诚挚相信他们所摧毁的制度是有害的;与此有关的证据是:当一个世纪后他们的后代真要伤害大多数爱尔兰人时,他们又重新引入"男性继承人均分制",尽管不是以最古老的形式。他们"均分了"(gavel)天主教徒的土地,使其能为所有子嗣所继承。在我看来,英格兰人在两个相距遥远的时期所犯的某些错误,存在着一种可悲的相似性;他们在犯下这些错误时显然怀着极大的善意,但这时他们开始接触的制度的发展阶段,要早于他们自己的文明当时已达到的阶段。约翰·戴维斯爵士论述爱尔兰"男性继承人均分制"的话,也许就是英属印度法学家在严厉谴责婆罗门法学家不把家族与未分立的联合家族混同起来时使用的语言。我不知道在印度是否犯下过任何这样的错误,尽管在我们统治的早期,我们的法庭无疑不当地鼓励了联合家族的解体。但是英国人在爱尔兰和印度所进行的试验之间,存在着一种更密切、更不幸的相似性。伊丽莎白女王十二年的一项法案,授予爱尔兰总督接受上缴地产并把它重新赐予爱尔兰人的权力。戴维斯说,爱尔兰领主"上交整个领地,又以领受赏赐的方式重新全部得到它,不给别人,只留给他们自己用作自有地产。在进行赏赐时没有关照下面氏族的人。……所以在每一次这样的上缴或赏赐后,整个领地就只有一个自由地主,那就是领主本人,所有其他人都成了他意佃农(tenants at will),不如说是农奴身份的佃农(tenants at villenage)"。可以相信,在印度也有很多联合家族或氏族,以它们后来的村社形式,将由其最早的定居点支配的全部土地以同样方式让予他们之外的单一家族或王室税吏。错误不在于将绝对所有制引入爱尔兰或印度,而在于分配构成财产的各项权利。当通过国家有意识的行为用个体财产权取代集体财产权的时机成熟时,如何分配才算明智和公平,的确是一个让最进步时代的治国之才极头疼的问题,哪怕他拥有最高的善心和最广博的知识。只是到了我们这一代人,才得以见证迄今为止解决这个严重问题的最不令人失望的举措,即众所周知的俄国农奴释放令。

爱尔兰的"选定继承人"习俗是与长子继承制有关,爱尔兰的"男性继承人均分制"则与雅利安人东西分支均广泛遵行的继承规则相关。但是布雷册页有一些段落描述了爱尔兰家族内部的划分,包括家族成员的分类以及相应的财产继承制度,它与我们观念中所能设想的源于血缘关系的任何制度安排极为不同。就在几年之前,这些段落会被认为相对它们的难题而言没有多大意义,因此不值得任何人花费太多心思作出阐释。但是,或许能够提出一些我们不能完全忽视它们的理由。

爱尔兰的家庭分为"格尔家庭"(Geilfine)、"戴尔勃家庭"(Deirbhfine)、"亚尔家庭"(Iarfine)和"英德家庭"(Indfine),后面这三种说法分别被译为真正的家庭、后继家庭和最终家庭;在早期译本的几个文本中,含混地指出了这种分类。但是《艾锡尔书》第三卷首次为我们提供了较为精确的描述。这一卷的博学编者仔细研究过它们,用以下语言描述了它们的作用:"家族中的十七名成员分为四组,最低一级称为'格尔家庭',包括五个成员,第二等级是'戴尔勃家庭',第三个等级是'亚尔家庭',最高一级是'英德家庭',分别由四名成员组成。整个组织包括且只能包括十七名成员。如果有一个人在'格尔家庭'出生,最年长的成员便升入'戴尔勃家庭','戴尔勃家庭'中最年长的成员升入'亚尔家庭','亚尔家庭'最年长的成员升入'英德家庭','英德家庭'最年长的成员被彻底

第七讲 古代的家族分配

排除出家族。表面看来,这种从低级向高级的跃迁,发生的条件似乎是格尔家庭有新成员加入,因而其发生取决于新成员的加入,而不是高等级成员的死亡。"

从讨论这个主题的所有段落似乎可以做出推论,即联合家族或氏族的任何一个成员都可被选为起点,他可以成为一根系,他有多少儿子,就会从他这个根系中生长出多少这种十七人群体。一旦一个儿子有了四个孩子,就会形成一个由五人组成的完整的"格尔家庭";如果这个儿子或他的任何一个男性后裔又生了一个男孩,那么"格尔家庭"中年龄最大的成员——假定他不是这个"格尔家庭"源头——便会转入"戴尔勃家庭"。一系列这样的出生最终会组成"戴尔勃家庭",如此继续下去,则组成"亚尔家庭"和"英德家庭",即后继家庭和最终家庭。在我看来,这种体系的基本原则是一分为四。"格尔家庭"中的第五人,我认为应当是这十六名后裔的父亲;从上引的文字中可以看到,我不认为他在这种组织中的身份发生过变化。册页中提到他时似乎把他作为"格尔家庭"的首领。

血亲的这种划分模式的意义在于:姑不论其他,它不像我们所理解的那样是以血缘亲疏为基础对家族成员的分类。即使我们仅止步于此,这个事实也应使人做一做法律史研究者常常进行的一般反思,即很多在我们看来十分简单自然,因而很可能是普遍的事情,实际上是人为的,其适用范围也受到限制。只要我们中间有人翻开自己的《公祷书》,瞥见《禁婚亲等表》(*Table of Prohibited Degrees*)①,或是当法学学生转向布莱克斯通,考察一下《世系表》(*Table of Descents*),他就有可能知道,关于适合于按这种亲缘关系的标准进行调整的权利和义务,一一向引起争论,但他或许绝不会想到,关于亲缘关系的性质,除了它们以之作为基础的观点以外,可能还有其他观点也得到采纳。在《艾锡尔书》中,就有一种血缘观念和源于它的权利观念,完全不同于《禁婚亲等表》和《世系表》中的观念。群体不是根据相同的原则形成的,也不是根据相同的原则而相互区分的。

---

① 《公祷书》(*The Book of Common Prayer*)为英国国教通用的祷告书,其后所附《禁婚亲等表》列出了禁止结婚的近亲谱系。——译注

英国《世系表》的基础是按血缘亲疏进行分类，是特定的一群人与某个特定的人相隔的代数。而古爱尔兰的分类显然不是根据这一类事情。"格尔家庭"包括一个父亲和四个亲疏程度不同的儿子，布雷亨作者甚至说它可以包括一个父亲、一个儿子、一个孙子、一个曾孙和一个玄孙；尽管这种情况在"格尔家庭"亲缘关系中并不普遍，却是可以想象的。在这种情况下，这些亲属之间的亲疏各不相同，而家庭成员的这种划分无疑影响着继承法，在我们看来十分反常的"格尔家庭"组合，在某些情况下可以继承另一些组合的财产，而在我们看来，后者同样带有任意性。

然而，这种独特的家族组织却提出一个问题，以我们这里所谈到的主题的研究现状而论，回避它是不合理的。前面我提到一本名为《人类家族血缘与姻亲体系》的著作，由华盛顿史密森学会出版发行。作者路易斯·摩尔根先生是领悟到以下一点的少数美国人之一：红种印第安人的一些后裔分支曾经拥有但又丧失了的文明有明显的遗存证据，仅凭这种证据，他们的习俗和观念也值得给予理智的研究。摩尔根先生在从事他的研究时遇到一个事实，印第安人的血亲观念尽管极为清晰明确，而且他们也十分重视，但与现在的文明种族中流行的血亲观念极不相同。随后他着手对整个主题做了艰苦的研究，主要是通过与世界各地的通信交流。他得出的结论是：作为一个整体，人类这个大家庭所拥有的血亲观念是极为多样的，但做出一般的概括还是可能的；这些观念可以指两种不同体系中的一种，摩尔根先生分别称之为"描述性体系"（Descriptive System）和"分类性体系"（Classificatory System）。剩下的时间只允许我十分简略地介绍一下他的意思。描述性体系是我们所熟悉的。它主要是由教会法或罗马法，更具体地说是"查士丁尼法典第118条附律"（118th Novel of Justinian）传给我们的；但它决不限于深受民法和教会法影响的社会。它的实质在于赋予各个类别的亲属以独立名称，他们是由与你本人——即"ego"或"propoistus"——或与某个共同祖先隔着同样代数的家庭成员构成。因此，你的"uncles"对你来说属于第三服，从你到你的父母是一服，第二服是从你的父母到他们的父母，第三服是从祖父母到他们的其他孩子，你的"uncles"便位列其中。"uncles"是对所有第三服男性亲属的通称。这种描述性体系采用的其他名称都是最通用的；然而应当注意的是，这种体系在实践中走不太远。我们说"uncle"、"aunt"、"nephew"、"niece"和"cousin"，然后我们便会有"great-uncle"、"grand-nephew"①等等，最后我们会在"great"和"grand"这一辈中迷失路线，直到我们不再用特定名称来区分远亲。比起我们给亲属进行特定的命名，罗马的专业法律要走得更远；然而有理由认为，普通民众的拉丁方言更为贫瘠，任何描述性体系都不可能将这个过程无限进行下去。另一方面，这种分类性体系将亲属分为不同类别，通常都是大类，与亲疏关系没有必然联系。按这种体系，一个人的父亲和"uncle"被分为一类，有时候他的"uncle"属于父亲一方，有时属于母亲一方，有时同时属于双方；而且有可能他们都被称为他的父亲。同样，一个人的亲兄弟和所有堂表兄弟可以分为一类，都被称为他的兄弟。一般说来，这种体系的作用是，与我们所习惯的体系相比，它能将数量极大的亲戚置于你所能理解的范围之内。诚然，它能有这种好处，是以牺牲区分不同类别亲属的能力为代价的，但在某些社会状态下它也许仍然非常重要，因为每个类别的亲属通常都担负某种共同责任。

　　这里我不谈对血亲分类性体系的解释。如前所述，摩尔根先生及其学派从一种两性关系中发现了它，据说这种两性关系曾普遍存在于整个人类社会，我们知道现在它仅仅出现在人类社会的某些蒙昧地区。关于人们所认为的这些亲缘关系观念得以发展的社会状态，可以从麦克里兰(McLennan)先生极具原创性的《原始婚姻》(*Primitive Marriage*)中读到最全面的解释。但摆在我们面前的问题是，爱尔兰家庭分为四组，每组均不必然由同服的亲属构成，每组均有自己特定的权利，承担明确的责任，我们从这种家族中能不能找到分类性体系的痕迹呢？毫无疑问，古爱尔兰人普遍采用的是描述性体系；但是，如果仅能理解为分类性体系之遗

---

① 在血亲中，"uncle"可用来表示伯父、叔父、舅父、姑父和姨夫等，"aunt"可以用来表示伯母、婶母、姑母、姨母、舅母等，"nephew"可以用来表示侄子、外甥，"niece"可以用来表示侄女、甥女，"cousin"指本人父母或母亲的兄弟姊妹的子女，可以用来表示堂兄弟姐妹、表兄弟姐妹，"great-uncle"可以用来表示伯祖、叔祖、舅公、姑公、姨公等，"grand-nephew"可以用来表示侄孙、侄外孙、甥孙、甥外孙等。鉴于诸词义项繁多且无从拣择，故留置不译。——译注

迹的这种家族划分仍是反映在布雷亨法律中的制度的一种"遗存",那么这依然是一个有趣的、对史前史研究者来说还很重要的事实。我同时也要宣布我本人的观点:爱尔兰的宗族分类和摩尔根先生给出的分类模式之间的相似性,仅仅是表面的和偶然的。有关血缘关系的值得关注的观念是摩尔根的著作的主题。对于这种观念,他也会同意的最终解释是:它们与"父权"(Partria Potestas)联系在一起,是这种著名的制度把他和他的学派认为相对现代形式的家族凝聚在一起。然而我认为,我能够提出一些最起码看似合理的理由认为,凯尔特家庭这种复杂的四分法既不单纯是史前蛮族的一种遗风,也不像很多关注它的人所认为的那样,是一种纯粹任意的制度安排,而是那种父权的一座纪念碑,而父权则是法制史上第一座也是最伟大的一个里程碑。

让我再重复一遍,爱尔兰家庭据认为由三个四人组和一个五人组构成。我说过,我认为五人组中的第五人是作为四组中所有其他成员来源的家长。因此,全体亲生后裔或收养后裔被分为四个四人组,他们在家庭中的等级与他们的年龄相反。布雷亨法学家多次说过,"格尔家庭"是最高一级分组,同时也是最年轻的一组。

如今惠特利·斯托克斯先生向我透露了他的观点,即"格尔家庭"的含义是"人手之家"(hand-family)。我有理由相信著名权威采用了这个术语的另一种含义,因此我提出理由支持斯托克斯先生的观点。"格尔"(Gil)的意思是"人手",这也是欧柯里的翻译,事实上它就是希腊单词 χείρ。在几种雅利安语言中,表示"人手"的词汇同样用来表示权力,尤其可以表示家族权力或父权。因此,我们在希腊语中能看到"ὑποχείριος"和"χέρης",用来表示处于权力之下的人。在拉丁语中,"herus"是一个表示"主人"的古老单词,与"χείρ"同源。在古罗马的家族法中还能看到一个基本单词"manus",即手,它的意思是父亲的权威。在罗马法的用语中,因结婚而在法律上成为其丈夫之女儿的妻子便是"in manu"(处于权力之下)。解脱了父权的儿子便是"emancipated"(被解放的)。获得解放的自由人是"mancipio"(处于被解放状态)。在凯尔特语中还有其他词汇,如"Gilla",表示仆人,它的英语形式是"Gillie",这是苏格兰高地的户外运动

第七讲 古代的家族分配

家和旅行者以及斯科特的读者都很熟悉的单词。

所以,我的看法是,理解爱尔兰家族成员划分的钥匙,就像理解古代法中其他许多事情一样,必须从父权中寻找。在我看来,它是从父权中解放出来的阶层。"格尔家庭",即"人手之家",包括一位父亲和四个亲生儿子或养子,他们直接处于父亲的权力之下。其他组包括被解放的后裔,他们与根据古老观念真正的或代表性的家族越疏远,他们的地位也就越低下。

我们所掌握的最古老的罗马法遗迹指明了一套观念,它们与看来产生了爱尔兰制度的观念很相似。真正的罗马家族是"家长"(Pater Familias)实行"父权制"(Patria Potestas)的家族。从父权下解放出来的子女可以获得实际的好处,但他们无疑丧失了理论上的尊贵。他们经历的这种身份丧失,在古代法律术语中称为"capitis deminutio"(逐渐失去身份)。我们还知道,按照原始罗马法,他们失去了全部继承权,只是通过相对具有现代性的制度,即罗马执政官的衡平法,他们才渐渐恢复了这些权利。尽管如此,从所有方面都有线索表明,通常在儿子达到一定年龄时,便会从父权下解放出来,而且这种习俗无疑在某种程度上为罗马父权制的持久性提供了部分解释。因而,我们看到的有关凯尔特家族的论述,对罗马而言也并非不那么真实。幼子的尊贵是列第一位的。

当然,我并不主张在古罗马家族和古凯尔特家族之间存在准确的相似性。我们看不到儿子从罗马父权下解放出来且已经体制化的任何痕迹;他们得到解放,似乎总是取决于"家长"(Pater-Famillas)的意志。另一方面,凯尔特家族的划分,似乎受着一种自发原则的支配。《艾锡尔书》的某些段落透露出一种更显著的差别,它似乎表明在"格尔家庭"中保留自己身份的父亲,他本人的父亲可能仍然在世。这种在古罗马法中没有相似事例的特殊情况,从布雷亨法律所提及的诸多习俗中或可找到解释;这些习俗为凯尔特人所遵循,正如它们也为其他几个古代社会所遵循一样。"家族"或"联合家族"的年长成员,似乎在年届高龄时就会因此而成为领养老金者,并且像《奥德赛》中的雷欧提斯一样,放弃自己的所有权或权威带来的特权。不过,在这些问题上,在更为彻底和批判性地研究布雷亨法律之前，最稳妥的做法是暂时不要下判断。

在《艾锡尔书》得到汇编的时期，爱尔兰家庭的分化似乎只在死后继承的法律中有重要意义。然而这是一切社会的通则。当古代的家族制度不再有其他任何影响时，它仍影响着继承。事实上，所有的继承法都是由家族具有的各种形式的"残存物"（débris）形成的。我们的动产继承制以及法国的整个继承法，都是源于罗马法，它最后的状态是诸多规则的组合，而这些规则的源头是罗马家族的连续不断且可确知的各阶段，是这些规则之间的一种妥协。

布雷亨册页的作者经常把家族中的"格尔家庭"一支比作人的手，但是对他们的这个比喻乍看上去给人一种纯粹虚幻的感觉。"格尔家庭"有五名成员，人的手有五个指头。尽管沙利文博士认识"格尔家庭"时的方式与我所遵循的权威文献有着实质区别，但是他告诉我们："它们代表着向外伸展的家族支系的根，所以称它们为 cuic mera na Fine，即家庭的五个指头"。如果我部分取自惠特利·斯托克斯先生的对"格尔家庭"的解释是正确的，我们就必须假定，在布雷亨册页得以成为它们现有形式的时期，册页中经常用来指父亲"对儿子的审判、举证与证言"的权力的"父权"（Patria Potestas）已经相当衰落，正如在不利条件下它在所有社会中均会出现的情况一样；而且随着这种衰落，"格尔家庭"与用来指父权的"手"之间的联系也越来越弱。然而，在"格尔家庭"和人手的五指之间却存在着另一种真实的联系。如果你们问为什么在许多古代社会"五"是代表性的数字，答案只能是：人手有五个指头。关于这一点，我推荐你们看看泰勒（Tylor）先生极有教益的论计算艺术之起源的一章，见于他的《原始文化》（*Primitive Culture*）第一卷。"手指计算法，"他说："不仅见于野蛮人和未开蒙之人，而且在颇为文明化的国家中仍保有重要地位。前者的语言发展尚不完备，手指计算法是他们智力活动的一部分；后者则把手指计算法用作学会高级计算法的准备阶段和方法。"（I. 246）因此，"五"是原始时期天然的最大数字。各位想必记得，早期的英国城镇以市镇长官（Reeve）和另外四人为代表。印度村社的议事会最常见的情况也是由五人组成；在整个东方，陪审团或仲裁委员会的一般成员数目总是五人——比如对印度稍有了解的人都熟知的"punchayet"（五人委员会）。"格尔家庭"这种爱尔兰家庭的代表性团体，是由父亲和仍然处在他的"父权"之下的四名后裔组成，也与这种广为流行的代表性观念相符。

在我看来，"父权"是一种著名英格兰习俗最可能的来源；这种习俗使英国法的研究者很是惊奇。"幼子继承制"——按这种习俗，父亲的法定租地（burgage-tenements）由幼子而非长子继承——在无记录可考的时代便被视为一种普遍受到废除的习俗，我们法庭对此负有司法确认之责。自利特尔顿（Littleton）以降，论述我们的不动产法的许多著作家也试图对它做出解释。利特尔顿认为，他从幼子的幼年期看到了这种习俗的起源，此时幼子不能像其他兄弟一样很好地照顾自己。布莱克斯通则告诉我们，其他作家将它解释为领主的一种假定的权利；现在普遍认为这种观点是不真实的，因为它含有长子是非婚生的假设。布莱克斯通本人为了做出解释，甚至谈到了遥远的东北亚。他援引都哈尔德（Duhalde）的话说，幼子继承习俗盛行于鞑靼人中间。"那个国家，"他说，"完全由放牧畜群的人组成。年龄较大的儿子一旦能过放牧生活，就带着分给他们的那部分牲畜离开父亲，另寻新的住地。因此，待在父亲身边最久的幼子自然就成了他的房屋继承人，因为其他人都已经拿到财产了。因此我们发现，其他很多北方民族的习俗是：除了一个儿子之外，其他所有儿子都会离开父亲，那个儿子便是他的继承人。"在布莱克斯通时代，这确实是能够给出的最佳解释，但为此是不必舍近求远的。值得注意的一种情况是，近似于幼子继承制的一种制度就见于《威尔士法律》之中，它为所有从事耕作的隶农规定了继承规则。以拉丁文存世的威尔士法律这一部分中的一条说："Cum fraters inter se dividant hæreditatem, junior debet habere tygdyn, *i. e.* ædificia patris sui, et octo acras de terrâ, si habuerint"（在兄弟们析分遗产时，年纪最小的应分得"tygdyn"，即父亲的房屋和属于他的 8 英亩土地。）(L. Wall., vol. ii. p. 780)。幼子取得父亲的房屋、8 英亩土地和一定的工具与器具后，其他的儿子再分余下的东西。在我看来，这项制度的根据，与凯尔特家族中近似于"格尔家庭"的那些制度的根据一样，都是基于同样的观念。留在家中未获得解放的儿子，他仍然处于"父权"之下,比其他儿子享有优先权。如果真是这样,对于幼子继承的习俗,以及它与长子继承制形成的对比,便都不应引起任何惊奇。但是这两种制度起源不同。长子继承制不是家庭的自然产物,它是一种政治制度而不是部落制度,它不是因为部族成员,而是因为首领,才出现在我们面前。而幼子继承制,就像"格尔家庭"的特权一样,与古代家族是由"父权"凝聚在一起的观念密切相关。当家族由于头领去世而解体时,那些仍然是家族最明确的成员的人,按照某些观念享有优先继承权,而这些观念似乎一度通行于原始罗马人、爱尔兰凯尔特人和威尔士凯尔特人中间,也通行于英格兰习俗最初的观察者中间,不论他们是谁。

第八讲
原始观念的发展及传播

泰勒先生公正地说,"比较神话学"这个新学科的真正教益是,我们多将之与思想丰产联系在一起的想象能力,在原始时代是贫乏的。从法律和习俗的天然稳定性可以预期,比较法学更强烈地暗示着同样的推论,指出在人类的幼年期最为普遍的特征之一便是观念的稀少和思想仓库增加储备的缓慢。

在任何社会状态下,新观念产生的速度并不像我们所处的社会状态中那么快,我们不熟悉这个事实,仅仅是因为我们有一种根深蒂固的习惯,总是将我们对人性的观察局限于它的一小部分现象。当我们着手研究它时,我们几乎总是只看西欧,或许还有美洲大陆。我们总是忽略印度、中国以及整个穆罕默德的东方。当我们要研究"进步"的法律时,我们的眼界有这样的限制是完全正当的。事实上,进步和新观念的不断产生是一回事;只有通过在观念频繁出现且能够维持相当长时间的地方考察观念的来龙去脉,我们才能发现它们产生的规律。但是,若想搞清楚进步社会的原始状况,最好的办法是从非进步社会可以观察到的状况入手;因而,如果将居住在我们笼统地称为东方的千百万人的思想状况撇在一边,认为它没有多大意义和教益,我们的知识便存在一个重大缺陷。我们中间大多数人并非不知道以下事实：在这些人群中，文学、宗教以及艺术，或与之相应的任何学问，总是处在一个明确划定的不变观念的范围内；然而，这种思想状况毋宁说的是人类心智漫长的幼年期，而不是我们所最熟悉的不同的成熟状态，我们对这个事实很少具备能够获得有教益的成果的清晰认识。

我确实不否认，东西方之间在新观念产生速度上的差别，仅仅是一种程度上的差别。在印度，即使在英国人进入之前多灾多难的时期，也有新观念的产生，而且在更早的时期产生新观念的速度很快。中国肯定有过一系列稳步前进的时期，我们认为中国和其他社会绝对固定不变，这部分地反映着我们的无知。相反，我怀疑西方新观念产生的速度，是否像现代文学和人们交谈时所说的那样快。当然，毋庸置疑的是，不为古代世界所知的原因，在我们中间导致了观念的层出不穷。其中有对新的自然事实的不断发现、改变生活环境和物质条件的发明以及新的社会行为规则；这最后一类中处在第一位的，而且肯定是在相关法律领域影响力最大的，我认为便是一条著名法则：一切制度均应当用于产生最大多数人的最大幸福。尽管如此，有不少迹象表明，甚至增加观念数量的自觉努力也收效甚微。看看诗歌和小说吧。一个被称为具有天才素质的心灵，一次又一次为思想、词汇和声音的组合做出重大而突然的贡献，它们便是这些艺术领域所产生的东西。然而在一次或几次这样的努力之后，这两个艺术创造的分支的生产性活动便戛然而止，它们停顿下来进入模仿期，大概要持续上百年。按社会习俗的规则，更粗鄙的榜样会被竞相学习。我们说时尚反复无常，然而从历史的角度考察，我们发现它们奇特地受到很大限制，我们有时不禁会认为，"时尚"是在不断自我重复中做着循环往复的运动。事实上，智力丰产受到的自然限制，要多于我们自己通常所承认的，这些限制反映在人们的肉体上，会变为对新事物的厌倦，它每隔一段时间就会席卷整个西方社会，不论人们的知识和教养程度如何。

我这里的目的，是要指出当社会处于我们适才考察的发展阶段时，思想的贫瘠性带来的一些后果。那时的人际关系被概括为血缘关系。基本的假设是，所有不是靠血缘与你结合在一起的人，不是敌人便是奴隶。这种假设逐渐变得不符合事实，不属于血亲的人有了相互联系，他们和睦相处,彼此容忍和互惠。然而并没有任何与这种新型关系准确对应的新观念产生,也没有发明任何新的术语来表述它。每个群体的新成员被说成与之有血缘关系,作为血亲对待,思想上也当作血亲。观念的变化极小,因此我们看到,自然纽带所引发的情感,被人为的纽带赋予了超乎寻常的力量。对这些事实的清晰理解揭示了几个历史问题,其中也包括爱尔兰历史中的一些问题。然而它们不会让我们感到大为惊奇,因为它们以改头换面的形式,构成了我们日常经验的一部分。几乎每个人都能看到,出现新的状况时,我们会用我们的老观念去理解它们;只是到了后来,有时是很久之后,才发现我们的观念发生了变化。英国法庭在很大程度上便是一台发动这个过程的引擎。新的状况不断产生,但最初它们仅仅是用旧有的法律观念得到解释。不久之后法律人便承认,在新的状况面前,旧观念已经不完全是它们原来的样子。

在古代,观念的产生很缓慢,这首先可以用来对我们在历史和历史法学起步之初遇到的那种"拟制式大家族"做出必要的解释。从古代习俗或初级法律体系的各个方面,都可以收集到这些拟制的范例,但是最符合我们这里的目的的,是血缘关系的拟制性假设。在别处我已指出,信念或理论与在我们看来人所共知的事实之间,存在着一种奇怪的冲突,这在早期罗马和希腊社会都可以见到。"关于早期国家可以确定地说,它们的公民认为,所有他们在其中具有成员资格的群体,均是建立在共同的世系关系之上。就家庭而言明显为事实者,先是被认为对家族也是事实,然后是部落,最后是国家。然而我们发现,除了这种信念以外,每个共同体也都保留着某些历史记载或传统,它们明显表明这种基本假设是错误的。无论我们看看希腊国家还是罗马,抑或为尼布尔(Niebuhr)提供许多有价值实例的迪特马斯(Ditmarsh)①条顿贵族,或是凯尔特的氏族团体、最近才引起注意的俄国和波兰斯拉夫人的奇怪社会组织,我们到处都能发现他们有这样一种历史经历的遗迹:异族人被允许进入,并入原初的血亲群体。"留意一下罗马,我们就会发现:原初群体,即家族,不断因收养的习俗而

---

① 迪特马斯(Ditmarsh)是德国西北部(Schleswig-Holstein)一个地区。——译注

掺入异族人,有关某个原初部落的外来血统和某个早期国王大量增加王室成员的故事也总是长盛不衰。尽管如此,一向被认为自然的国家,其构成在很大程度上是拟制的。"(*Ancient Law*, pp. 129, 130)解释这种独特现象的钥匙,近来一向是从古代宗教中(有人认为要从据说普遍存在的崇拜已故祖先的习俗中)寻找。然而,这种现象非常令人惊异的实例,却是由基督教化几个世纪之后,而且是在任何祖先被作为崇拜对象过去很长时间之后的爱尔兰的法律和习俗提供的。罗马的家庭、家族和部落——就我知识所及,还有所有希腊共同体的类似分支——有各自的特殊名称加以区分。但是在布雷亨法律中,同一个单词,即"Fine"(或"家庭"),既指我们通常理解的家族,即一个在世的父亲的孩子以及孩子的后裔;也指"氏族"或印度法律术语所说的"不分居联合家族",即某一很久之前便已去世的祖先的联合后裔;还可以指作为古爱尔兰政治单元的部落,甚至可以指有时吸纳较小单元的大部落。然而,爱尔兰家族无疑是通过收养来扩大规模。氏族或较大的宗族群体,为在规定条件下被接受的外人保留了特定的地方,即"塔卡尔之家"(Fine Taccair)。部落公开吸收众多人员,他们大部分是其他部落的逃亡者,与本部落的联系仅仅是对其首领的共同效忠。此外,规模达到最大且被视为政治单元和社会单元的部落,会与其他部落一起被"大部落"或"主部落"(Great or Arch Tribe)所吸纳;仍从理论上得以维持的血亲关系的唯一来源便是征服。然而,所有这些群体都是某种意义上的家族。

这种拟制性不仅存在于血亲关系向最初处于真正宗族以外的各类人的扩展。一个更有趣的例子是,血亲观念和与血缘相对应的术语扩展到我们现在认为完全以契约为基础的联合体,如合伙人和行会。在沙利文博士的"导言"(pp. ccvi et seq.)中,最有意思的章节所讨论的便是"行会"的部落起源。他宣称,这个词本身起源于凯尔特语,并将这种制度追溯至古爱尔兰人中间常见的合伙放牧。无论情况为何,最富有启发意义的发现是,同样的单词被用来指由契约形成的合伙团体和由共同后裔形成的共同继承人团体。人们的联合体似乎都被视为家族。关于行会,就像三年前一样,我确实认为,把它归因于一个相当现代的起源是过于自信了;

第八讲 原始观念的发展及传播

很多行会,以及所有行会的很多共同之处,是可以推测其由同村人和血亲的原始血亲团体成长出来的。幸存于我们国家的商业行会所经历的每一种转变,都能掩盖它们的起源。它们是以拟制作为起点,尽管世袭原则确实倾向于自动确立。它们早已放弃了赋予它们名称的职业。它们大部分将自己的特权和体制溯源于某种王室特许状;国王的恩准,不管真实的还是虚拟的,是英国历史上中断现象的重大原因。然而,无论何人,只要用原始法律和历史知识来研究一家伦敦公司(London Company)的内部机制和程序,都会看到其中很多部分带有古代血亲团体的明确迹象,即"共食、共信和共产"。我以为,通往爱尔兰的古代部落保有财产的最便捷途径,可以从充公的土地中找到,而它们现在已经成为几家这样的公司的财产。

无须多言,契约的早期历史几乎只能从罗马法的历史中寻找。几年前我指出过原始的罗马制度所暴露出的在财产转让与出售契约之间的纠结。现在请允许我这样说:如果仔细研究另外一两个伟大的罗马契约,在我看来它们也提供了它们通过原始社会机制中的诸多变化而逐步发展起来的证据。诸位已经看到血亲团体如何转变为人们之间的结盟,我们只能把他们称为合伙人,但是乍一看其中并不存在某种联系,使我们能够说这里便是合伙契约的发端。但是,看看被罗马人称为"societas omnium(或 universorum) bonorum"的特殊契约吧。它一般被译为"负无限责任的合伙关系",而且无疑较古老的合伙形式对较新的形式有着很大影响。但是你们会发现,在"societas omnium bonorum"中,不仅合伙人的全部责任属于各个参与者,而且每个参与人的全部财产被合并为共同股份,作为共同资金共享。在现代世界,这种安排是不会作为普通协议的结果而出现的,尽管在某些国家婚姻可以产生这种结果。在我看来,它又把我们带回原始社会的联合宗亲团体,它们的发展想必导致了我们所面对的契约。让我们再来看一下"委托"(Mandatum)契约或代理契约。罗马法所允许的唯一的一个人完全代表另一个人的情况,是父系家庭由在他的权力之下的儿子或奴隶作为代表。代理人对被代理人的代表是非常不完整的,在我看来这很可能是两个个体完全联合的遗迹,而这种联合只有在古代当他们属于同一家族时才有可能。

我用来作为例子的这些制度都是土生土长的制度,它们很可能是由于血亲观念的扩大而在所有古代社会中或多或少地得以发展起来。但是有时也会出现这样的情况,完全外来的制度从外部引入一个以假定的血缘关系为基础的社会,那么观察到以下现象便是极有教益的:我们先前认为可能与最顽固的抵制部落观念渗透相反的材料,与家族或部落模式有着多么密切的相似性。各位可能知道,对教会历史学家来讲,古爱尔兰教会长期以来一直是个谜。对于它所提出的难题,我不敢妄称能够做出任何新的解释,在这里也确实不宜探讨它们。主教数目的超常增加以及他们对所属教会家族(religious house)的依附,而且看上去是一种几乎奴仆性的依附,便属于此类难题之列。但是各教会团体之间的关系,无疑具有部落关系的性质。在我看来,布雷亨法律完全确认了托德(Todd)博士在其《圣帕特里克传》(*Life of St. Patrick*)的导论中从纯宗教文献所描述的事件。伟大的爱尔兰或苏格兰传教士之一,后来几乎总是以圣徒面目再现,他从爱尔兰或凯尔特人的布列颠的某个首领或部落那里获得一块土地的赏赐,在那里建了一所修道院,也许这个教会建筑的建立者本人已经是部落首领。这所修道院成为其他修道院的父修道院,它们可能又衍生出较小的宗教场所,既修行又传教。表示"家族"或"部落"和"血亲"的词汇,适用于从这一过程中产生的所有宗教团体。每个修道院及其修士和主教,便构成一个"家族"或"部落",其世俗的或奴仆式的依附者有时似乎也被包括在这个名称之下。同样的称呼也用于修道院的集体,包括父修道院及其所产生的不同的教堂或修士团体。这些共同构成了"圣徒部落",但这种表述并非仅具有特殊含义。父修道院的院长和子修道院的所有院长是圣徒的"comharbas",即联合继承人,然而在另一层含义上,圣徒的"家族"或"部落"意味着他是真实的部落成员或血亲。正如你们所知,伊欧娜(Iona)或哈伊(Hy)是圣哥伦巴(St. Columba)在新苏格兰岸边建立的著名宗教修道院。"哈伊的院长,"托德博士说,"或哥伦巴的主持(Co-arb),是哥伦巴在爱尔兰建立的都罗(Durrow)、凯欧斯(Kells)、斯沃茨(Swords)、德拉姆克里夫(Drumcliff)以及其他修道院和哈伊父修道院的共同头领;'哥伦基利(Colum-kille)家族'由所有这些修道院的会众或同住修道院者(inmates)和依附者构成。因而,诸如克朗玛克诺伊斯(Clonmacnois)或都罗(Durrow)这些修道院家族,可以聚集为一个由战士组成的十分有名望的团体"。让我补充一句,有材料充分表明:这些"圣徒家族"有时会参加血淋淋的小规模战争。但是,"一般情况下"(现在我再次引用托德博士的文字),"'家族'仅仅意味着修道院内的修道士或宗教人士"。

把同一名称用于所有这些复杂关系,对于你们来说显然总是感到极为困惑,而解开这个难题的关键就是宗族的概念,它一代又一代从共同根系中分化出来,有时成长得与原有根系相距甚远,但从未切断将它们与原初家族和首领连接在一起的纽带。我不妨这样说,通过这些拟制的结构,他们据以形成模式的原初自然原则以牺牲模拟体系来确立自身,没有什么比这个过程更加令人好奇的了。在所有更加现代的行会中,成员身份总是倾向于变为世袭,在这一点上我们可以看到,布雷亨法律在修道院院长的选举中力保与圣徒创建者有实际血缘关系的血亲的优先权。我们知道,教会的规则要求修道士举行选举,但是《习俗法》宣布,一旦出现空缺,如果"圣徒家族"(这里它的意思是创建者的"氏族")中有一位修道士具备资格,那么它在院长选举中便应享有优先权——"即使他只是他们其中一名圣歌咏唱者,只要他合适,他也应该得到空缺"。《习俗法》又说,如果圣徒的亲属或部落成员中无人具备资格,院长之位便应归于最初赠予土地的部落的某位成员。

关于血亲观念的这种可塑性,最近我注意到一个非常现代的例证。印度村落的同村人之间互称兄弟,尽管我时常看到这种共同体的组成往往是拟制的,其起源也五花八门。同时,这种称呼显然不仅是说说而已。有些基督教传教士目前进行了一项颇有成功希望的试验,他们在村社中安置从各地召集来的皈依者。据我了解,这些人结成"宗亲团体"是十分容易的,他们自然而然地讲着适合于它的语言,遵守它的风俗,仿佛他们和他们的祖先自超出记忆的时代便是这种印度独特联合体即村社的成员。

然而,还有一些属于同类的现象,在我看来受到极大的误解。当人们在我们这里所讨论的思想的影响下,置身于自然会产生情感和同情心的境况之中时,或是当他们身处他们被教导将之视为特别神圣的关系中时,不但他们的语词和观念,而且他们的感情、情感以及成见,都是按从血缘关系中自然产生的那些模式塑造出来的。我相信,基督教教会史上存在有关这个过程的一个惊人的例子。我敢说,各位都知道教父和受洗者之间、教父之间甚至教父和受洗者家庭之间的"精神亲缘关系"(Spiritual Relationship)或纽带,逐渐成为大量通婚禁令的来源,它们与建立在姻亲关系甚至血缘基础上的禁令有着同等效力。关于这种激励基督教社会的观念,我相信我们所能得到的最早证据,便是查士丁尼法典(v. 4.26),它禁止教父与受洗者结婚;但是这些禁令为许多致力于教会法的各种权威所迅速扩展,经特伦托公会议(Council of Trent)①而终成定制,但也多少做了一些限制。我听说,如今它们仅仅正式存在于罗马天主教会,放宽的特许令当然也可以获得。专业神学家对这种制度的解释是:它的基础是赋予教父身份所产生的关系以特别神圣性的愿望;我相信这是对它的起源的真实解释。但是我不相信,"精神亲缘关系",即一种以契约为基础的结构,在思想发展的每一阶段都会同化为自然关系。这种制度得以发展之时,恰逢基督教在社会基础仍为血缘关系的种族中进行传播的时候。我不禁会这样想,他们的观念在反作用于教会。对这些种族而言,非常神圣的纽带必然具有家族纽带的性质,与之相伴的还有同样的联合体和同种的感情类别。因而我并不认为,诸如"教父制"(Gossipred)、"圣父"(Godfather)和"圣子"(Godson)这类术语——在几种其他语言中均有其对应词——是由"精神亲缘关系"的理论所创造;倒不如说,它们标志着那种理论得以形成的过程。

依上所述,在我看来,在引入像古爱尔兰这样的部落社会中时,精神亲缘关系将高度同化为血缘关系是再自然不过的事情。事实上,我们知

---

① 特伦托公会议是罗马天主教会为应付宗教改革运动而举行的一次重要议会,1545—1563年于意大利北部城市特伦托召开,旨在阐明有争议的教义和重振罗马天主教会。——译注

第八讲 原始观念的发展及传播

道情况的确如此,而且这种关系的严格性和它所产生的温情,引起数代英国观察家的嘲弄、愤慨和惊讶,这是因为他们的观念来自已经变得与爱尔兰极为不同的社会秩序。但是除了"教父制"或者"精神亲缘关系"之外,还有一种更为原始的制度;尽管并不为古爱尔兰人所独有,但它在古爱尔兰得到了不同寻常的发展。这便是"收养制"(Fosterage),即让出和接受儿童加以抚养的制度。现在我们知道,这种习俗广泛分布于雅利安共同体;关于它在爱尔兰特别重要和普遍的原因,我们只能说,它很可能属于爱尔兰历史和爱尔兰社会生活的偶然事件。但是对于这个事实是不存在疑问的。在《古制全书》中,有一份完全阐述"收养法"的分册,它无比细致地规定了接受另一家庭的孩子加以养育时双方的权利和义务。从12世纪的吉拉尔德斯·卡姆布西斯(Giraldus Cambrensis)到16世纪的斯宾塞,关注它的英国批评家均把它与教父制列为爱尔兰的畸形产物或祸根之一。在他们看来,同一位母亲的乳汁在爱尔兰产生犹如共同祖先在他们国家所产生的那种亲密感情是怪异的。正确的解释只能是今天让我们信服的解释,即收养制是这样一种制度,尽管它的开端是拟制的,它的作用却是自然的;在那种感情状态下,养父与养子之间的关系会变得与父子关系没有什么差别。

对于现代研究者来说,最有意义的收养形式是布雷亨册页的翻译者所说的"教化收养制"(Literary Fosterage)。它是与布雷亨法律学校的存在有着密切关系的一种制度,包括布雷亨教师和他的修道院所接收、指导其学习布雷亨知识的弟子之间所确立的各种关系。然而也许会让我们吃惊的是,古爱尔兰人将校长与学生的关系看得尤为神圣,近乎自然的父子关系;在这一点上布雷亨册页没有留下任何怀疑的余地。它明确规定,它创立了与实际父亲身份一样的"父权"(Patria Postestas);从事教化的养父虽然免费施以教育,但对接受教化的养子的部分财产终生拥有权利。因此,布雷亨及其弟子所组成的不是我们所理解的学校,而是真正的家族。依据法律规定,一般的养父要为养子提供一定的教育——对首领的儿子,要指导骑术、射箭、游泳和棋艺,对他们的女儿要指导缝纫、裁剪和刺绣——布雷亨则要训练他的养子进行最尊贵的学习,即学习有关首领的文字上的专业学问。他也收费，但这是法律为他规定的费用。这是他的身份的一部分，而不是讨价还价的结果。

印度法律中也有一些收养制的微弱遗迹，但它基本脱离了这种制度。不过，教化收养制的遗迹还是相当丰富和明晰的。按印度的这种普遍习俗，婆罗门学生的婆罗门教师不收学费，但印度法律一再为他保留他对学生财产的远亲继承权。在享有极大权威的四份婆罗门法律册页，即《福法哈拉·玛玉卡》(Vyavahara Mayukha)、《达雅—巴伽》(Daya-Bhaga)、《密陀娑罗》(Mitakshara)和《达雅—克拉玛—尚拉哈》(Daya-Krama-Sangraha)①中，每一份都引用了同样的古代文本（有时被归于摩奴②，但并不总是这样），以便使以下说法生效："若无男嗣，血缘关系最近的血亲继承；若无血亲，由老师继承，或学生代替老师继承。"一位评注者解释说，老师是指吠陀经教师，另一位则将他描述为给弟子讲授了婆罗门谱系之后对弟子负有宗教教诲之责的人。这些作者又补充说，如果老师和学生均不幸病故，将由学生的同学继承。在《英属印度法律报告》(Anglo-Indian Law Reports)中，可以找到反映这种特殊继承规则的现代案例。

由此我们遇到了一个其困难不亚于其意义的问题，即印度种姓起源的问题。我只敢说对它有所接触，但对于如此晦暗的问题，哪怕是管窥一线答案之光的机会也不应放过。首先请允许我说，在关注布雷亨法学家的相对很少的英国作家中，有人不严谨地将之描述为一个种姓。尽管这个单词在印度并非不常用，但这种用法是不恰当的。关于布雷亨在较早时期的地位，爱尔兰的记载所提供的论据，与凯撒有关高卢凯尔特的士人阶层的证言是一致的。它似乎表明，任何通过特殊训练的人都可以成为布雷亨。然而，当英国观察家开始研究爱尔兰时，布雷亨的技艺和知识在属于或依附于特定部落首领的某些家族中显然已变为世袭。这种变化没

---

① 《福法哈拉·玛玉卡》(Vyavahara Mayukha)是一部主要论述民事诉讼的法律学书籍；《达雅—巴伽》(Daya-Bhaga)为"继承法"；《达雅—克拉玛—尚拉哈》(Daya-Krama-Sangraha)是一份关于继承顺序的梵文专题文献。——译注

② 印度神话传说中的人类始祖和《摩奴法典》的作者，也被称作第一个国王，印度历史上的大多数统治者皆宣称其为始祖。——译注

有什么不同寻常之处,在印度它显然也同大量的行业和职业一起出现,它们现在被普遍称为种姓。在古代类型的社会中,某些技艺或知识随着时间的推移而变为家族的世袭职业,几乎是一种必然现象。印度土著所面对的在英国人的观念中并不复杂的难题,不是找出子承父业及其职位和义务的理由,而是要向自己解释为什么不应当这样,以及另外的安排如何能够顾及公共利益。由印度当地王公统治的各邦正在变得越来越英国化,但是在这些地方,职位世袭实际上仍是通行的规则。不过,我们不能由此对那些作为巨大人口中明确的一部分的种姓的发展做出完整解释。印度的这些种姓只有一个真正幸存下来,即婆罗门种姓;人们有一种强烈的推测,起源于婆罗门的一整套种姓理论,其基础是存在着婆罗门这个种姓。因而,知识世袭化的趋势本身,是与宗教和文化教育的多样化相一致的;但事实上印度婆罗门是一个非常明显的同质阶层,他们承认(尽管无疑带有相当多的地域规定)这一阶层中所有成员之间普遍存在着宗亲关系。

因此,就布雷亨法学家的身份变化而言,由于我们知识上的欠缺,我不能说这能为我们理解真正意义上的种姓的起源提供多大帮助;但我确实认为,从布雷亨册页提到的"教化收养制"中,我们可以学到比以前更多的知识。在我看来,它们重新使人重视和关注印度法律中有关"信仰的导师"作为远亲继承家族财产的规则。教化或宗教上的父亲身份,在两种制度的最古老阶段,似乎都严格同化为真实的父亲身份。在这种情况下,如果在印度极古老的时代存在着研修《吠陀经》的伟大学派,正如我们有充足理由认为的那样,那么师徒关系所严格遵循和模拟的便是父子关系。拥有共同知识储备的一种伟大职业便由此形成;但是其成员之间的纽带并非纯粹知识性的,它从一开始就会被理解为血亲关系。随着旧观念的衰落,这种制度毫无例外地会变为一种真正的血缘关系。如果父亲学习过神圣知识,儿子的血管里便被认为也流淌着学习神圣知识的天分;而且只有这样的儿子才会被学校所接受。一个种姓便由此形成,在其成员看来,它是所有种姓的原型。

所以我们有充分理由认为,仍处在原始思想影响下的社会缺少某种能力,还不能通过血缘关系之外的任何制度将人们凝聚起来。我们发现,由于这种观念上的贫乏,它们往往将血缘观念和以它作为源头的语言,扩展至并非真正以血缘共同体为基础的制度,甚至扩展至外来的制度。我们还会发现,源于真正血缘关系的制度和以拟制血缘关系为基础的制度,有时结合得十分紧密,以至于它们各自唤起的感情在实践中没有什么区别。在我看来,早期思想和情感的这些现象,足以解释几乎所有研究爱尔兰的英国作者从爱尔兰历史中看到那些令他们极为惊奇或愤怒的事实。约翰·戴维斯爵士在谈到很多早期的盎格鲁—诺曼冒险家在爱尔兰定居并最终成为纯粹的爱尔兰首领时,他的一番话便反映着这种转变在英国人中间激起的极度震惊和愤怒。"英格兰殖民者在拒绝了英格兰文明而高贵的法律和习俗后,他们竟然拥抱和适用爱尔兰习俗,他们因此而退化变质,变得跟尼布甲尼撒一样,他虽然还长着人脸,却有了野蛮心肠;或者说,像是喝了妖女喀耳刻①的酒而变成猪的人,并且乐意像猪一样生活,不愿再恢复人形。还不到一代人时间,他们便不再具有他们从中繁衍的那个高贵民族的任何标志或特征。"这种刻薄的语言所陈述的事实并没有特别令人惊奇之处。我们已经看到,爱尔兰社会的一般局面给所有类型的制度染上它的色彩——血亲联合体逐渐退化为合伙人和行会兄弟的联合体;养父身份、教父身份和导师身份都染上了生父身份的色彩;教会组织与部落组织融为一体。想通过征服为自己获得爱尔兰领主身份的盎格鲁—诺曼首领,不知不觉地以同样方式转变为爱尔兰的部落首领。他身边的依附者不可能在实际的权力保有人和自然的权力保有人之间做出任何清晰的划分;而且,观念的蔓延与其稀少性成正比,因此可以理解他也受到他生活在其中的精神环境的影响。也不缺乏其他动机。爱尔兰极度贫穷,骚乱频仍,但并没有阻碍权力的尊荣、出身的尊荣甚至是财富的尊荣,向爱尔兰首领的高贵身份大量集中。

---

① "喀耳刻"(Circe)是希腊传说中的一个女巫,太阳神赫利俄斯和海中仙女珀耳塞的女儿。她能用药物和咒语把人变成狼、狮子或猪。——译注

第九讲
法律救济的原始形式(一)

我在前面(第一讲,p.8)说过,我们现在称为"财产扣押法"(Law of Distress)的法律分支,占了篇幅最大的布雷亨册页即《古制全书》中最多的内容。可见,财产扣押法被赋予的重要性是个非常显著的事实;在这一讲和下一讲中,我打算讨论它所提出的问题以及它所暗含的结论。

当尼布尔在1816年发掘出盖尤斯(Gaius)①的手稿时,他的这一珍贵发现的价值,不禁使人们对作为绝大部分文明法理学之源泉的那种法律体系的起源立刻有了新的认识。这篇论著重见天日的那些部分,使我们得以管窥比法律本身更古老的东西,也使我们得以将法律与对那些靠冲动行事的野蛮人颁布的习俗联系起来,而控制冲动已经变成法律的首要职责。在盖尤斯这部著作——它可以使心智之眼透过某些幽径,洞察社会秩序从中产生的那些混乱状况——第四卷接近开头的部分对古老的"口头诉讼制"(Legis Actiones)的论述既残缺且不完整,但我还是要首先谈一谈它;在盖尤斯所处的时代,"口头诉讼制"对于他来说只有历史和文物的意义。

---

① 《法学阶梯》的作者。

"诉讼法"(Legis Actio)的确切含义似乎不为盖尤斯所知;如果加以推测的话,它可能是口头表达的实体形式,即"legem"或"lege agree",相当于我们现在所说的"程序"(procedure)。数次说到"法律诉讼"(Legis Actiones)中包含几种程序,它们没有"诉讼"的性质,不过是执行判决的方式。事实似乎是,由于一种可追溯至罗马法历史的变革过程,"Legis Actio"这个古老的短语中的"Actio",逐渐脱离了另一部分,用来指法庭直接进行的司法阶段,在某些司法体系中它还包括在司法阶段之前直接与之相关的阶段。我以为,最初用来表示罗马法假定的成文基础的"lex"(法律)和"legis action"(诉讼法),大致相当于几个世纪后人们所说的"实体法"和"程序法",即宣布权利与义务的法律和法律宣布权利与义务所依据的规则。关于边沁及其信徒使我们熟悉的刚才提到的用语,即"程序法",我将提出一种非常适用于分析法学派的术语和分类的评论,按他们当时的观念它是正确的,也是便利的;但是如果用于更古老的法律,它往往会导致一种历史的误解。做出以下断言并非不正确:在人类事务的某一阶段,与其说权利和义务附属于程序,毋宁说程序纯粹是权利与义务的附属。在某些时代,真正的困难不在于理解一个人对什么有权利,而在于获得它;因此达到目的的手段,无论是暴力的还是法律的,都比目的本身的性质更重要。事实上,只是在最近的时期或高度发达的法律体系中,法律救济才在与权利的对比中失去重要性,不再以各种方式深刻地影响权利。

在这些古代的诉讼方式中,最早的且在很多方面最令人感兴趣的是"誓金之诉"(Legis Actio Sacramenti),它无疑是所有罗马诉讼的鼻祖,因而也是现在仍在使用的大部分民事救济的鼻祖。几年前我曾指出(*Ancient Law*, pp. 376, 377),据考察,这种技术程式看来明显、生动地再现了司法的起源。我说过:"两个带着武器的人因财产纠纷发生口角。司法官,即'vir pietate gravis'(可敬重的人),恰巧经过并进行干预以终止争斗。争议者向他陈述案情,同意他为他们仲裁;他们同意失败者除了放弃争议的标的物外,还要向仲裁人支付一笔钱,作为他劳心费时的报酬。"随后我又说:"这种解释也许不那么合理,但幸亏由于一种意外的巧合,被

第九讲　法律救济的原始形式（一）

盖尤斯描述为法律诉讼中的强制诉讼过程的仪式，实质上与荷马描写的火神赫菲斯特斯（God Hephæstus）为阿基里斯所铸盾牌第一格的两个主题之一①完全相同。"自写下这些话以来，更晚近的研究者的成果使我们能够将这幅有关一项伟大制度即民事审判之起源的司法图景，与其他被遗忘习俗的栩栩如生的描述归为一类；在世界很多地区，这些被遗忘的做法以最起码同等重要的制度所伴随形式而幸存下来。比如说，从麦克里兰先生的《原始婚姻》中可以看到，很大一部分人类在婚礼中仍然模仿暴力掳走新娘，以此保留暴力统治的记忆；这种总是发生在部落之间的暴力统治，在任何地方都先于法律统治而存在。同时，不应认为这些源远流长的戏剧性场面意味着或曾经意味着对相关制度的不敬。它们极有可能不是为了纪念罪恶，而是为了纪念针对罪恶的救济；只是在它们退化为没有任何意义的风俗后，它们才得以实行，不是为了纪念野蛮的暴力，而是为了纪念替代它们的制度，即婚姻和民事司法。

"誓金之诉"中的几乎每一个动作、每一组正式用语，都是某种象征，在世界的这里或那里，在这个或那个雅利安社会，它已发展为一种重要的制度。原告将手放在奴隶或其他争议物上，这种对主张权利之物的抓握动作产生于古代日耳曼人相应的仪式中，并由此以各种改头换面的形式一直延续至中世纪；它是为所有文明的法律制度所坚持的诉前要求（demand before action）的一个早期例证。原告握在手中的棍杖，据盖尤斯说代表一支矛，它是强壮武士的象征，被用作绝对保有的财产对抗世界的象征，在罗马和其他一些西方社会都是如此。诉讼程序包括双方的一系列依法进行的对权利的主张和再主张，这种正式对话便是辩护技艺的鼻祖。原告和被告之间的争辩，在罗马仅是装装样子，在其他社会长期以来一直是真实的，尽管它的理论有所改变，却在"决斗断讼

---

① 据荷马《伊利亚特》第十八卷，火神赫菲斯特斯应阿基里斯之母塞提斯的要求，为阿基里斯铸造了一面盾牌、一顶头盔、一副胫甲以及一件护胸甲衣。在所铸盾牌上绘有两座凡人城市，第一座有两幅场景，一是婚娶，另一为市场裁判，后者中有两位男子在市场上为一死者争吵，死者为其中一位的亲人；一方说要偿付血酬，另一方则说血酬已付；争论不休之余，双方求助于地方长老进行裁度。——译注

法"(Wager of Battle)①中保留下来。作为一项英国制度，它在我们父辈的时代才最终废除。裁判者的干预以及对其仲裁的接受，扩展为罗马的司法，这是文明世界的历史变革中最强有力的手段之一。争论双方就他们争议的是非曲直拿出一定的钱做誓金——即"Sacramentum"，这种诉讼程序便是由此得名——这些钱会进入公共财库。以这种方式作保证的钱，不同寻常地大量出现在古代法律制度中，它是诉讼费的最早表现形式；这种诉讼费在法律史上有着可观的力量，要远远大于法律史家所一致乐于承认的。引导着法律诉讼的那种精神，在外人看来是所有历史时期法律人的最大特征。盖尤斯说，如果你因你的葡萄树遭到破坏在法律诉讼中提出起诉，你若把它们称为葡萄树，你将会败诉；你必须称它们为树，因为《十二铜表法》中只说到了树。古代汇编的条顿法条，即著名的《马尔堡集注》(Malberg Glosses)②，包含着性质相同的条款。如果你为了一头公牛起诉，将之说成公牛则必然败诉；你应该用古代的司法用语把它称为"牧群领袖。"你必须称食指为"箭指"，称山羊为"吃韭葱者"。现在仍然在世的一些法律人还能记得，就要销声匿迹的英国"特别答辩制"在适用时所依据的原则与它们并不太遥远，而且历史地看也是源于这些事情。

在盖尤斯对"誓金之诉"的描述之后，手稿中有一处缺文，它曾被有关"请求诉讼"(Judicis Postulatio)的记述所占据，这显然是更古老的"誓金之诉"的一种修正，这种古老的救济由此而被适用于一种特殊类型的案件。论著的这一段文本再次以对"请求返还诉讼"(Condictio)的描述为开端，据盖尤斯说它是一种创制，但人们相信它受罗马历六世纪时的两部法令即《西利亚法》(Lex Silia)和《坎尔布尼亚法》(Lex Calpurnia)③的调整。"请求返还诉讼"后来发展为罗马最有用的诉讼之一；其名称原本来

---

① 决斗断讼法(Wager of Battle)是日耳曼法律中没有证人或供述的情况下处理诉讼的方法，争端双方进行单打独斗，胜者即被宣布为正当。本质上它是一种法律批准的决斗，通行于欧洲的中世纪，16世纪后逐渐消失。——译注

② 《撒利法》原文所附注释，是把《撒利法》适用于案件的实务指南。"马尔堡"一词指大会或民众法庭。查理曼大帝修改《撒利法》时删除了马尔堡集注。——译注

③ 《西利亚法》(Lex Silia)主要涉及对人诉讼(personal actions)。《坎尔布尼亚法》(Lex Calpurnias，公元前149年)是设立审理公职人员敲诈勒索案件常设法院的罗马文法，据此设立的法院也受理民事请求以及针对被勒索财产返还请求的案件。——译注

第九讲 法律救济的原始形式(一)

自原告向被告发出的告知,要其三十日内出现在司法官面前,以便提名"Judex"或仲裁人。(我本人认为)告知一经发出,两造便进入"sponsio"(承诺)和"restipulatio"(复要式口头契约)①,即他们要就他们各自的法律主张拿出一份正式保证金(不同于称作"Sacramentum"的誓金)。拿出的这笔钱总额总是相当于争议数额的三分之一,它最终归胜诉者所有,而不是像"誓金"(Sacramentum)那样归国家。盖尤斯告诉我们,让法学家感到不解的是,当财产通过未经修改的旧程序就能得到处理时,是否需要这种诉讼。关于这个问题,罗马法的现代评论者给出了很多技术性答案,但是我们仍然可以看一看换一个角度是否能够对它做出更好的解释。

盖尤斯讲完"请求返还诉讼"后,接着讨论了两种"法律诉讼",即"拘押债务人诉讼"(Manus Injectio)和"扣押财物诉讼"(Pignoris Capio);它们与我们现代人的诉讼概念大异其趣。很明显,"拘押债务人诉讼"有明确的表述,最初是指针对败诉债务人本人的罗马执行模式。它具有相当大的历史意义,因为它无疑是罗马贵族虐待违约的平民欠债者的工具,因此它为一系列影响整个罗马共和国历史的平民运动提供了第一推动力。"扣押财物诉讼",其名称很可能稍有修改,也是后来对经过法院裁定的财产的执行模式;但这并不是它作为一种法律诉讼的最初目的。起初它完全是一种法律之外的程序。按它行事的人,在某些案件中可以没收一个他对其提出权利主张、但并没有提起诉讼的人的财物。士兵可以对应当向他们提供粮饷、马匹和草料的公共官员执行这种扣押权力;祭祀用牲畜的售卖者也可以对不付钱的买方诉诸这种权力。可见,它是局限于极紧迫的情况或高度神圣义务的权利主张;但是后来它扩展到对滞纳公共赋税的追究上。我非常感激波斯特(Poste)先生做出的观察:柏拉图《法律篇》中的理想制度,包含着与罗马"扣押财物诉讼"极为相似的事情;在这里它是一种对违反与军事或宗教仪式相关的公共义务的救济。

---

① "要式口头契约"(stipulatio)是罗马法中的一种正式契约,通过债权人提问(例如,敢订约吗?)和债务人回答(例如,订约)而订立,是罗马法中最古老的制度之一。"承诺"(sponsio)指对要式口头契约中的提问做出的承诺或保证;"复要式口头契约"(restipulatio)是再次进行的要式口头契约。——译注

关于我想就古代民事程序这个主题所说的一切,我以扣押财物诉讼作为方便的起点。首先我们不妨问一句,对于它在原始罗马制度中的意义和重要性,盖尤斯本人是否为我们提供了一些线索?这条线索是微弱的,但是在我看来从以下陈述中就足以找到它:当司法官或一般而言负有职责的人不在场时,就可以适用"扣押财物诉讼",甚至在法庭开庭时也可以适用"扣押财物诉讼"。

让我们再用片刻时间谈谈"誓金之诉"这个法律诉讼的源头。它的古老形式是以一个争端为前提,并郑重规定了解决模式。司法官所模仿的是一位路过的仲裁者的干预。但是假设没有现成的仲裁者,有什么方便方式可以阻止流血?存在着这种古老程序的事实,意味着避免了流血,它是否反映了某种这样的方便?

如果我说获得标的物的一种方法是拿出保证金,我敢说乍一看这只是一种平淡无奇之论。即使在今天,延缓一起有关事实的争端,这是再常见不过的方式之一;其实,为结果而下赌注的倾向深植于人性之中,自远古的蒙昧之时它便随着人性而成长。当情绪激昂时,并不是每个人都会做出让步,将争端交给在场的第三人裁决,更不用说不在场的第三人了;但是,如果他为此下了赌注,而且除了发现自己有理之外,他还有机会得到全部赌注,他便总是愿意这样做。我承认自己与某些大权威不同,我以为这就是"要式口头契约"(sponsio)和"复要式口头契约"(restipulatio)的真正意义。我们知道,它们是古罗马请求返还诉讼的本质,也是三十日内出现在司法官面前的协定的本质。"誓金之诉"要求争端立刻提交在场的仲裁人;"请求返还诉讼"则要求争端由仲裁者在三十日的间隔期后再进行裁决,但同时两造要为他们争议的是非曲直分别下赌注。我们知道,请求返还诉讼对起诉人附有接受独立惩罚的义务,甚至当它成为最重要的罗马诉讼之一时也是如此,并且它在西塞罗时期仍在执行。

还有一种原始发明,在仲裁者缺席的情况下可用来阻止争端演变为流血冲突。如果愿意进行仲裁的原告的对方不在场或虽在场但是他更强大,他便以强力占有其动产,一直扣押到对方做出让步为止。我相信这就是"扣押财物诉讼"真正的原始职责,尽管只有在透过其他法律体系的迷

第九讲　法律救济的原始形式(一)

雾探寻到同样的制度之后，我才能给各位提出充分的证据。在罗马人中间，甚至在《十二铜表法》时期，它已成为(用泰勒先生的话来说)纯粹的遗迹，仅限于因迷信或意识到最严峻的公共紧急事态而拒绝法律裁决的案件。这是罗马法律和程序的发展异常迅速的结果，也是罗马法庭过早地成为国家最高权力的机关的结果。各位在下面将会看到：在大多数社会中，向着完备司法管理的进步是缓慢的和渐进的；国家最初宁可通过各种机关进行干预以维护秩序和争端的公平解决，也不愿像现在各国常常做的那样，将这些机关控制在自己手中。那些特殊规则可追溯至这个早已被罗马人遗忘的时期，它们与"扣押财物诉讼"一道幸存下来，而且在法庭之外和法庭休庭的情况下发挥着它的作用。

关于与罗马人所谓"扣押财物诉讼"相似的习俗的遗存，我们来看看条顿社会。这种遗存似乎确凿无疑地存在于我们英国法中有关财产扣押权以及被称为"扣押物返还"(replevin)的相关法律救济的那部分内容之中。各位所熟知的有关扣押他人财产的权利的例子，我敢说就是地主因佃农未付租而扣押其财物的权利，以及土地的合法拥有者带走并圈禁破坏他的庄稼或土地的迷途牲畜的权利。使后一种权利得以生效的过程，比因未付租而扣押财产的权利保留了更多的古代制度的特征。因为，地主因未付租而扣押财产的特殊权力尽管仍是一种法外救济，但这种权力却由于一系列比较具有现代性的法令而转变为完全的救济。然而在最博学的英国法律人的理论中，财产扣押在原则上是一种不完全的救济；它的首要目标是迫使它所针对的人做出赔偿。但是在今天，作为租而被扣押的财物，不仅是地主权利主张的一种保障；它们最终按某些规定的手续被卖掉，用其收益支付给地主，剩余的钱归还佃农。由此可见，这个过程变成了仅仅是一种特殊手段，在没有法庭的帮助下，使租金的偿付和其他一些有同样根据的偿付得以实现。但是，因破坏庄稼或土地而扣押牲畜的做法，却保留了相当多的古代色彩。它不是一种完全的救济。扣押牲畜的时限，仅仅是在损失得到赔偿或在"扣押物返还"诉讼中扣押权利受到质疑使他将牲畜归还之前。

扣押习俗——即取走"扣押物"(nams)，这是一个保留在一度著名的法律术语"扣押"(withernam)中的词——为比诺曼征服早得多的记载所证实。有理由相信,它在古代所适用的案件,要比我们最古老的普通法权威文献所确认的多得多。但是大约在亨利三世统治时期,它被限于某些特定的权利和侵权行为。诉讼过程是这样的:认为自己受到侵害的人扣押他认为对他实施侵害或不对他履行义务的人的财物(在古代几乎总是牲畜)。他将这些牲畜赶至一个圈栏,即专为此目的而设的封闭地块,通常是露天的。请允许我顺便说明一下,在这个国家没有比村庄圈栏(Village-Pound)更古老的制度了。它远比王座法庭(King's Bench)更古老,甚至比王国本身更古老。在牲畜被赶进圈栏的途中,所有人拥有有限的取回权利,这种权利为法律所承认,但行使起来要冒很大风险。一旦牲畜被赶进圈栏,打开圈栏时,圈在里边的牲畜要由所有人而不是扣押者为其喂食;直到现在这条规则仍未改变。事实上,扣押者在诉讼程序中的作用随圈入牲畜而结束。我们需要考虑的是,在这种情况下牲畜被扣押者可以采取什么做法。当然他可以作出让步,满足扣押者的要求,或提供抵押物以取回牲畜;也可以顽固到底,就让牲畜呆在圈栏里。然而也可能发生的是,他完全否认扣押者的扣押权利;或提供抵押物是为使后者变更主张时他拒绝释放牲畜。无论是这两种情况的哪一种,牲畜所有者(最起码是在我们谈到的那个时代)要么向王室大法官(King's Chancery)求一令状,命令郡长"采取返还扣押"行动;要么亲自告到郡长那里,这时他会立即启动"扣押返还"的程序。这个古老的词语所涵盖的过程包括如下几个阶段:郡长首先要求查看被圈起来的牲畜;如遭到拒绝,他会把扣押者当作严重破坏国王安宁的人看待,对他发出通缉令(hue and cry)。如果牲畜被赶到远处,出了他的辖区(这无疑是经常发生的情况),郡长会搜寻扣押者的牲畜并扣押价值两倍于被赶走数量的牲畜,这便是古英格兰法中的"倒扣押"(taking in withernam)。然而,在较为和平的时期,在遵守法律的人中间,国王的代理人会被允许查看牲畜,在原来所有者承诺遵守法庭判决后,他会立刻将牲畜归还给他。然后会指定日子进行审理,按照法律人所熟知的"扣押物返还诉讼"(Action of Replevin)的诉讼程序进行。尽管已经积累了大量有关这种诉讼的专业学问,但是就我们的目的而言,

第九讲　法律救济的原始形式（一）

说明诉讼中的原告是被扣押牲畜的所有者而被告是扣押者就够了。

我认为，不难看出这种程序的各个步骤相当古老。它的更为悠久的细节所呈现的这幅图景再古老不过。扣押牲畜、取回和倒扣押，都是人类最古老的习俗。罗马人的"誓金之诉"使我们记起因财产之争而突然动武的情形，它很少能被一个偶然路过的人所阻止。在这里，不是在城镇社会，而是在半牧半耕的人们的古代法律形式中，我们遇到了劫掠的清晰遗迹。但是残存于古老的《财产扣押法》中的这种劫掠，正如古罗马诉讼中的争斗一样，并不是纯粹的演戏。它在某个时刻是真实的；关于它的起源最有可能的解释是，它是法律插手加以调整的一种真正混乱无序的过程。现在各位将会看到，还有另一些独立的原因使人可以这么认为：我们所说的法律、国家和国王的权力最初带有高度暴力性质的干预，既不是要完全禁止它，也不是要对它所激起的争端进行积极的司法治理，而是要限制它，为它做出形式上的规定或将它转向新的目的。因此，扣押习俗中随后出现的一系列事件——圈起牲畜、强迫提供质押物和被扣押者有义务喂牲畜而扣押者无须如此做所包含的对被扣押者仍拥有所有权的承认——都属于一套较新的观念，它们标志着缓和报复性抢夺、调整对侵权行为的复仇行为的最初尝试。这时扣押就变成了一种强制索要的多少讲些秩序的新方式。这种古老功能的很多遗存尤在。布莱克斯通等人都观察到，经过修正对特定财物免于扣押，比如耕牛和贸易工具，从起源上说极少是为了向所有者表达善意。它是因整个过程的本质而发生的，因为如果没有耕作或手艺工具，债务人决难偿还债务。《财政署对话录》(*Dialogus de Scaccario*)(ii. 14)中的一段文字规定出售国王债务人财物的程序，便充分证实了这种观点。

国家的直接干预不但在诉讼过程中最后出现，而且在时间上也是最晚出现的。国王最初的干预，便是我们现在所称的行政能力。他的行政代理人，即郡长，一接到控告就会去找到牲畜并要求查看，被拒绝时会发出通缉令，如果牲畜被赶走就会扣押两倍于被赶走数量的牲畜。然而，即使在他看过牲畜之后，除非牲畜所有人否认对方有扣押权并准备好质押物以使他们之间的争端在法庭上解决，不然他也不能做任何事情。按我们的观念已经登台很久的那种权力,即国家的司法权,其出现是很缓慢的。它的司法权显然是通过郡长在提供质押物的条件下将牲畜归还的行为而获得的。扣押者失去了物质性的质押物,即牲畜。牲畜的所有人受到人身约束。双方由此被迫最终诉诸司法裁决。

近六百年前,古代的返还扣押诉讼和按当时的现代原则进行的诉讼这两者之间的对比已经很突出了。《西斯敏法规(二)》(*Statute of Westminster the Second*)第二章旨在提供某些新方法,使佃农能够用来设法阻挠地主通过扣押得到的救济。它在授予国王的法官在这种案子中的权利之后接着说,这一条款并不违反禁止在被告提出请求时撤销法庭诉讼的普通法原则。"因为,"它继续说:"尽管乍一看似乎佃农是原告而地主是被告,但实际上,假使考虑到这样一个事实,即地主进行扣押和诉讼,是为了获得拖欠的劳役和费用,那么其实他才是原告或控诉者而不是被告。"事实上,扣押物返还诉讼很好地揭示了古今司法原则的差别。按我们现在确认的观念,告上法庭的人是控告侵权行为的人。在这种假设的情况下,此人不是被扣押者而是扣押者。是他这个蒙受损失的人,为此在对方的财产上实施武力救济。然而,启动法律程序、将自己变成扣押物返还诉讼中的原告却是他的对手。现代法庭坚持将整个争端过程控制在自己手中,并从一开始就以自己的方式进行处理。这样做的原因是:它总是完全掌握着公共暴力,因而它确信自己能够迫使被告屈服于它的司法权,最终对其施以强制直至其遵守法律,而不论这种强制措施拖延多长时间。但是在这种扣押程序最初出现的年代,法庭并没有这种权力上的自信;因而被认为有冤情的人得以按原始方法处理,它的好处是为另一方提供最强烈的诱因,让他告到国家的司法权威那里并服从其裁决。

欧洲大陆不同的条顿法律体系提供给我们的有关这种原始程序的材料,即人们通称为"蛮族法"(Leges Barbarorum)的东西,是非常有意思的一类。几乎所有这些材料均涉及"Pignoratio",即财物扣押。菲斯高思人(Visigothic)的法律明确禁止它;与之相反,伦巴迪人(Lombardic)①的法

---

① 日耳曼民族的一支,于568—774年在意大利统治一个王国。——译注

律则存在滥用扣押的遗迹,它仍存在于英国普通法中,允许在简单提出偿付要求后实施扣押。但是,撒利人的法律——最博学的日耳曼人现在相信它制定于塔西佗著书立说之后和法兰克人攻入罗马帝国之前的某个时期——包含着一系列关于这个主题的非常特殊和有教益的条款,梭姆(Sohm)最早对它们做了全面的阐释。在这种制度下,扣押还不是一种司法救济,而仍然是一种法外救济方式,但它已经与一种正规的和极复杂的程序结合在一起。原告必须向被起诉人,即他意在扣押其财产的人,做出一系列形式庄严的告知。在他将此人传唤至"民众法庭"面前,由法庭长官——即"会长"(Thunginus)——宣布允许扣押的正式文书之前,他不能实施扣押。随后,也只有在此后,他才可以向对方实施我们称为扣押的行为。看来十分清楚的是,在诺曼征服之前,英格兰人试图用我们在《撒利法》和类似的条顿习惯法中看到的那一类限制缩小扣押自由的范围。这些条款在克努特(Canute)①的法令中有极为相近的对应内容,不在"百人会议"(Hundred)上提出三次权利要求,任何人都不可以取走"扣押物";如果他在第三次没有获得公平对待,他可以告到郡审判会议(Shire-gemot);郡要第四次替他处置财产;如果这也失败了,他才可以进行扣押。

应当指出,撒利法中对应于我们财产扣押的程序,是某些违约案件中的一种特别救济。扣押,即取走"扣押物"(nams),肯定是用于执行诺曼征服之前古老的英国法中的类似请求;在布莱克顿时代这种习俗似乎就已广为人知,尽管他的说明太简单,使我们无法完全理解它的过程和特征。在这方面,欧洲大陆的条顿法律中的"财物扣押"(Pignoration)比我们在英格兰所熟知的扣押更为古老,因为这种制度残存于我们的普通法(它能够残存下来,可能正是因为这种法律)中的片断,一开始显然是领主用来迫使佃农偿付劳役的一种救济。但是另一方面还可以看到一件有意思的事情,我们英国的扣押在一些细节上要比"蛮族法"(Leges Barbarorum)中相应的强制程序更古老。因此,表明扣押意图的告知,以扣押的合法性而言,在英国绝不是不可缺少的(Trent v. Hunt, 9 Exch.

---

① 克努特:11世纪入侵并统治英格兰的丹麦国王。——译注

Rep. 20),尽管法规必须使对被扣押财产的出售合法;在我们的普通法可以确知的最早阶段,尽管扣押之前有时需要在领主的法庭中进行诉讼,但它同样不必然预设或要求这样。

应当知道,法兰克的程序是完全掌握在原告手中的。它不是一种严格的司法程序,而是一种调整法外救济的程序。如果原告遵守恰当的形式,法庭在批准扣押中的作用便纯粹是消极的。即使在梭姆教授彻底研究过撒利法中的这部分内容之后,人们还是很难说,被告在程序中的某个阶段有机会做出实质性的辩护;但似乎可以确定的是,无论什么时候,只要他能这样做,他实际上是作为原告出现,就像我们的"扣押物返还诉讼"中的被扣押者一样,而且毋庸置疑的是,如果他屈服或未能击败另一方,他不仅要偿付原有债务,还要受到由于他未按之前的清偿债务告知做所引起的额外处罚。这种程序,在我们看来是建立在现在已变得极为可怕的假设上,即原告总是有理,被告总是无理。然而,这种假设并不会让最早的法律改革家感到极为可怕;他们也不能完全理解那种迫使原告无论如何要确立一桩有"表面证据"(primâ facie)的案件的现代原则。对他们而言,最可能有理的人似乎是在努力获得救济中面对多重风险的人,即告到民众大会的人、坐在门口向国王喊冤的人。只有当暴力侵权不再盛行时,当挑战强梁压迫的危险变得无足轻重时,当法律按技术程序长期得到有规则的执行时,无理的主张才能像不正当地拒绝满足它们的做法一样,难以被视为正常。在国王是控方的特殊案件中,原告被预先定为有理的古老假设长期活在我们中间,这与法律人根深蒂固地厌恶允许囚犯获得律师辩护的态度有着很大关系。

盖尤斯在一般性地谈"法律诉讼"时说:"它们丧失了信誉,因为由于古代法学家的过度精细,事情已经到了这种地步,哪怕有最轻微罪过的人也将完全败诉。"

很多世纪以后,布莱克斯通对英国的《财产扣押法》作出如下评论:"采取扣押行动中的许多细节,在过去易于使它成为一种有风险的过程;因为一着不慎则满盘皆输。"

我引述这些文字,不仅是因为这两位作者——后者不可能读过前者

第九讲　法律救济的原始形式（一）

的著作——的用语有着令人惊奇的一致性，而且因为他们都注意到古代法中的过多技术性，在某种程度上可以解释古条顿程序的严苛与片面。为满足你的要求而在司法之外扣押别人财产的权力，正如梭姆教授正确评论的那样，是一把双刃剑。你可以用它将对方打倒在地，也极有可能伤害到自己。因为，除非要进行扣押的原告极为严谨、精确地履行法律规定的所有行为和言辞，否则他不但会败诉，而且会遭到各种惩罚，它们将像他自己原先的请求一样得到严格执行。动用程序所带来的这种麻烦，使争议的两造在诉诸它时都非常谨慎；在一般人看来这弥补了它内在的偏颇。然而，尽管这种看法部分解释了严苛的古代法如何自我调节以适应权利意识，它本身却不足以解释它在条顿法典中所采取的形式，或者它存在于我们自己的制度中的那一部分的活力。

我毫不怀疑，我笼统地称为"扣押"的习俗，在古条顿法中部分地作为纯粹的"遗存"而保留着它的地位。我一向坚信，初民时代的一大特征是人类观念的稀缺。刚走出蒙昧的社会，过去一直习惯于将对侵权行为的纠正与对侵权者财物的扣押联系在一起；甚至当它们开始调整这种习俗时，它们也不能在观念上将两者完全分开。所以它们没有用一种全新的制度取代扣押，而是将它嫁接到后来的一种程序上。这种后来的程序偶尔采取的形式，在主要特征上令人惊奇地被英国的普通法保存至今；然而它是在相对较晚的时候，而且更一般地说可以相信，以撒利的法兰克人（Salian Franks）所遵循的规则作为模式塑造了自身。

通过遗存偶尔提供的便利对它们全部做出解释是不可能的。一些遗存能够继续存在，无疑是通过迷信；另一些则通过纯粹的习俗。但是，古代的思想和行为中那些能够最长久保持活力的遗迹，一般来讲都有其自身的用处。就此而言，当司法权威仍处于幼稚期，法庭尚不能完全正常地动用统治权的协助的时期，被纳入法律程序的侵权行为的私人纠正，能够发挥迫使被告露面并使之服从司法权的作用。渐渐地，随着法庭能够越来越多地动用公共暴力，即国家的武装力量，它们也越来越能摒弃司法之外的协助。在《法兰克法典》（Frankish Code）所描述的条顿法律状态下，我们发现一类特殊案件，它们的审判全过程，从开始阶段一直到判决，均具有司法性质（我们现代意义上的司法）；但是判决的效力并不取决于它自身。如果被告明确承诺服从它，被适时传唤来的伯爵或王室代理人就会执行它；但是如果没有这样的承诺，原告仅有的救济便是告到国王本人那里。然而我们发现，法兰克人定居于罗马帝国不久后，就向按现代原则从事司法活动又迈出了一步，这时即使没有服从裁决的承诺，王室代理人也会执行它。这时，财产扣押完全从诉讼当事人的私人手中取走，法外扣押变成司法扣押。这种变化显然是法庭活力不断增长的结果，在我们国家很大程度上要归因于王室司法取代了民众司法。英国司法诉讼程序长期以来仍弥漫着古老习俗的气息。我们古老的英国诉讼形式的每一位研究者都会记得，哪怕是受到一点明显的挑衅，国王都会将被告的土地抓到自己手里，或是扣押他的财物，仅仅是为了迫使或确保他服从王室的司法权。事情似乎很可能是这样的："财产扣押"逐渐消逝，被吸收到"扣押令状"（Attachment）和"强制到庭扣押令"（Distringas）之中。现在的"扣押令状"理论是：将财产置于司法权的实际占有或推定占有之下，在后一种变化过程中，它退变为一种偶然的和例外的诉讼，需要特殊原因为其提供理由，而这种变化过程与法庭因主权赋予它们的不可抗拒的权力而日益增长的自信是一致的。鉴于原始制度在我们法律中的零散性，我不妨想象，如果没有几项法令上的创制通过赋予扣押者以古英格兰法中仅限于少数特殊请求的出售权，把财产扣押变为领主进行法外救济的权宜之计，那么它充其量只会成为一种仅限于圈禁迷途牲畜的遗存。财产扣押的现代理论是，允许领主进行扣押，是因为从这种情形的本质来看，他总是被迫赊账给他的佃农；他可以在不告知的情况下进行扣押，是因为每个人被假定为知道自己应何时交租。但是，尽管这种理论解释了财产扣押为何延续至今，却与有关这个主题的最古老观念完全不相符。其实，它甚至不太易于同布莱克顿写作时那个相对较晚的时代的财产扣押习俗相吻合。财产扣押与领主权力的结合是一件很偶然的事情，这可以从以下事实看出：尽管古苏格兰法律中存在着大量这种制度的遗迹，但是因英格兰法律体系允许领主为欠租而进行扣押所产生的实践结果，在苏格兰主要是通过对领主和佃农适用罗马化的"抵押权法律"（Romanised Law of

Hypothek)而获得的。

因而,从有关这些制度的各个条顿法律体系的对比中,关于从因为假定之侵权行为而以暴力扣押财产行为这种野蛮习俗中成长起来的救济手段的历史发展,我认为可以得出如下结论:新生法律采用了两条可供选择的权宜之计。一条是容忍财产扣押至一定程度;只要财产扣押能够起到迫使被告服从法庭权力的作用,它便是被允许的;但是在其他所有情况下,它都被视为故意破坏治安的行为。另一种选择是把财产扣押与一种正规程序结合起来。原告必然遵守大量自担风险的例行规则;但是如果他遵守了它们,最终他可以进行扣押。在法律观念更为发达的条件下,法庭将土地或财物的扣押权掌握在自己手中,自由地运用它迫使被告服从。最后,法庭只在极少的情况下是在作出裁决前诉诸强制措施,因为它们终于确信自己的程序以及它们所掌握的国家权力的有效性。

第十讲

法律救济的原始形式(二)

讲完了罗马和条顿社会的早期程序法,我再来讲讲另外一种我们刚能看到的古代法律体系的相应分支,由于它的存在受到怀疑,直到最近人们还认为要把它与所有日耳曼习惯法体系做特别明确的区分。

《古制全书》超过半数篇幅是关于财产扣押法的。正如我对各位说过的,《古制全书》是要充当一部爱尔兰法典,而且它确实是基督教传入爱尔兰时在圣帕特里克的影响下编制的那部法典。我又说,以我们现在的知识状况,对这部布雷亨法律汇编的时间,谁也无法提出令人信服的理论。也许,前基督教法律就有过这种修订;也许,布雷亨法学家只是猜测肯定出现过这种情况;也许,有一份篇幅非同寻常的册页,受到恰好拥有它的布雷亨法学院的相应重视,逐渐与一个享有显赫荣耀或神圣性的名字联系起来,人们相信在东方法学上便存在着这种过程的几个例证。然而,这些关于《古制全书》的真实时间的疑问,并没有减轻如下事实的重要性和启发意义:在这部极古老的书中,它的真实性无可怀疑,它的拥有者确信它包含着法律的所有重要事项,在现代至多只是法律体系一个小小分支的财产扣押法,在其中占有不寻常的很大篇幅。

第十讲 法律救济的原始形式（二）

我引用《古爱尔兰法律》第一卷编者对《古制全书》中所规定的古爱尔兰财产扣押法的以下概述：

> 原告或债权人，第一次做出适当告知后，在不属于首领阶层的被告或债务人的情况下，他接下来便可以进行扣押。如果被告或债务人是首领阶层的人，则不仅必须告知，还必须"对他绝食"。对他绝食就是不带食物去他的住处等待一定时间。如果原告在一定时间内未能使自己的主张得到满足，或未能为此获得质押物，他可以在法律代理人、证人以及其他人的陪伴下随即进行扣押。扣押之后，在某些案件中扣押应当有一个中止期，按既定的规则这个中止期长短不一；在这期间债务人收回被扣押物并自己保管，债权人则对它享有留置权。这种扣押便是"时限扣押"；但在某些情形下和特殊案件中要"直接扣押"，其特征是，在规定的中止期内被扣押物不得留在债务人手中，而由债权人占有，或者将它置于一处公认的草地或圈栏。
>
> 如果中止期结束时债务仍未得到偿付，债权人便取走被扣押物并将它置于一处圈栏内。然后他对被扣押财物的债务人发出扣押告知，以便让他知道被扣押物圈在何处。被扣押物在圈栏内保留一段时间，长短依其性质而定（这个时间段称为"dithim"，意思是"滞留圈栏内的时间"）。滞留圈栏内的时间结束后，就开始了"丧失所有权的时间"（forfeiting time），在这期间债务人对被扣押物的所有权逐渐丧失，速度是每天三"希德"，直至完全丧失。如果丧失所有权的被扣押物的总值正好等于原先债务与相关费用之和，债务即得到清偿；如果不够，则进行二次扣押以补足差额；如有多余，则多余部分归还债务人。这一整个程序由当事人自己或他的法律代理人与各阶层的几个证人和其他必要当事人进行管理。
>
> 但是，如果债务人不允许自己的牲畜被圈走，而是交给债权人足够的质押物，比如他的儿子或某件贵重物品，那么在一定时

间内他可以依据法律质疑扣押的权利,而债权人有义务接受这种质押物。假如债务人不诉诸法律,尽管他能这样做,那么他对质押物便开始丧失权利以偿付原先的债务。在"滞留圈栏内的时间"结束前的任何时候,债务人都可以通过清偿债务及相关费用收回自己的牲畜。然而,如果直到"滞留圈栏内的时间"结束时他仍未能将它们赎回,那他只能赎回未丧失权利的那一部分。

仅以上面概述的这种法律在古爱尔兰的存在,就几乎足以击垮那些轻率的种族理论,它们断言条顿和凯尔特之间存在着具有原发性和内在性的观念差异和习俗差异。在所有基本特征上,爱尔兰财产扣押制度明显是日耳曼制度。它在外表上与英国普通法的相应分支有着非常普遍的相似性;我见过一些对两者差别的十分机智的解释,认为这是英格兰财产扣押法的原始轮廓已被削弱所致。这种思考的目的是要证明英格兰的一套规则直接源于凯尔特法律;但是,诉诸于一种本身便有着巨大的特殊难题的假设,似乎是没有必要的。揭示爱尔兰财产扣押法和条顿法律实质上的一致性,最好是通过将它与条顿程序法进行整体性的对比。由此可以看出,《古制全书》中的财产扣押,正如英国普通法中的财产扣押一样,不是一种主要限于领主对佃农的要求的救济;正如在撒利人和其他欧洲大陆的日耳曼人的法典中一样,它也扩展到违约行为;而且,就已知的布雷亨法律而言,其实它像是依法提出所有类型的主张的普遍方法。它所极力坚持的对被扣押财物者的二次告知,尽管不见于遗存的英国普通法,但正如我所说,在其他条顿法规汇编中却占有重要地位。欧洲大陆的法典也规定须有证人到场;尽管布雷亨法律代理人的在场为爱尔兰法律体系所特有,且是它的重要特征,但一些条顿法律体系也要求在扣押过程中须有具有同样责任的某些人在场。进一步说,被比作"扣押令状"的"程序中止",在我看来可用蛮族法中的特定条款做出更好的解释。按其中一些条款,当一个人的财产要被扣押时,他做出模拟式的抵抗;按撒利人的法律,他抗议这种企图的不公正；在里普利安人（Ripuarian）①的法律下，他履行明确的仪节，即拔剑立于自己门前。由此财产扣押被打断，这为搞清楚程序的规范性、很可能也为搞清楚主张的正当性提供了机会。爱尔兰法律授予债权人在中止期内对被扣押财产拥有留置权或处置权，这在欧洲大陆的条顿法律中找不到准确的对应；但是，在撒利人的程序的某个特定阶段，债务偿清之前债权人有权阻止债务人出售或抵押他的任何财产。另外，爱尔兰法律体系有几个特点完全不见于欧洲大陆的条顿人的程序，或仅有一些微弱的印迹，但却明显为英国法律所具备。其中可能就有圈禁和"倒扣押"（taking in withernam），但最大的相似之处以及与最古老的"蛮族法"（Leges Bargarorum）最常见的差别在于如下事实：爱尔兰程序，正如英格兰的一样，既不需要法庭协助，也不需要它的允许。在除了英格兰法和伦巴迪法之外，在所有条顿人的习惯法体系中，即使允许诉讼当事人有法庭之外最大的扣押自由，他们在采取极端措施之前也必须向管司法的人或团体提出申请。然而我们的情况是，整个扣押行为是在告到权威那儿之前完成的，爱尔兰法也具有完全同样的特征。不仅如此，在比较高级的发展阶段，爱尔兰财产扣押法与英国财产扣押法也是一致的。它不把扣押牲畜仅仅当作强制索赔的一种手段。正如各位所知，在满足使财产被扣押的要求时，它规定了被扣押财产的权利丧失（forfeiture）；一种只是在几世纪之后才由法令添加于英国法的改进，使它有了自己的特点。

评估这种爱尔兰法律程序在法制史上的地位的真正难点，来自对终止这种程序的法律诉讼所起的真正作用的疑惑。英格兰的财产扣押过程，只要人们感觉到它不公正，便会导致"扣押物返还"（replevin）诉讼并因此而终结；通过郡长在给出质押物的情况下返还牲畜的干涉行为，最终审理案件的法庭实际上获得了它的司法权。爱尔兰法似乎没有关注类似郡长这种强有力的干涉；但是《古制全书》明确宣布，应当陪同扣押者的布雷亨法学家要协助他，"直到法庭作出裁决为止"（*Ancient Laws of Ireland*, i. 85）。这种程序到底是指什么？在布雷亨受到尊重时，爱尔兰

---

① 指4世纪初叶移居于莱茵河畔的法兰克人。——译注

的法庭拥有什么样的权威？这些法庭是什么模样？它们在多大程度上可以动用主权国家的公共暴力？在爱尔兰的任何地方，在任何时期是否建立过可以赋予法庭以有效司法权、赋予法律以有效暴力的任何最高主权？对于所有这些问题——其中最后一个实际上是古爱尔兰历史上的大问题——在某种程度上有了答案，我们才能对《古制全书》细致阐释的财产扣押法的实际作用提出可靠的意见。

官修《古爱尔兰法律》的各篇"序言"的博学编者显然认为，任何爱尔兰法庭所拥有的这种司法权，用专业术语来说，是带有自愿性的。按这种观点，布雷亨法学家对财产扣押法有足够清楚的理解，但是它得到实际服从，要依靠公众意见和民众对一个职业阶层的尊敬。它的目的是在两造自己选择的一位布雷亨面前，或至少在布雷亨推荐的公认的法庭面前，强迫两造接受仲裁而不是诉讼。同时，似乎存在一些古爱尔兰册页或残页，它们将古爱尔兰人描述成拥有一个既管司法又管立法的精致的公共组织。沙利文博士在他的"导论"中承认，有关这些主题我们所能得到的材料是非常零散的；而且它们如此晦涩难解，因此在爱尔兰文手稿的全部法律残页出版或最起码能够为学者获得之前，根本不可能对它们做出令人满意的解释。尽管如此，他相信这种组织的历史真实性；他在谈论爱尔兰法庭时（Introduction, pp. cclii. cclxii.）使用的语言现代气息极为浓厚。人们对爱尔兰已有足够的了解，这使人很难理解何时存在过这种精致的司法制度；但是，把这个时期定在不但是盎格鲁—诺曼人侵入爱尔兰之前，而且是维京人袭扰爱尔兰海岸之前，它便有存在的可能。最稳妥的方法当然是对这个问题保留意见，直到支持沙利文博士观点的文献受到比现在更严格的研究；但是我不得不说，它们并非根本不可能，沙利文博士的意见也并不像不熟悉法制史的人所认为的那样，无法与译本编者的观点相协调。在一些共同体的早期制度中，很多法庭都有相似之处。这种法庭可以进一步向更高级发展，但它们的司法权可能仍是自愿性的。在我看来梭姆已经证明，法兰克人的民众法庭并不执行自己的判决；如果被告答应服从裁定，可请求国王的地方代理人去执行它，但是如果他没有答应，原告只能向国王本人请愿。事实上有充分的理由认为，最初，在除爱尔兰以外的大部分雅利安共同体的王权有了充分发展、赋予法律以强大的力量之前,法庭存在的目的与其说是使人普遍依法行事,毋宁说是提供一种对侵权行为的暴力救济之外的选择。所以说,即使我们假定据称拥有一种精致司法组织的爱尔兰,要远比爱尔兰爱国者可能愿意承认的更原始更野蛮,在普遍的无秩序和频繁的诉讼之间也不存在使它们相互排斥的不一致性。达森特(Dasent)先生使我们的熟悉的挪威文献表明:不停的打仗和不断的诉讼有可能并存,在杀人司空见惯的时期,人们会谨慎地遵行一种高度专业的程序。事实似乎是:法庭上的斗争代替了武装斗争,但也仅仅是逐渐代替而已;一种合理的理论是,古代法律有许多奇怪的特征,如大量的技术性陷阱、罗网和圈套,这实际上反映着人与人之间、部落与部落之间真实暴力冲突中的佯攻、战略和伏击,并且是它们的继续。即使在我们这个时代,当一个野蛮的邦被并入英属印度帝国的版图时,也会发生一种非常奇怪而有启发意义的现象,即起诉人会大量涌入刚刚建立的法庭。法律的力量整体上压倒了暴力,不能再打仗的人们转而求诸法律;其数量有时让印度官员认为在法律和程序中肯定存在某种邪恶的东西,是它诱使以前从未见过法庭的人们走进了法庭。简单的解释是,同样的自然冲动以一种新方式得到了满足,迅速求诸法官代替了匆忙的争斗,延续的法律诉讼取代了古老的流血冲突。如果现代印度社会由一个阶段向另一阶段的转变不是突然发生,而是逐步缓慢进行的,正如古老的雅利安世界所普遍发生的情况一样,那么我们就会看到,法庭内的技术争斗与法庭外用剑和火绳枪进行的争斗会同时进行。

但是,我们在思考古老的爱尔兰财产扣押法在法制史上的地位时必须注意的要点,与其说是法庭本身的存在,不如说是它们程序的有效性,或者换句话说,是它们在多大程度上能够动用国家的公共暴力。我想我已经证明,随着法庭愈加强大,它们很可能首先控制通过扣押财产的方式,把对侵权者实施报复的野蛮习俗纳入自己的控制,并最终将它纳入了自己的程序。可以说,一方面,爱尔兰财产扣押法属于这个发展过程中一个很早阶段,因为与其说它是原始野蛮的救济方式在我们法律中的残留,毋宁说它完全是法外救济。另一方面,从一些细节来看,它明显不比英国普通法更古老，而是不如后者古老。它所规定的对被告的"告知"，还有"中止"，即所有人对被扣押物之服从于留置权的暂时占有，以及必须到场的证人、必须参与全程的专业法律顾问，属于远比免除了所有这些预防措施的观念体系更高级的观念体系。《古制全书》为诉讼程序每一部分规定了几乎无法想象的大量规则和界线，这为它的成熟性提供了更有力的证据；我们自己的经验也表明，古老的爱尔兰法律最引人瞩目之处，即如果原有债务和保管费用达到被扣押物的最大值，那么所有人对扣押物便会丧失权利，在法律的最新改进中占有一席之地。

不管黄金时代的爱尔兰的真实情况是什么，爱尔兰财产扣押法的这些特征给我的脑海留下一种非常鲜明的印象：我们发现它形成于其中的社会，法庭的诉讼是软弱无力和断断续续的。它大大反映着平等精神和理性精神，这让赋予它形式的布雷亨法学家兴奋不已；也大大反映着他们的正直，但他们很少依赖法庭的协助，而将努力大多用于几乎完全是一种法外救济上。与条顿法律的对比表明，他们工作的基础是雅利安习俗；但是在另一些社会，这个基础之上的上层建筑的结果是感觉自己日益强大的法庭的作用，而在爱尔兰似乎是，为使自己的劳作有用而主要依赖民众尊敬他们这个阶层的法学家的工作。我不想说古爱尔兰法律多么适合古代历史。也许，从一些法律册页中看到的司法组织的景象，正如在另一些册页中见到的对私法的描述一样，与其说反映着实然或已然状态，毋宁说是反映着应然状态。也许，《古制全书》中的法律的制定时期，要比这部册页的编者所宣称的时期晚得多，因而是在混乱时期成形的。但是我难以相信它同步于一个司法活跃和有效的时期。

我想，各位从我所说的话中，可以总结出《古制全书》中的爱尔兰财产扣押法与我们法庭认可的最古老的权威文献所宣布的英国普通法中财产扣押法之间的主要差别。两者同源，但爱尔兰的扣押是一种普遍适用的、高度发达的诉讼，用以支持所有类型的请求；而英格兰的相应救济，尽管受到明确规则的细心保护要少得多，但仅限于非常有限和特殊类型的案件。让各位注意到这种对比，我有理由为此忧伤。埃德蒙·斯宾塞在《爱尔兰国通览》中谈到过它，其文如下：

第十讲 法律救济的原始形式(二)

有一条或两条法令规定,对任何人的财物以违反普通法的形式进行的错误扣押当判以重罪。这些法令起初似乎旨在维护王国的利益,禁止不正当的滥用行为,当时这种行为在人们中间颇为盛行,至今仍未完全禁绝;当有人欠别人债务时,他首先要求还债;如果未得到偿付,他会直接去扣押那个人的他看到能有同等价值的财物和牲畜;他保有它们,直到获得偿付。这是地道的粗人(他们这样叫他)习惯于做的事,他不清楚自己在违法,或者这是他们中间由来已久的恶习。但是,尽管可以说它极其不合法,我以为让它消亡想必也极为困难,因为当事人没有盗取他人财物或藏匿扣押物的意图,他这样做,大部分是在证人面前公开进行的。另外,同样的法令写得很随意(还有一条法令编写得极不用心,甚至几乎没有包含任何理由),因此往往很容易被曲解为对对方的诈骗,仿佛一个人打算扣押自己的土地和房舍,他这样做也许合法,但如果他这样做时稍微违反普通法,他便直接犯下了重罪。或者,如果有人在另外的场合取走他人任何东西,就像孩童有时相互摘帽子一样,这同样是犯下了重罪。这是一部非常严厉的法律。

斯宾塞接下来用大部分英属爱尔兰自治市的宪章中的一项特别条款解释了这些法令,这里我不必原样引用他的文字。他告诉我们,英格兰法不适用于城墙之外,暂居或路过市镇的爱尔兰人,如查欠市民任何债务,市民被赋予扣押他们财物的权力。他提出,外部的爱尔兰人在这种方式的引导下,以为扣押市民财产是合法的。如果这种解释是真实的,那就够可悲了;但我们知道它并未传达全部实情,真实的情形更可悲。爱尔兰人采用财产扣押这种救济方式,是因为他们不知道其他救济方式;英格兰人将遵循自己所熟悉的唯一法律的爱尔兰人判以重罪。是啊,古老的英格兰法中的微妙之处,正如布莱克斯通所说,使扣押行为对文明的扣押者来说"是一种充满危险的程序";它可以使爱尔兰人在执行外国法律的过程中哪怕犯下最微小的错误,也会被送上绞架。不同种族的不同人之间难免会发生冲突,这些残忍做法是其中的一部分,很容易证明忽略它们的人是合理的;作为我们所从事的研究的结果,能够把这种证明当作无价值的事情忽略不计,可算是一种小小的安慰。会因为服从而犯下死罪的爱尔兰法律,和因为在服从中不慎出错而犯下死罪的英格兰法律,是源于曾被撒克逊人和凯尔特人的先祖普遍遵行的同一个习俗体系。

那些看到英格兰和爱尔兰的财产扣押法之间存在密切关系的著作家,我发现难以对他们中间的两种人加以区分:一些人认为英格兰的法律直接源于英格兰和爱尔兰共有的凯尔特习俗,另一些人则认为从它们的共同起源中可以找到对这两种体系相似性的充分解释。我丝毫不打算否认,近期的研究,尤其是对古法兰西习俗法的研究,使人们更容易相信大量原始或土著习俗在最为惨绝人寰的征服中幸存了下来。但是几乎不必说,英格兰法的任何分支都直接源于不列颠习惯法的假设受到一些不寻常的难点的困扰,其中丝毫也不奇怪的是,有强大的证据可以用来证明,我们习惯上认为纯粹属于英格兰和日耳曼的很多制度和规则有着纯正的罗马来源。在这一点上,读一读很少受到注意但非常有趣的一本小书——即库特(Coote)先生的《英国史拾遗》(*Neglected Fact in English History*)是有好处的,而且应当将它与弗里曼先生 1870 年 7 月在《麦克米伦杂志》(*Macmillan's Magazine*)上对其论点做出的回应做一比较,大体上讲这是一篇成功的回应。所有这些关于一种习俗起源于另一种习俗的理论,其真正的对手当是另一种理论,它主张所有习俗有一个共同的起源,即我们只能暂时以雅利安来命名的基本习俗。若是只限于我们正在研究的习俗,即通过财产扣押对假定的侵权行为进行救济,如果对于它作为原始雅利安习俗的遗产有所怀疑,那么把爱尔兰法和印度法联系在一起的值得注意的细节,就可以打消这种怀疑。爱尔兰财产扣押规则与英格兰规则有着极强的相似性,与欧洲大陆条顿人规则的相似性稍弱,但它们包含一条不见于任何条顿法典、在爱尔兰体系中几乎不可理解的规则,而这条规则据说甚至在今天的东欧仍然支配着人们的行为,它在那里的含义十分清晰。这条规则是:债权人在要求比自己等级高的债务人偿还债务时,应当"对他绝食"。除了原始雅利安人将财产扣押的救济方式遗

第十讲 法律救济的原始形式（二）

传给以他们作为源头的共同体，以及沙利文博士在"导论"中愉快地称为强大影响力的因素所造成的那些细节变化之外，还有什么事情可以完全解释这个事实呢？

以下是《古制全书》中有关这个主题的主要条款(i.113)：

> 等级低下之人每一次扣押财产之前要先行告知，显赫之人进行扣押或对显赫的人实施扣押不在此列。他们在扣押财产之前要先行绝食。不发誓绝食的人完全是个逃避者；漠视一切的人不会得到神或人的赔偿。

我认为，是惠特利·斯托克斯先生最先指出，这里谈及的制度同散布于整个东方的一种习俗相一致，印度人把它称为"坐达纳"（sitting dharna）。我现在要为各位读一段文字，其中对这一程序的描述是：它见于英国统治之前的印度，而英国政府总是将它视为一种滥用行为，使出浑身解数试图压制它。不过，有关这种古代习俗最令人惊异的事例，恐怕要在今天的波斯才能见到；在那里（有人告诉我），一个想用绝食方式逼债的人首先要做的事情，是在债务人门前种一定数量的大麦，然后坐在中间。这里的象征意义是非常明显的。债权人的意思是，他自己不带食物待在那里，一直等到还债，或等到大麦成熟使他有面包吃。

我前面说，印度相应的习俗是"坐达纳"——根据更佳的看法，"达纳"（dharna）完全等同于罗马的"capio"，意思是"拘留"或"拘押"。在被归功于半神圣的立法者摩奴编定的法典所记述的逼债方法中，有一种被威廉姆·琼斯（William Jones）爵士翻译成"友人仲裁"的方法，但最近梵语学者断定，原文中措辞的含义就是"达纳"。非常权威的婆罗门法典《福法哈拉·玛玉卡》（*Vyavahara Mayukha*）中提到一个有时与摩奴并列的法学作家布里海斯毕提（Brihaspiti）①，说他把"监禁他的妻儿或牲畜，或始终

---

① 布里海斯毕提：《吠陀经》中的神，被视为虔诚和信仰的化身，是诸神主要的祷告者和献祭者，代表凡人向诸神求情。——译注

在门口盯着",列为债权人以合法的强制方式讨债的方式之一。这段值得注意的文字所提到的"始终在门口盯着"不仅将印度法与爱尔兰法联系起来,而且它谈到的作为一种逼债方式的牺畜扣押也将它与条顿法联系起来。就我所知,在西方世界不存在任何可以扣押别人妻儿这种强迫形式的例子;但有些让人好奇的是,我们有证据表明,为取回被扣押的财产而将儿子质押于债权人,在古爱尔兰是一种常见的做法。

298 廷矛茨(Teignmouth)勋爵为我们描述了(见 Forbes,'Oriental Memoirs',ii. 25)19世纪末英属印度采用过的布里海斯毕提的"始终在门口盯着"的形式:

婆罗门神圣不可侵犯,这是印度人牢不可破的原则;无论通过直接的暴力方式还是其他方式引起他的死亡,只要剥夺了他的生命,都是不可饶恕的罪行。被称为"达纳"的习俗,用英语来表述是拘留或拘押,或可追溯至这条原则。婆罗门用它来达到其他任何手段达不到的目的,其过程如下:为上述目的而采用这种方法的婆罗门,径直前往他所针对的人的门口或屋内,或其他任何可以最便捷地对他进行要挟的地方;随后便坐下来"达纳",手里拿着毒药、匕首或其他可以用来自杀的工具;如果对方试图对他进行骚扰或不予理睬,他便威胁用这些东西自杀,由此彻底胁迫住对方。婆罗门在这种情形下进行绝食,以这种苛刻的仪式,受到他胁迫的不幸对手也应当进行绝食。他们这样僵持下去,直到发起达纳的人达到目的为止。若是没有坚持下去的决心,他绝少进行这种尝试,所以他也很少失败;因为受到胁迫的当事人若是让坐达纳的婆罗门饿死,他将背上永远的罪名。

299 1793年在伯纳里斯(Benares)建立了法庭之后,近年来这种习俗的发生有所减少;但是,法庭甚至属地法庭总督代表的干预,有时也不足以阻止它的发生。

你们将会看到,通过"始终在门口盯着"而将一个人限制在他的屋内,

第十讲 法律救济的原始形式（二）

婆罗门作家在谈到此事时仅仅将它作为逼债的方式之一。他将它列为我们更容易理解的财产扣押形式之一——扣押债务人的牲畜、他的妻子或儿子。尽管这条古老规则没有随同它的原始文本一起传给我们，但我们不必怀疑：即使是在最早的年代，它也是由超自然的法令来执行的，因为只要违反婆罗门法典，在其立法者看来不仅是一种世俗罪行，而且是一种神学上的罪行。因而大可想象一位婆罗门完全可以对《古制全书》的作者说："不发誓绝食的人完全是个逃避者；漠视一切的人不会得到神或人的赔偿。"此后又过去了几百年，细算之无益，甚至在我们今天，仍会发现印度在实施这项古老的习俗，只不过有一些与印度神学可能发生的大量变化相对应的改动。不明确的超自然处罚，就成了毁灭生命尤其是毁灭人类生命的明确的超自然处罚。债权人不仅可以"在门口盯着"，而且如果胁迫失败，还可以用毒药或匕首自杀，或因为还债拖延时间太久而饿死。最后，我们看到了被廷矛茨勋爵描述为由婆罗门所特别采用或只能由他们采用的习俗。实际上，婆罗门生命的神圣性，在印度人的观念中，如今已在很大程度上取代了人类生命的神圣性；当英国法最初努力压制"坐达纳"时，它被理解为婆罗门为了金钱而进行压迫的一种特殊方式。这便是《印度刑法典》对它的看法，它用以下语言对其进行了谴责（s. 508）：

> 无论何人，如果通过引导……别人相信由于某种有罪过的行为而成为神发怒的对象，故意诱使他……去做没有法律义务要做的事，即使那人没有做犯罪对象诱使他去做的事……他也应被处以监禁或其他惩罚。

在我看来，对这些现在看来很奇怪的习俗可以提出一种合理的解释。请不要忘记，所有的扣押形式，不论是扣押妻子、儿子还是牲畜，即使完全不受法律的调整，也是对旧习俗的改进。原始的程序是受伤害的部落或个人对实施伤害的部落或个人的不讲礼仪、不事先宣布的攻击。使突然劫掠或屠杀的做法得到延迟或阻止的任何权宜之计，甚至对野蛮社会也是有好处的。因此，当祭司和领袖开始鼓励扣押财产或家人，目的不是为了永久占有,而是着眼于我们现在毫不犹豫称为勒索之事,这对整个人类都是一种进步。同样,当人们学会了在攻击之前先停下手,而不是立刻进行攻击,这就是一种进步。都格摩尔先生等传教士发表的《卡福尔人的法律与习俗概览》告诉我们(p. 38),卡福尔法律诉讼的常规程序模拟原告及其朋友对被告所属村庄的武力勒索。"他们到达后一起坐在某个显眼的位置,静静地等待他们到场的结果。这是……召集所有成年男性居民前来开会的信号。这些人因此而聚拢在一起,他们也坐下来,中间隔着可以进行交谈的距离。"一段长时间的沉默后对话开始;继这种完全和平的程序之后是一长串技术性仪式和复杂的辩论。欲进行攻击的一方的这种安静的间歇期便是告知的一种早期形式,它自身便属于最有价值的制度之一。与它相关的是另一种原始发明,即不对一个人立刻进行攻击,而是把他关在他的房内直到他还债为止。在艾尔弗雷德(Alfred)①法律中可以见到这种事的一个令人难忘的例证,一些历史学家很熟悉它(Kemble, Saxon, i. 272;Thorpe, Ancient Laws, i. 91):

> 要让知道自己的仇敌在家里的人,在提出他的正当要求之前先不要动武。如果他有能力围困仇敌,将其困于家中,就让他困其七日,只要仇敌待在家里,就不要攻击他。七日之后,如果仇敌愿意屈服缴械,要确保他有三十天的安全并告知其亲友。但是,如果原告自己没有能力,他可直接去"长老"(Ealdorman)②那里;如果"长老"不帮他,他可在攻击之前去找国王。

这段话结尾处的一条,说来也怪,其精神在现代最主张文明原则的《拿破仑法典》中仍然存在(Code Pénal, s. 324)。它的作用是,如果被软禁的人其实是与原告的妻子、女儿或姐妹一起关在他的家里,他可以不经

---

① 英格兰西南部韦塞克斯国王(871—899年在位),曾制定一部重要法典。——译注
② "长老"指9世纪统治着盎格鲁—撒克逊的权贵家族成员或地主,为自己辖区内的行政和司法长官,其有权调动军队随国王征战。——译注

任何仪式而被攻击和杀死。

艾尔弗雷德法律的目的,显然与古代的布里海斯毕提规则的目的是一样的。按常理应被立刻杀死的人,被关在自己的房内但不受其他伤害,直到他或亲友偿还债务或以金钱进行和解。英格兰规则是由公权力,即"长老"或国王执行;印度的婆罗门规则是由于对来世惩罚的畏惧而得到执行。爱尔兰法律册页保留了婆罗门规则,将它作为某些案件中告知之外的另一种选择。但是,存在着一个法学家兼祭司阶层的社会里的一种完全可以理解的制度,当基督教为它注入全新的宗教观念体系时,这种制度便完全失去了意义。

我们的探究之旅使我们游走在雅利安种族完全东方的分支和完全西方的分支之间。现在请允许我再补充一句,以便将东方的惯例与曾将它的统治几乎占据两者之间整个地区的共同体的最古老法律联系起来。英国法律所禁止的"坐达纳"主要幸存于英属印度,它存在的环境特征是:向比自己等级高的债务人索债且被告知要等待的债权人,是处在一种被夸大了痛苦的气氛中。但是这种习俗在印度本地各邦中仍很常见,在那里它是士兵索要欠饷而使用的一种权宜之计。你们应当还记得,盖尤斯认为罗马的"扣押财物"(pignoris capio)作为一种救济方式存在于两类案件中,其中之一便是军需官不履行职责的情况。

第十一讲
已婚妇女约定财产的早期史

我下面要讨论的主题或许能带来一种教益。它可以使人警惕"古代"和"现代"两词在使用上的不严格。我以为,在研究"已婚妇女约定财产"(the Settled Property of Married Women)时,如果事先不了解它的历史,很少有人不把它称为最现代的主题之一。它在当今引起激烈辩论,它所提出的一些问题至今仍未解决;而且我敢说,在场诸君中有不少人认为,自己知道有关这些问题的健全观念的第一道曙光。然而事实上,有关已婚妇女约定财产的讨论是很古老的。考虑到人类历史现在被说得极为古老,我当然不想说这个问题已经困扰着我们最早的先祖;然而再确定不过的事情是:一些命定会走向最终伟业的人类分支,一旦看到他们拥有作为向文明进步的条件之一的制度——即家庭——立刻便能发现,他们会采用一种早期形式,对付这个至今我们自己仍难以成功解决的问题。我可以说,法国人或欧洲大陆任何国家的公民,可能比一个英国人更相信这个断言。欧洲大陆有关夫妻财产关系的法律主要是罗马法,只有非常轻微的变动;这个法律分支的历史,中经罗马人的制度,或许可以回溯至证明人类有能力文明化的最早制度。

我打算用阐明这个主题的罗马和印度的法律体系,对于收

第十一讲 已婚妇女约定财产的早期史

集有关人类幼儿期,甚至有关雅利安人的材料来说,远不是唯一的来源。但是它们提供的证据都是极为真实的。它们都能回溯至可公平地称为远古的时代,它们在起点上都有家庭制度的存在,很明显这不是蛮族普遍采用的制度,而正如我说过的,所有文明都是从这种制度——家庭——成长起来的。毋庸讳言,即使为研究历史计,它们的价值也是无可比拟的。

307

没有什么历史能比罗马法的历史更悠久、更具连续性和真实性;然而一个并非不值得关注的现象是,除了少数法学家,直到大约半个世纪之前,人们才对它进行系统的研究,好像它全然没有历史一样。这是它巨大的法理学完美性所导致的。请允许我插一句,鉴于掌握拉丁语所要付出的时间和痛苦,人们对拉丁文学这个主要分支知之甚少,是一件极大的憾事。因为它确实如此明晰,如此完备,完全配得上文学的称呼。另外,它是罗马文学中唯一能够宣称具有原创性的,罗马人自己也只对这部分文学保持强烈的兴趣,而且这部分文学对现代思想有着深刻的影响。然而,其匀称美和明晰性的一个结果是,长期以来它被认为是纯粹智力的产物,或者说是由一种单一的努力产生的。试图为它建构历史的人寥寥无几,而且不会获得最高的奖赏。但是,德国大史学家尼布尔1816年在意大利旅行时,恰巧在维罗纳(Verona)注意到一位神父的一部手稿,在文字下面出现了古代的书写笔迹。经过辨认证明,这部手稿是一本教育学著作的近乎完美的誊抄本,是公元2世纪由最著名的罗马法学家之一盖尤斯或凯尤斯(Gaius or Caius)为罗马年轻的法律学生所写。那个时期的罗马法学保留了它最古老状态的很多遗迹,因此必须有这样一部论著的作者为年轻的读者解读它们。由此,从盖尤斯的书中,以一定程度的完整性重构整部罗马法历史成为可能。确实,如果没有尼布尔的发现,这一讲的主题便绝不可能被理解,或者说不可能恢复它的原初轮廓。

308

我与罗马法相提并论的印度法,可以说不会让人给予任何赞美。它充满着邪恶的不公正,在各方面都被祭司的影响引入歧途。然而,它的大量内容无疑极为古老,更重要的是,我们能够看到这部古老的法律就在我们眼前运行。英国立法已经矫正了它的一些极端做法,但它的原则并未被触及,仍在产生一些结果。法兰西的法律,如我所说,是略有变化的罗马法，但那已是成熟的、发达的和精致的罗马法，通过它只能隐约看到罗马的古代制度。但是实际上可以看到，罗马人和印度人曾共同拥有的一些制度，在英国法庭的保护下繁荣昌盛于印度。

我在考察罗马和印度这两个社会时，是着眼于确定它们有关妇女财产的一些最早观念；人们认为它们是在其历史的最早阶段，出于一些实际的目的，通过一种特殊的单元或群体——父权制家族（Patriarchal Family）——的不断增加而形成的。近来，属于所谓史前研究学派的作家，就父权制家庭这个特殊群体在人类历史上所应当享有的地位进行了诸多思考。然而，无论是它在任何时代普遍存在，或任何时代它只在某些种族中一直存在，抑或只存在于它出现于其中的种族，只要在我们能够看到它的地方，它都具有同样的特征和结构。这种群体由有生命的财产和无生命的财产，由妻子、孩子、奴隶以及货物组成，对所有这些的保有均须服从血统最古老、最年长的男性的专制权威，如父亲、祖父甚至遥远的祖先。把这种群体凝结在一起的力量是权力。父权制家庭收养的孩子与自然出生于这种家庭中的孩子同样完全属于它，与之断绝关系的孩子则完全与它无关。所有组成出现过父权制家庭的原始社会的较大规模群体，均被认为是它的扩大，而且事实上它们多多少少都是以其为模型而形成的。

但是，当我们第一次通过完全可靠的证据来审视父权制家庭时，它已经处于没落状态之中了。由于父母的自愿行为，男性后裔从父权下解放出来已经成为一种被认可的惯例，而且它是证明更古老、更严苛的观念有所放松的若干惯例之一。如果只限于关注妇女，我们发现她们已经开始与男性亲属一样继承一份家产；但是从诸种迹象来看，她们的份额似乎较小，而且在享有和处置这份财产上仍受到限制。然而，我们在这里遇到了一种区分的第一个迹象，这种区分贯穿于全部法制史之中。原本在地位上与已婚妇女无甚差别的未婚妇女，首次获得了一种较高程度的财产独立。未婚妇女一生都在男性亲属的监护之下，他们的原初职责显然是阻止她转让或浪费她的财产，确保这些财产最终返还原来所属的家族。但是由于法学的两种巨大活力，即"法律拟制"和"衡平"，监护人的权力被慢

第十一讲 已婚妇女约定财产的早期史

慢消解了。对那些敏于体察某些法学现象之持久性的人来说,古代法律中最有意思的文字,莫过于老法学家盖尤斯的一段话,他在这里描述了几种令人好奇的形式,监护人的权力被转移给受托人,受托人要按被监护人的意愿执行监护权。同时,没有任何合理的理由怀疑,在罗马人中间——只有他们为我们提供了这个法学分支的连贯历史——绝大多数妇女因结婚而变成丈夫的女儿,而最初是所有妇女都如此。这种家庭的基础与其说是亲缘关系,毋宁说是权力;丈夫对妻子获得了同父亲对孩子一样的绝对权力。毋庸置疑的是,在这种婚姻观念的严格执行中,妻子的全部财产首先要绝对转交给丈夫,与新家庭的财产合为一体。从任何合理的意义上说,正是在此时,开始了已婚妇女财产的早期历史。

一个表示夫妻关系不同于父子关系或主奴关系的特殊术语的使用,提供了变化的第一个信号。这个在法制史上很有名的术语,就是表示"手"的拉丁单词"manus",妻子被说成"convenire in manum",即"置于丈夫手中"。我在别处讲过一个推测性的观点,"manus"或"手"这个词,最初是罗马人中唯一一个表示父权的通用术语,在语言史上很容易看到的专指化的过程中,它变为仅限于指父权的一种形式。分化出用来表示逐步脱离普遍观念的特殊观念的专门名称,显然是由偶然性决定的。对妻子的权力为什么保留了"manus"这个名称?对孩子的权力为什么获得了另外的名称即"potestas"?对奴隶和无生命财产的权力为什么后来被称为"dominium"?对于这些问题我们拿不出什么理由,只能用偶然性来回答。但是,尽管语义变化无章可循,专门化却是一个永恒的过程,有着极大的重要性和研究价值。一旦这种专指化在任何情况下发挥作用,恕我冒昧相告,如果在思考中不把分离的因素重新组合在一起,便没有任何准确的历史图景可言。就拿那些植根于家族亲缘关系中的概念来说吧,比如我们现在称为财产、婚姻权和父权的概念,最初它们都融合在"父权"这个通用概念之中。如果撇开家族不谈,转向原始社会组织中在它之后出现的群体,即更大规模的家族联合体——我现在没有更好的名称,只能把它称为村社——我们便会发现,除非承认在观念的幼年期立法、司法、执行和管理权并无区分,而是被视为一回事,不然便不可能理解它的现存事例。批准法律、确立规则、审判违法者、执行判决、为共同体的官员规定一套指示,这些事在那时的观念中根本不做区分。所有这些事都被认为是在行使授予某个受托人或受托团体的同一种权力。当这些共同体融合为更大的群体——权且把它称为政治群体——时,原先的混合观念的重组就变得无限困难;然而它一旦成功,它便成为具有深远历史意义的最伟大的成就。希腊世界由一种不朽的村社体系发展而来;台伯河流域著名的村社群体成长为一个立法帝国,它通过改变人类的原始习俗而不是通过征服影响了人类的命运;我们所属的社会复杂得惊人,原始家庭和村社的观念的影响仍能在大量现代思想中感受到——无论我们审视它们中间的哪一个,请恕我冒昧直言,理解这些人类群体的一个重大秘诀,就是通过重组从古代通用的混合观念中衍生而来的现代专指观念,在头脑中重构那些混合观念。

罗马婚姻法历史下一个阶段的标志,是罗马法研究者非常熟悉的一种发明,它使"置于丈夫手中"的过程被取消,妻子在法律上不再成为丈夫的女儿。仅通过确立"夫妻关系"的存在而以契约订立合法婚姻,在很早的年代便似乎成为可能。但是在古罗马法中,持续的"夫妻关系"对妻子所产生的影响,与以仆人身份连续居住在罗马家庭中对一位男性的影响是一样的。这种被称为"时效所有权"(Usucapion)或(在现代)"时效权"(Prescription)——即通过持续占有而获得所有权,无论其对象是人还是物——的制度植根于古代罗马法中。在前一种情况下,妇女变成家庭首领的女儿;在后一种情况下,男人成为他的奴隶。这两种情况的法律结果不同,仅仅是因为那时权力的细微差别已被区分出来,父权变得不同于主人对奴隶的权力。然而,为了完成"时效所有权"(Usucapion)的获得,占有必须是持续的;占有被打断,或者用技术性语言(它有着相当显著的历史)来说,出现了"篡夺"(usurpation),即"惯例"(usus)或享有被打断,便不存在"时效所有权"了。因而,妻子离开夫家一段时间,就有可能使自己免于他对自己人身和财产获得父权。古罗马法典《十二铜表法》所规定的能够使"时效所有权"失效的准确离去时间是三天三夜;毫无疑问,这种规则出现在如此早期的一部里程碑式的法规中,是不可小觑的。据一些研

第十一讲 已婚妇女约定财产的早期史

究古代法的学者推测,这一条款的目的极可能是要消除疑虑,明确宣布使既有习俗合法化所必要的离开时段。但是,切不可认为这种习俗很普遍或很快就变得普遍。在这种情况中,就像其他一些情况一样,对《十二铜表法》这一条款缺乏条件限制很可能要这样来解释:立法者对习俗、意见或宗教情感的依赖,阻止了他的立法的滥用。使自己免于受到婚姻权威支配的妻子,无疑拥有妻子的法律身份,但是研究拉丁古文献的学者确信她的地位最初是不受尊重的。然而到盖尤斯时代,任何不完全尊重新的婚姻形式的联合体都在衰败或已经消亡;而且事实上我们知道,"不置于丈夫手中"的婚姻已经成为罗马人的正常婚姻,夫妻关系成了自愿的婚姻关系,任何一方只要乐意就可以用离婚方式将其终止。正是针对由此产生的这种婚姻关系,罗马世界日渐壮大的基督教发动了日益猛烈的战争;然而最终它还是保留了罗马法婚姻观念的基础,在某种程度上甚至影响了教会法,虽然大体上它建立在视婚姻为神圣的观点上。

就我们当前的话题而言,有必要思考一下这种新型婚姻刚取代古老且更严格的婚姻习俗之后和它开始被现代更严格的基督教社会的原则修正之前的状况。因为正是在婚姻史的这个时点上,我们看到了为已婚妇女财产做出规定的制度的起点,它为欧洲大陆绝大部分地区提供了有关婚姻协约(marriage settlement)的法律。完全确定的法律原则所引起的一种直接结果似乎是,只要妻子婚后不进入夫家,没有在法律上成为他的女儿,她的财产便不再被转让给丈夫。在罗马法的早期,这种财产,无论是现有的还是将来的,都保留在她自己的家庭中;而且,假如她不再受父权的直接控制,这些财产将由她的监护人根据她的男性亲戚的利益加以管理。然而正如我们所知,而且我前面也说过,监护人的权力逐渐变得名存实亡。法律上的结果似乎是妇女被置于这样一种地位,它与当今法国妻子在《法兰西法典》称为"独立财产制"(régime of biens separés)的制度下所享有的地位一样,或是与英国妻子通过适当的婚姻协约或因新《已婚妇女财产法》的实行而保证其独立使用财产的地位一样。但是,尽管这是法律后果,如果认为在实践上它很快或普遍得到了遵循,那就搞错了这些社会所处的时代。"不置于丈夫手中"的婚姻的原初目的,无疑是防止丈

318 夫获得与财产相关的过多权力,而不是剥夺他的全部这种权力;实际上,这种婚姻的法律结果,除非以某种方式加以限制,否则必然大大超越社会情感所达到的程度。在这里我们看到一种制度,在所有纯粹拟制的制度中,它大概有着最悠久和最重要的历史。它便是"嫁妆"(dos),或"陪嫁财产"(dotal estate),它非常不同于我们的"婚姻赠礼"(dower)。它变成了法国法律中的"dot",是所有欧洲大陆国家都喜欢采用的为已婚妇女确定财产的形式。它是妻子的家族或妻子自己的赠礼,意在帮助丈夫承担婚后家庭的开销。丈夫只拥有它所带来的收益;有许多不需要在这里详细说明的细则,防止丈夫将它花在协约之外的事情上。这种协约财产的"corpus"或本金,在罗马人那里(现在法国也一样)是不能转让的,除非得到法庭的允许。如果妻子财产的任何一部分未规定是她的"嫁妆"(dos),它就变成了她的"已婚妇女除嫁妆以外的私房钱"(parapherna)。这种财产与我们的"妻子独有财产"(paraphernalia)①含义非常不同,它是法国法律中的"独立财产"(biens separés)。它作为妻子财产的一部分,按照适

319 用于结婚时未被"置于丈夫手中"的妇女的严格法律,由妻子自己保有。她的监护人的权力已经消失。按这种假设,她的这部分财产没有作为"嫁妆"(dos)转让给丈夫,而仍由她完全控制和完全处置。仅仅是在最近,根据《已婚妇女财产法》,我们才有了类似的制度,因为安排给妻子独立使用的钱财,尽管实际上是一回事,但需要一个协议使之成立。

  　　我在这里概述了一部很漫长、其中很多部分非常复杂的历史。罗马法起先将妻子的全部财产交给丈夫,因为她在法律上被假定为丈夫的女儿。它最终引申为此定出一条一般规则:妻子的全部财产由她自己控制,除了按婚姻协约用于支付婚后家庭开支的部分。但毋庸置疑的是,一般规则中的例外才是正常的习惯。像现在的欧洲大陆一样,所有的名门望族都有一种以"嫁妆"(dos)方式制定的协约。我们不应做出这样的假设,在罗马人中也有我们习惯于称为"婚姻协约"的契约形式。这种机制

---

① paraphernalia 源于拉丁语,意为"已婚女子除嫁妆以外的个人财产",特指新娘带到夫家的衣服、金银首饰等个人私产,不属于女方家庭赠给新郎家的陪嫁(dowry)。这种财产使丈夫一旦去世后,妻子的生活可得到一定保障。——译注

第十一讲 已婚妇女约定财产的早期史

要简单得多。写在纸上的寥寥数语,便足以将妻子财产的任何部分置于成文法为已婚妇女财产协约(dotal settlement)提供的严格规则之下;除了这寥寥数语之外不再需要别的,除非结婚的人希望通过明确的协议灵活适用法律条款。这种简单但很受喜爱的发明,可以说提供了婚姻协约的现成模式,可以随意根据可采用也可不采用的法律,方便地加以制定,它成了法国《拿破仑法典》的特征,是法国人从罗马人那儿继承来的。

我要告诫各位,关于罗马的婚姻约定财产法律所经历的转变,我给你们做出的描述是残缺不全的,因为此事我只能做到这一步了。下面我要转而谈谈印度法律中有关这个主题的早期观念。丈夫不可转让已婚妇女的约定财产,这一点为印度人所熟知,他们称之为"莎利丹"(Stridhan)。一个确实值得注意的事实是,印度人发展出这种制度的时期似乎比罗马人更早。但是它并不像在西方社会那样成熟和完善。有理由认为,在东方,由于各种有部分踪迹可寻的影响力,它的适用范围和重要性逐渐减少,已经远不如当年它出现的时候。

最古老和最具权威的印度法学著作之一《密陀娑罗》(Mitakshara)给出的"莎利丹"(Stridhan,意思是"妇女财产")的定义如下:"它是由父母、丈夫或兄弟在婚礼的婚姻烟火之前给予[妻子]的东西。"就此而言,这是在所有印度法学院通行的信条;但是《密陀娑罗》的编撰者又加上了一个不见于其他地方的主张:"她通过继承、购买、分配、扣押或寻找而获得的财产,也被摩奴等人称为'妇女财产'。"(Mitakshara, xi. 2)你们知道,这些归在神秘立法者摩奴名下的文字,在后来的婆罗门评注者中引起了最激烈的争论,也让英属印度的法官颇感迷惑,因为他们有义务从印度法文本中找出前后一致的信条。"妇女通过继承、购买、分配、扣押或寻找而获得的全部财产"这种表述,把按获得方式定义的全部财产形式囊括无遗;如果所有这些都是"莎利丹",那么至少从理论上说,古印度法保障已婚妇女财产独立性的程度,甚至高于现代英国《已婚妇女财产法》给予她们的程度。理解这一点无疑非常困难。现存印度成文法是宗教、道德和法律规训的大杂烩;它的突出特点是严格维护着很多显然可追溯至古代家族专制主义的义务,以及它对妇女的人身和财产自由过于严苛。可以有把握地断言,在雅利安种族的支系中,印度人就像罗马人一样,已经将他们的社会组织成了父权制家庭的集体。因而,假如印度已婚妇女拥有的财产在早期就已完全摆脱丈夫的控制,那就很难合理解释为什么家族专制主义的义务唯独在这一点上有所放松。事实上,如果我们只关注印度法,是找不到解开这个谜团的线索的;法官除非站在我引用过的那部古权威文献的立场上,或是遵循绝大多数在这一点上批判《密陀娑罗》信条的现代权威的看法,否则他也无路可走。英属印度的法庭现在基本上判定:印度法(在西印度通行的法律可能除外)将"莎利丹"仅限于结婚时其家人或丈夫给予妇女的财产(Madras High Court Reports, iii. 312)。然而我认为,如果我们将考察的视野扩大到其他雅利安习俗体系,或许能部分理解作为最古老的印度文献之一的《密陀娑罗》赋予"莎利丹"的丰富含义。全面的探究超出了我为这一讲划定的范围,但对它的结论可以概述如下:在整个雅利安社会,我们从以"聘金"(Bride-Price)闻名于世的这种被普遍滥用的古老制度中,找到了妇女独立财产的最早痕迹。新郎在婚礼上或婚礼第二天支付的聘金,其中一部分作为转移给丈夫的父权或家族权威的补偿给了岳父;另外一部分给了新娘自己,通常由她单独享用,与丈夫的财产分开。在某些雅利安习俗中,妇女慢慢获得的其他类型的财产权,似乎被她们对她们那部分聘金的权利所吸收,这很可能是妇女财产仅存的类型。古爱尔兰法律赋予已婚妇女独立财产权的准确范围仍不确定,但她们无疑有一定的不经丈夫同意而处分自己的财产的权力,这是被17世纪初的法官们特别宣布为非法的制度之一。

因而,如果"莎利丹"起源于史前的聘金,它的发展和衰落就变得更加易于理解了。最初,正如作为祭司的印度法学家所说,它是新郎"在婚姻烟火时"送给新娘的财产,接下来罗马人所说的"嫁妆"(dos)也被包括在内,即新娘家人在婚礼中给她的财产。下一阶段也许只出现在印度的某些地区,与之相关的规则或许只进入了某些法学院的信条;但是在"莎利丹"的扩展中,直到它囊括了已婚妇女的全部财产之后,才有了与法制史的类似情况相反的事情。真正有意思的问题是,在解放妇女财产权上取得了相对于中世纪的罗马法更为显著进步的法律为什么倒退了?《密陀

第十一讲 已婚妇女约定财产的早期史

婆罗》的权威性不能完全被否认,那么是什么原因让绝大多数印度法学家对其文本抱有如此强烈的敌意?事实上有清晰的迹象表明,婆罗门著作家一直努力把法律和宗教混合在一起,以限制他们发现似乎被古老权威所认可的妇女特权。将英国和欧洲的印度法律著作研究者的注意力首先吸引至这个主题的,是研究某些神圣文本的自然愿望。婆罗门学者在捍卫"自焚殉夫"(Suttee)这种陋习时,对这些文本有着习惯性的坚定信念。不久便得到的发现是,这些最古老的法律和宗教巨著并不鼓励这种仪式。从而立刻得出结论:即使按印度的原则,这也是一种非法的创新。这种说理的方式无疑能够安慰很多虔诚的印度人,因为任何世俗的论据都不能说服他们放弃一种被证明十分古老的习俗;但这种论证本身仍是不合理的。废除所有那些被学者证明为相对现代的习俗,会让整个印度法体系解体。如果把这种研究向前推得更远,它将证明印度的法律,无论是宗教的还是世俗的,几百年来一直经历着变化和发展,在某些方面也因世袭婆罗门解释者的插手而恶化,没有任何规则像影响着妇女法律地位的规则那样经历了如此一致的变化,而且我们应当说,是坏的变化。

关注这个话题的人可能都会承认,在稳步扩大妇女的人身和财产独立方面,甚至在赋予她们政治特权方面,西方文明社会不过是将他们几百年来一直遵循的成熟法律贯彻得更加彻底而已。这个过去是由紧密家族组成的社会已经极为接近这样一种状态,当最终将男女法律身份完全等同起来时,它便只以个人作为单元。对妇女没有法律资格这种常见的说法可以提出许多反对意见,除此之外也可以把它说成仅仅是性别专制的一部分,但这从历史和哲学的角度看是没有价值的,其实有关性别这么大一类人的大多数主张也都一样。真正存在的是群体对其成员的专制。真正被放松的是这种专制的严厉程度。这种放松是否注定以彻底解体而告终,或者换句话说,在自愿协议或强制性法律的影响下,社会是否注定形成新的形式,这是一些现在还没有材料以资讨论的问题,即使它们有望得到解决。我们现在只需指出,所谓的妇女解放,仅仅是同样影响到其他很多类人的过程、即人类个体取代人类的紧密家族而成为社会单元的过程中的一个阶段。在现在的印度法律制度中(我几乎不必说,数百年来他们根本没有政治制度），家族群体对其中的男人和女人的专制，确实保存得比相同文明和文化的任何社会都更加完整。然而有充足的证据表明，甚至在这个国家因英国的统治而受到西方影响之前，个体从家族中的解放便已经以某种方式进行。如果我要为你们充分证明这一点，我就得带着你们一起详细研究印度法的全部细节。这里我只讲其中的一个迹象，因为很少有人意识到，这里所讨论的这种特点可以作为一种标准，使我们能够区分非常古老和不发达的法律与相对成熟和发达的法律。

所有的法律初学者都听说过两种遗产分配方式，即"按世系"（per stirpes）和"按人头"（per capita）之间的不同。一个人有两个儿子，其中一个儿子有八个孩子，另外一个有两个孩子。这位祖父去世，他的两个儿子也先于他离世，他的财产要在孙子之间进行分配。如果按"按世系"分，就要把两个儿子的世系分开，一半遗产在那八个孙子之间分，另一半在另外两位孙子之间分。如果"按人头"分，那么财产应在十个孙子之间平分，份额相等。现在成熟和发达的法律的趋势是坚定地采用"按世系"分；只有在涉及远亲的情况下才放弃世系之别而"按人头"分。但是在这一点上，就像在其他一些具体情况中一样，古老而不发达的法律与现代法理学家的观念完全相反，一致偏爱"按人头"分，即在家族所有在世的成员之间准确地平均分配；它显然是依据这样一条原则：既然所有人无差别地服从一种不承认等级的专制，那么在共同体因首领去世而解体时，所有的人应当有平等的份额。对"按世系"分配的偏爱，对维持世系的细致关心，事实上有力地证明了对有别于家族整体利益的家族内部个体利益尊重的增长。因此，"按世系"所获得的地位表明一种既有的法律制度得到了发展，而恰好它又在极关心世系的区分并通过悠久的血统维持它们的印度法中有着很高的地位。

现在我们来谈谈印度法和另一个伟大的雅利安法律体系即罗马法，是如何分别导致个体从群体中脱离出来的。就罗马的制度而言，我们知道，有着最强大消解力的影响因素，是某些源于希腊的哲学理论，它们深深影响引领法律发展的法理学家的思想。"人人平等"这个著名命题所明确表达的信条改变了法律，并通过罗马立法而传播到世界很多地区。仅仅由于一个原因,罗马帝国就应当被视为与古代及现代的东方专制主义、甚至与著名的希腊帝国完全不属于一类。它们都是征税帝国,很少或根本不干预村社或部落的习俗。罗马帝国尽管也征税,但它还是一个立法帝国。它摧毁当地的习俗,代之以自己的制度。它仅靠立法就在一大部分人类的历史上造成了巨大的断裂,在这方面它也举世无双,只有现代的大英帝国对印度历史所造成的断裂除外,尽管这种类比不很完美。没有理由认为哲学理论对印度法学有任何深刻的影响。我在这个问题上有所保留,但是我相信,人类天才所创造的所有重要哲学理论,都不是建立在有关个体不同于他出生其中的群体的观念上。就我所熟悉的哲学理论而言,应当说它们的特点正好相反,它们在某些当代哲学体系中有最相近的对应理论,在这种哲学体系中个体似乎消失在像人类这样的概念之中了。婆罗门法学家为个体规定了不同于他仅仅通过家族成员身份而拥有的权利,那么在婆罗门的思想中,是什么影响因素(因为肯定存在这种影响)使他这样做的呢?我认为是宗教的影响。在印度的任何地方,只要存在着死后责任的信条,无论这种责任的履行是通过直接的奖惩,还是通过灵魂轮回的各个阶段,独自承受痛苦和享乐的个体之观念,必然获得极为明确的认可。

深受这种宗教信仰影响的种族中的那些人,也正是婆罗门法学家为之立法的那些人,而且起初他们可能只为那些人立法。但是这种死后责任的观念总有赎罪的观念与之相连。以赎罪观念为基础,婆罗门阐释家逐渐改变了整个法律体系,直到它变成被印度法学家称为"灵魂福报"(Spiritual Benefit)信条的一种范例。既然通过恰当的赎罪仪式可以改善死后状况,因此传给或移交于一个人的财产,在这些著作家看来便应部分用于支付仪式的费用,因为它可以把被继承者的灵魂从痛苦和堕落中拯救出来;部分用于正确履行祭祀仪式者的酬金。对于这种信条的发展,我们不应感到任何惊诧,因为它仅仅是在逻辑的完备性上有别于深刻影响西方法理学的信条。早期教会对死者的动产或个人财产所主张的权利,可以由它的教义得到最好的解释:死者财物排在第一位的最好归宿,就是为其灵魂购买弥撒礼。教会法庭的遗嘱司法权和无遗嘱司法权似乎就是从这种对财富的正当目标的看法中成长起来的。但是在印度，按这些原则制定的法律变得对妇女财产权极为不利，这显然是因为它的神职作者认为，由于妇女体力较弱，与世隔绝（他们无疑认为这是必然的），在总是多少充满混乱的社会中，与男人相比更难以将其适当的财产份额用于被继承者的葬礼上。关于当前这个论题，即使在古代的《密陀娑罗》中也是这样推理的："转世者的财产当用于宗教仪式，妇女继承这种财产是不合适的，因为她没有能力做宗教仪式。"《密陀娑罗》的编者对我前面提到的"莎利丹"保留了自由规则，但是它抨击上述信条不是通过宣称妇女有能力进行祭祀，而是通过否定所有财产都应用于宗教仪式，并指出女性财产所有人能够从事的某些活动也具有准宗教性质，比如她可以挖贮水池（*Mitakshara*, ii. 1, 22, 23, 24）。除了他之外，印度法学院的一代又一代婆罗门阐释者表现出一种明显日益增长的欲望，要把全部财产与履行祭祀义务联系起来，不愿将财产交到妇女手里便多少与这种欲望有关。

大体上说，一代又一代印度法学家对"莎利丹"制度表现出一种日益增长的敌意，但并没有废除它，而是尽力限制它能产生的条件。对财产传给妇女的各种方式做了细致的划分，这种财产变为"莎利丹"的条件成了罕见的例外。那些法学家的目的是增加家族的财产，尽量将妇女通过继承或赠送得到的全部财产置于丈夫的控制之下。然而，无论何时，一旦财产符合成为"莎利丹"的形形色色的规定条件，将它特别视为"妇女财产"的看法就会带着逻辑的一致性得到落实，它很容易让人想起受到婆罗门法理学家大力抨击的古代制度的特征。妇女可以独自全权处理"莎利丹"，不但丈夫不得干涉，除非他极度困窘；而且一旦财产的女主人逝世，财产的继承就有一个特殊程序，很明显它的目的是尽可能赋予女性亲属相对于男性的优先权。

在过去某个很漫长的发展时期，印度制度可能对妇女很开明，而婆罗门法学家明显厌恶这种制度，对此请允许我就这种说明做一补充，它并不是出于幻觉或纯属的推测，虽然我们在解释它时只能进行猜测。它是因为有相当多的迹象而产生的，其中非常重要但也非常令人痛苦的一个迹

第十一讲　已婚妇女约定财产的早期史

象我已经提到。最开明的印度法学院在原孟加拉（Bengal Proper）①占主导地位，它给予无子女的寡妇对丈夫财产以终生享有权，但有一些限制性条件；在这一点上这种做法与许多不成文的地方习惯相一致。如果有儿子，由他们立刻继承；但是如果没有，寡妇先于旁系亲属终生享有。当前，印度上等社会不生育的情况很普遍，在印度这个最富有的地方，相当多的土地掌握在作为终生保有者的无嗣寡妇手中。但是英国人进入印度后，正是在原孟加拉发现了殉夫自焚的风俗，它并不是偶尔发生，而是富裕阶层中一种常见的、几乎很普遍的习俗；通常，只有无嗣寡妇才会跳入丈夫的火葬堆自焚，有小孩的寡妇是从不这样做的。在法律和宗教习俗之间无疑存在着极密切的关系，寡妇要牺牲自己，以便取消她的终生保有权。她的家人渴望这种仪式得到执行，这让头一次看到这种习俗的英国人大为震惊；事实上，这种渴望可以用最粗俗的动机做出解释。但是劝她自焚的婆罗门无疑受到对她享有财产的纯粹职业性憎恶的影响。使她成为终生保有者的古代民法规则是不能废除的，但它受到了现代制度的挑战，后者使可怖的送死成了她的义务。

印度的"莎利丹"是已婚妇女独立财产的一种形式，它受到有权修改它的职业阶级的憎恶和曲解，而起初作为罗马人的"嫁妆"（dos）、现在作为欧陆的"嫁资"（dot）的制度，却获得极大的人为推动。我已经努力向你们描述过它是如何产生的，但我还是要说，它属于罗马帝国最著名的社会试验之一。奥古斯都皇帝有一部著名法令，贺拉斯（Horace）在一首正式的颂歌中赞美它是君主最伟大的立法成就；它的目是鼓励和调整婚姻，对独身施以惩罚。在这部全称为《帕皮亚和波培亚的尤利亚法》（Lex Julia et Papia Popœa）②的法令中，有一条强迫富裕的父母为待嫁女儿准备一份财产或"嫁资"（dotes）。法令中的这一条款在很多方面深刻影响了罗马法，它肯定是获得了普遍赞同；因为不久之后我们便发现，同样的原则也适用于"聘礼"（donatio propter nuptias），即来自丈夫一方的已婚夫妇

---

① 指英国殖民当局建立孟加拉管辖区（Bengal Presidency）之前的原孟加拉地区。——译注

② 公元9年鼓励和加强婚姻的一部罗马法，包括反对通奸和独身的条款。——译注

协约。因此，在成熟的罗马法中，父母有法令规定的义务，要为孩子置备财产，尽管在我们看来这也许很独特。

谈到罗马皇帝的这些就民风所做的试验，流行的看法似乎是认为它们完全失败了。依我之见，它是来自这样一种观念：它的失败增加了基督教重振道德的信誉。但是事实上，基督教会维护了有关约定财产的罗马立法传统的活力，并努力扩展和适用这些惩戒性法律的原则，在它给世世代代的人带来的为数不多的文明福祉中很少有比此事更重要的。作为最后的结果，罗马帝国的崩塌非常不利于妇女的人身自由和财产自由，对此不会有人提出严重怀疑。我说"作为最后的结果"，是有意避免有关她们在纯粹条顿习俗中的身份的学术争论。在称为封建化过程的最后几个阶段，与早期的变化相比很可能对妇女更为不利，而这些变化完全要归因于日耳曼习俗的注入。但是无论如何，当这种新制度组建起来时，妇女在其中的地位要比在罗马法下的地位更糟糕。要不是教会的努力，甚至会更加糟糕。我们非常容易看到，总是摆在我们面前的这种努力的一座不朽纪念碑，便是新郎在结婚仪式上的誓言："将吾在世间全部财产赠与汝"，这是一句有时让英国法学家迷惑的套话，因为它与英国法最古老的规则缺乏相似性。的确，这些话常常出现在英国的法学论著中，比如专题论述罗马的"嫁妆"（dos）和"寡妇财产"（doarium）之别的论著，前者是这些论著以为它指的东西，后者则表示英国法中所知道的遗孀地产（dower）。然而事实是，教会一直奉行的传统便是罗马"嫁妆"（dos）的一般传统，它的实际目的是确保妻子拥有一宗丈夫不可随意剥夺且在他死后仍归她所有的财产。欧洲普遍建立的习惯法体系，若以它的第一原则而论，都受到了宗教的影响；但是一项原则一旦被接受，它的具体适用会变得极为多样化。英国法中的遗孀地产，几乎已经不见踪影，在这种制度下遗孀可以终生享有丈夫地产租金和收益的三分之一，它属于在西欧非常普遍的一类制度，其一般特征也非常相似，它的常见名称是"寡妇财产"（doarium），但在细节上有相当大的不同。它们无疑源自教会试图恢复罗马的强制性"嫁妆"（dos）制度的努力，从这个意义上说，是后者产生了"寡妇财产"（doarium），即使它部分源于日耳曼；有时还形成了非常不同于原

第十一讲 已婚妇女约定财产的早期史

初制度的形式（毫无疑问存在这种情况）。我个人认为，这种持续的鼓吹和推动的另一个作用，可以从一种尤其是通过拉丁化地区而遍布大部分欧洲地区的强烈情感中找到，即对"dotation"——即为女儿置备嫁妆——的喜爱，它的强烈程度很难让熟悉像法国这种国家的人感到吃惊。这是一种相当重要的经济力量，因为它是那些作为法兰西人之特征的节俭与贮藏习惯的主要来源；我认为它源远流长，来自奥古斯都皇帝婚姻法中的强制性条款。

我相信，考虑到我们这个主题的全部影响，看看它的整个历史，它的重要性和意义足以使我在讲述它的晦暗起源上耽误各位时间得到原谅。人们说，妇女人身自由和财产权资格在某一特定国家或共同体中得到承认的程度，是它的文明进步程度的一项标准；尽管有时做出这种断言缺少赋予它价值所必需的条件，但它远非仅仅一种堂而皇之的老生常谈。因为，在社会的幼年期，任何具有同样重要性和同样规模的类别，都没有像女性那样被置于一种绝对依附的地位上，有鉴于此，这种依附性逐步地自愿发生改变和放松的程度，无疑可以作为部落、社会、国家自我控制能力的一个粗略标准——正是这种控制能力，通过克服当下的本能生存欲望而产生了财富，通过使物质的直接享受屈服于的长远而无形的精神享受使艺术和学术得到繁荣昌盛。因而，文明与妇女的财产权资格有关这种断言，仅仅是以下事实的一种表达形式：我们将之概括为文明化的每一次征服，都是束缚某种因其原始性而极为强烈的人性冲动的结果。如果我们被问及，我们所关注的这两个社会，一个是印度，另一个是罗马和继承了它的制度遗产的所有种族，为什么有着如此不同的历史？我们无法十分自信地提供任何答案。因为在影响人类大型联合体的大量各种各样的因素中，指出其中任何一种或范围明确的几种，确信它们比其他因素的作用更强大，这实在是太困难了。然而，如果极有必要提供一个答案，那么其中就得包括指出作为此次演讲主题的它们的社会历史之间的差异，并且要看到，在终止整个女性的隔离和地位下降的那一系列变化上，一个社会在稳步前进，另一个则退缩不前。

第十二讲

主 权

英国法律人通常接受的历史理论,不但对法学研究,而且也对历史研究造成了很大伤害,因此,在评估新材料和重估旧材料的基础上解释我们法律制度的起源和发展,或许是为英国人的知识做出贡献之最为迫切的需要。但是,除了新的法学史之外,我们最需要的是一种新的法哲学。如果我们国家产生过这样一种哲学,这大概要归功于两种优势。第一种优势是,我们所拥有的法律制度在很多方面可以说是本土的。我们的民族自豪感有时妨碍或限制着我们在法学研究上的进步,却使我们的法律保持着独特的纯粹性,没有与从《罗马法全书》这个伟大源泉流出的法律合流;因而,当我们将它与其他任何欧洲法律体系放在一起时,对比的结果要远比在欧洲大陆不同的法律体系之间进行对比得到的结果更有教益。第二个优势我认为在于英国人日益熟悉的所谓分析法学派的研究,其中最重要的是杰米利·边沁和约翰·奥斯汀的研究。在这一点上我们有着垄断优势。法国人和德国人似乎只知道边沁是一位不受欢迎的道德体系的创立者,对奥斯汀则显然一无所知。但是对边沁、在更大的程度对奥斯汀,世人是应当表示感谢的,因为现在唯有他们试图以严格的科学程序构建法学体系,不是把它建立在先验的假设之上,而是

第十二讲 主 权

建立在对各种法学概念的研究、对比和分析上。大可不必心悦诚服地接受这两位大著作家的所有结论,但知道这些结论是什么却是绝对必要的。即使不提其他目的,仅仅为了保持头脑清醒,它们也是不可或缺的。

应当认识到,边沁和奥斯汀有一重要区别,但人们往往认识不到这一点。边沁主要是个研究立法的作者,而奥斯汀主要是个研究法理学的作者。边沁主要关注法律能够或应该是什么样子,奥斯汀则主要关注法律实际是什么样子。两人对对方的领域时而互有涉猎。如果边沁没有写下名为《政府片论》的著作,奥斯汀也很可能不会写出奠定其理论基础的《法理学范围之界定》。另外,奥斯汀独特地将功利理论作为"上帝律法"的引导加以讨论,这已涉及边沁所从事的那一类研究。另外,我对他们的目的的描述,作为一种一般性描述是相当准确的,他们的目的有很大不同。边沁旨在通过运用现在与他的大名不可分的原则去改进法律。他的几乎所有较为重要的建议都被英国立法机关所采用,但是将每一代人认为的进步嫁接到法律上,这个过程本身是无止境的。只要人类存在,它便可能永远持续下去。奥斯汀的任务较为温和。只要一部法典的制定在框架上完全符合逻辑,规则的陈述完全清晰易懂,这项任务便完成了。今天在说到法理学即实证法学时,仿佛它能将实体带入无限完美的状态。毫无疑问,如果再做下去,它将驱散迷雾,赶走错觉,从而间接导致重大的法律改革;但是,对实体法取得直接进步所依据的原则的研究,并不属于法理学家,而是属于研究立法的理论家。

奥斯汀提出他的理论基础的部分讲义,几年前以《法理学范围之界定》的标题出版,一直是这所大学的高级教材之一。它和最近问世的其他讲义(尽管很不幸是以残篇的形式)一起,想必能成为本系从事的研究的顶梁柱,或在未来很长时间都会如此。此书的价值自不待言,但我发现不能不承认它给初学者带来的巨大困难。有些困难源于其独特的风格,似乎可归因于作者总是在跟他的先驱边沁和霍布斯进行思想交流,我发现它们实际上还不如另一类困难严重,这些困难是来自奥斯汀在分析与阐述法律、权利与义务这些概念时所采取的形式在人们心中造成的厌恶。当然,若这种厌恶由可恶的事实所引起,那么向它示以温情纯属多余,但即使如此,这也是一种不幸。如果说它的确是由不可避免的原因引起,比如因陈述或结构安排的方式,那么在这方面将其消除的尝试难免很痛苦。强迫勤奋好学的学生习惯于他们因某种原因感到厌恶的一种体系或一个主题,这样做的常见结果,便是他们会认为它过于教条,靠的是其名字恰好与之联系在一起的作者的个人权威。现在,对法哲学而言,最大的不幸莫过于《法理学范围之界定》的体系被简单视为奥斯汀的体系,就像布莱克斯通或黑格尔或其他什么人的体系一样,可与之互换或与之相当。因为,当作出某些假设或前提时,我完全确信,理所当然地会得出奥斯汀的绝大多数立场,按一般逻辑过程也只能如此。在我看来,奥斯汀并未充分阐明或讲述这些假设,这很可能是因为尽管他是个较现代的作家,但当时还很少有人从事这种阐述所必需的那一部分研究。但是,不论出于什么原因,在我看来它的结果是,他很容易像一些伟大的政治经济学家那样受到指责,他们没有一开始就足够明确地提出自己学说的有限目标,因此招致大量无法消除的偏见。本讲便是要表明一些这样的假设或前提是什么;接下来我将努力表明这些假设如何受到前面探究早期社会史的各讲中得出的一些结论的影响(参见前面第一讲至第十一讲)。出于我的考虑,我想最好以讨论主权的定义作为开端。这无疑是奥斯汀所从事的讨论的逻辑要求;而且我发现,除非有一个前提,否则很难理解为什么他在放弃霍布斯的框架后,在对主题这个部分的探讨中以对法律、权利和义务的分析作为起点,而以在我看来应当首先论述的主权作为结束。我猜想,不妨这样说,布莱克斯通让他产生厌恶,就像让边沁产生厌恶一样。布莱克斯通步罗马常规作家的后尘,以法律的定义作为开端,继而提出各种法律概念之间的关系的理论。想揭露《英国法释义》这一部分内容的谬误,为边沁提供了写作《政府片论》的主要动机,为奥斯汀提供了确定法学边界的主要诱因;在我看来,后者认为如果他所质疑的命题的顺序与作者给出的顺序相反,它们将会得到最有效处理。无论事情如何,我首先要谈到的这个主题的分支,可称为对一种可能模式的探究。如果奥斯汀在他的第一讲中从考察主权开始,他的分析将会受到这种模式的影响。而他把这种考察放在了《法理学范围之界定》的第六讲,即他的讲义的最后一讲。

第十二讲 主 权

我相信绝大多数人都熟悉我这里所提到的奥斯汀在《法理学范围之界定》中的研究的一般特点。但是由于他的定义不易在脑海中形成完整的印象,我将给出他对"独立的政治社会"和"主权"的描述,这两个概念互为依赖而不可分割。"如果(他说)一个具有决定权的人类上级,在习惯上不服从于另一个类似的上级,而是受到特定社会的习惯性服从,那么这个具有决定权的上级便是这个社会的主权者;包括这个上级本人的这个社会便是一个独立的政治社会。"

他又说:"对这个具有决定权的上级而言,其他社会成员都是臣民;或者其他社会成员都依附于这个具有决定权的上级。其他成员相对于这个具有决定权的上级的地位,是一种臣服或依附的状态。存在于这个上级与他们之间的相互关系,可以被描述为主权者与臣民的关系,或主权与臣属之间的关系。"

如果我换一种方式描述奥斯汀的主权论,或许可以部分避免对出现在那一章中的这些定义的详细阐释;这种方式更为流行,虽然我认为它并没有实质性的不准确。这种描述如下:在每一个独立的政治共同体中,即在自身之上没有一个上级要习惯性服从的政治共同体中,某一个人或几个人的组合体拥有强迫其他共同体成员按他的意愿行事的权力。这唯一的一个人或组合体,即(用奥斯汀的话来说)主权者或集体主权者,见于每一个独立的政治共同体中,这就像物质世界有一个引力中心一样确定。如果这个共同体以暴力或自愿方式分为几个独立的部分,那么只要每个部分安定下来,进入一种均势(或许是在短暂的无政府状态之后),就又会有主权者存在;只要适当留心,就会在每一个独立的部分发现它。英属北美殖民地在成为美国之前,统治它的主权处在一个地方,后来又换了一个地方;但在这两种情况中都可以发现有个主权者存在于某处。这个主权者,即一个人或数人的组合,普遍见于所有独立的政治共同体中,所有这些共同体都有一个特征,它是主权所采取的所有形式的共性,即拥有不可抗拒的武力,它未必运用这种武力,但拥有运用它的能力。按奥斯汀使用的术语,主权者如果是一个人,便被称为或应当被称为君主制;如果是一个小团体,其名则为寡头制;如果是一个规模较大的群体,便是贵族制;若是规模很大,成员甚多,便是民主制。有限君主制一说,在奥斯汀时期大概比今天更流行,为奥斯汀所憎恶;他将大不列颠政府列入贵族制的一类。所有形式的主权所共同拥有的,是不受限制地强迫臣民或国民的权力(是权力,但未必是意志)。有时在某个国家极难找到主权者,在找到他或它时,他或它也许没有公认的名称。但是,只要存在没有处在无政府状态下的独立的政治社会,就肯定有主权者。你们可以理解,确定它的特点是一个事实问题,而绝对不是一个法律或道德问题。当一个特定共同体宣布某个特定的人或群体为主权者时,如果有人以这种主权是篡权所得或违反了宪法原则为由而否定这个命题,那就完全误解了奥斯汀的观点。

我在第六讲看到的那些定义,提供了奥斯汀为独立国家确定主权位置的标准,我将再次引用其中最重要的几个,虽然十分简略。

首先,主权者是一个具有决定权的人类上级。他不必然是单独一个人,在现代西方世界很少有这种情况;但是他必须具备单独一个人的很多属性,从而具有决定权。如果他不是单独一个人,他也必须是具有集体或整体行动能力的一个多人团体。定义的这个部分是绝对必要的,因为主权者必须使他行使的权力有效,必须发布他的命令。拥有有形的权力是主权的一个特征。作为历史事实,不断地在一定时间内掌握在不具有决定权的一些人手中,他们结合在一起的程度不足以执行自己的意志,但是奥斯汀会把它称为无政府状态,尽管也许不具备一次革命插曲所公认具有的特征。同时,如果主权者不是单独一个人,则主权的归属只限于具有决定权的团体。这一点极为重要,因为它限定了主权这一概念的性质,即它要服从于使意志的执行是来自一个集体的不同拟制。我们很熟悉将多数意见作为整体意见的做法,它看起来也很自然,但它是一种再明显不过的拟制现象。

另外,社会主体必须服从被称为主权者的上级。不是社会全体成员,而是主体即绝大部分成员要服从,因为在前一种情况下主权是不可能的。汉诺威家族获得不列颠五位后,一些詹姆士二世党人(Jacobites)①和相当一部分苏格兰高地居民仍习惯于不服从或不尊重不列颠国王和议

---

① 指英王詹姆斯二世(1685—1688年在位)被推翻后的移民或拥戴其后裔复辟的人。——译注

第十二讲 主权

会的命令；但是国民主体，无疑也包括绝大部分詹姆士二世党人，实际上是服从于这些命令的。因此，按奥斯汀的原则，质疑乔治一世、乔治二世以及他们诏令选出的议会的主权，是没有任何根据的。詹姆士二世党人认为汉诺威家族诸国王仅仅是汉诺威的主权者，奥斯汀会立刻把这种看法丢在一旁，因为它没有提出只有在他的体系中才可以辩论的事实问题。

其次，主权者必须获得共同体主体的习惯性服从。在信奉罗马天主教的欧洲社会，其绝大部分人口直接或间接地从罗马教廷那里收到各种对个人行为的指导。但是，与他们服从居住国的法律的次数相比，他们对这些外来训令的服从仅仅是偶发的，而不是习惯性的。同时，对奥斯汀所揭示的原理的朦胧认识，可以在几次著名的基督教会论战中看到，它往往会变成对以下问题的争论：对罗马教廷的实际服从是否频繁到可以说成是习惯性的服从？

主权的另一个特点是不受任何其他人类上级的控制。这个限制性条件显然是必要的，不然的话，"委员会中的印度总督"（Governor-General of India in Council）①便成了主权者，而且会比地球上其他当权者更能彰显主权的显著特征。

明晰的概念在历史和政治领域的发展是何其缓慢！看到这种情况的人一定愿意听到，有关主权本质的全部观点要比奥斯汀的著作更古老。但是，就我本人的知识所及，我并不认为它的任何实质性内容比霍布斯更古老。另一方面，霍布斯在《利维坦》和他称为《哲学原理》（*Elementa Philosophiae*）之拉丁文著作的第一部《论公民》（*De Cive*）中，对政府和社会的分析以及对主权所下的断语已接近于完美，边沁和奥斯汀几乎不能再有所增益。这两位著作家，尤其是奥斯汀的原创性，在于他们更全面地考察了依附于主权观念的概念，如实在法、实在义务、惩罚与权利等等；阐

---

① 委员会中的印度总督（Governor-General of India in Council）指在英印当局在印度的最高行政长官，通常称为总督（Governor-General）；由于其常常出现在立法及行政咨询委员会（Council），因而通常也称为"委员会中的总督"（Governor-General in Council）。现在澳大利亚仍然实行这种制度，并为宪法所明确规范。——译注

释了这些概念和表面与它们相似的其他概念之间的关系;批驳了将概念整体联系起来的理论的反对意见;把这种理论应用于自霍布斯以来出现的某些复杂的事实。然而,在霍布斯和他的后学之间存在一种巨大的不同。霍布斯的处理方式是科学的,但他的目标与其说是科学的,毋宁说是政治的。他怀着对无与伦比的直观而明晰的表述的渴望,为主权的普遍理论的存在做了辩护。这时有一点变得更为明显,最起码与贵族制和民主制相比,他强烈偏好君主制,或者(用他所建立的学派的术语来说)与群体主权相比,他强烈偏好个体主权。在他的理智的追随者中,拒绝接受其政治学的人常常断言他受到了误解。一些肤浅的读者无疑也认为,当他提到专制主义时,其实是在说主权者实质上不受限制的权力,不论主权的形态为何。但是我认为,坦率来讲不可否认的是,他对于作为对抗斯图亚特家族诸国王强大工具的长期国会和英国普通法的强烈厌恶,不时影响着他考察主权、法律和无政府状态的本质时使用的语言。同样不必惊异的是,他在生前就会受到指责,说他在构思自己的体系时怀有与护国公和解的秘密意图,尽管写作日期足以驳倒这种非难。而奥斯汀的目标完全是科学的。如果他出错,那也是他的哲学所致;而且他的语言绝少违逆于他的政治见解的特点。

另一个比较重要的差别如下:众所周知,霍布斯思考的是政府和主权的起源。这是有些人所知道的有关他的唯一事实,而且他们似乎认为,这就足以用来谴责他的哲学。但奥斯汀很少涉足这种研究。的确,尽管或许是出于无意,他有时使用的语言几乎在暗示主权及其相关概念是一种先验(à priori)的存在。在这个问题上,现在我个人认为霍布斯的方法是正确的。确实,霍布斯对社会和政府的起源所做的推测性解释,是最没有价值的东西。他断言人类最初即处于战争状态。随后他们订立一个契约,在这一契约下人人皆放弃了自己的攻击权力,其结果便是主权,由主权而产生了法律、和平和秩序。这一理论会招致各种反驳。他所设想的这种历史的任何阶段都没有证据。我们对原始人仅有的一点知识也与它相矛盾。人类初期普遍的无序状态,就部落之间和家族之间的冲突而言可能是真实的,但是就人类个体与个体之间的关系而言就不真实了。正好相反,我们发现他们最初是在一种制度下共同生活;对于这种制度,如果我们不得不使用现代术语,那只就能把它称为超级合法的制度。另外,这种理论也要与洛克的相反假设面对相同的反驳,即它把现代法律意义上的契约大大提前了。但是我仍然认为,尽管霍布斯没有解决这一问题,但他对问题的表述是正确的。研究的任务即使不是阐明主权如何产生,无论如何也应是它经历了哪些阶段;依我的判断这是不可缺少的。只有这样,我们才能让自己相信奥斯汀的分析结论在多大程度上与事实相符。

事实上,对于法理学研究者来说最重要的,是细心思考一下从人性和人类社会中观察到的事实,在多大程度上能够证实分析法学派就主权做出的或似乎能做出的论断。首先要把这些论断加以区分。第一条论断是,在每个独立的人类共同体中,都存在着用不可抗拒的武力对共同体独立成员采取行动的权力。这可以被接受为确凿的事实。如果共同体的成员人人体力相等且都不拥有武器,权力将仅仅是数量优势的结果;但事实是,尽管每个个体都是作为整体的共同体的成员,由于各种原因,对个体施以不可抗拒的压力的权力赋予了少数人;这些原因中最重要的是共同体中少数人具备的充沛体力和优势武器。下一个论断是,在每一个既非自然状态亦非无政府状态的独立政治共同体中,运用或命令不可抗拒的暴力的权力,属于某一个人或几个人组成的团体,而他们自身也属于这个社会。某些类型的事实,尤其是西方现代社会的政治事实,强烈地意味着这个论断的真实性;但是请务必记住,所有相关事实并没有被全部观察到。研究人性的理论家极有可能忘记了整个世界的一大半,只有在考察了全世界及其全部历史后,才能对事实有十足的把握;如果真这样做了,也许很多事实并不会让人强烈地想到这个结论。或者,如我本人所认为,我们正在讨论的论断也许不能证明为假,但顶多是字面上正确,因而不具备它在我们所属的那一类社会中所具备的价值。然而,有一条论断,伟大的分析法学派不负创立之责,但他们的一些门徒却近乎冒险地主张它,即掌握主权的个人或者团体实际掌握着社会中蕴藏的武力,可以不受控制地任意支配。这条论断肯定不符合事实。头脑糊涂的专制者是这种主权唯一可以想象的例子。无数的影响因素,我们可以简称为风尚,在永远塑造、限制或禁止主权者对社会武力的实际运用。这是关键所在。法理学研究者实际上非常有必要将它牢记在心，因为它最能揭示奥斯汀主权理论的庐山真面目，即它是抽象思维的结果。对政府和社会的全部特点和属性只计其一而不管其余，因为所有形式的政治优势都占有武力而把它们混为一谈，只有这样做才能得出那种结论。在这个过程中被忽视的因素总是很重要的，有时是极其重要的；因为除了直接使用或直接掌握的武力之外，它们包括控制人类行为的所有其他影响力。但是，几乎不必说，为了分类的目的而将它们全部摒弃的做法，在哲学上是完全正当的，它仅仅是一种普通科学方法的应用。

359　　换一种说法，我们在得出主权概念的抽象过程中所摒弃的是每一个共同体的全部历史。首先，是每个社会的历史，它的全部历史先例，决定着社会武力的使用权掌握在哪个人或团体手中。主权理论忽略了使结果得以形成的方式，因而才能把波斯国王、雅典的人民、后来的罗马帝国皇帝、俄国沙皇以及大不列颠的国王及议会等强制性权威归为一类。其次，是每个共同体的历史，即它的全部历史先例，决定着主权者如何使用或克制使用不可抗拒的强制性权力。所有这些构成要素——无以计数的意见、情感、信仰、迷信以及成见和所有类型的观念，不论是继承的还是后天习得的，也不论是产生于制度还是产生于人性构造的，都为分析法学派所摒弃。由此产生的结果是：以他们定义主权时所规定的限制性条件而论，我们国家的女王和议会也可以直接将病弱儿童处死或建立"密函"（lettres de cachet）①制度。

360　　分析法学派的思路非常类似于数学和政治经济学的思路。它有着严格的哲学性质，但是所有以抽象思考为基础的科学的实践价值，都取决于抽象过程中所摒弃的因素和所保留的因素之间的相对重要性。按这条标准加以检验，数学远比政治经济学更有价值，而它们两者又远比我这里批判的著作家的法理学更有价值。同样，奥斯汀的分析所产生的错误见解，

---

① 密函（lettres de cachet）是由法国国王签署、由国务大臣副署的加盖官方印鉴的信件，主要用于批准未经审判而监禁某人，为法国旧制度的重要行政手段，在17—18世纪多被滥用，造成恶劣影响，于法国大革命后的1790年遭废止。——译注

非常类似于可以想象会让综合数学研究者感到困惑和确实让政治经济学研究者感到困惑的错误见解。人们有可能忘记自然界中存在摩擦和社会中存在致富欲望之外的动机,同样,奥斯汀的弟子也易于忘记实际的主权还包括武力之外的更多东西。在作为主权者命令的法律中,除了仅仅把它当作制度化的武力而能得到东西以外,还有其他更多的东西。我不打算否认,奥斯汀有时、霍布斯则经常在表达观点时让人觉得他们的体系不是始终受到其定义的限制。事实上,所有抽象思维的大师,在其写作或言论中都会不时情不自禁地觉得,在纯抽象过程中丢弃的材料实际上都是垃圾。

然而,一旦看到在奥斯汀的体系中确定主权应优先于确定法律,明白了奥斯汀的主权概念的得出是通过将所有形式的政府理解为剥离了强制性武力之外的一切属性而把它们概括为一类,一旦牢牢记住从抽象原则得出的推演由其性质所定决不会反映在事实中,那么在我看来,不仅奥斯汀的门徒所感到的主要困难会销声匿迹,而且他的某些最易于让初学者迷惑不解的论断,也有了一种不证自明的前提的味道。我敢说你们对他的论著相当熟悉,所以我只提其中几个前提就够了,不必为了准确表述而大费周折。法理学是实在法的科学。实在法是主权者向臣民发布的命令,它为臣民规定责任或承担义务的条件,或简称为义务,并对不服从命令的行为给予制裁或惩罚。权利是主权者赋予共同体某些成员的能力或权力,用来制裁不履行义务的臣民。可见,法律、权利、义务和惩罚等所有这些概念,皆依附于主权这个根本概念,正如挂起来的锁链下面的链环要依附于最上面的链环一样。但是,就奥斯汀体系的目的而言,主权除了武力之外没有其他任何属性,因此在他看来,只能把"法律"、"义务"和"权利"看作武力的产物。因而"制裁"就成了这个观念序列中主要的和最重要的成员,影响着所有其他观念。大概没有人会觉得难以同意,产生于正式立法机构的法律,都具备奥斯汀赋予它们的特征。但是很多人,其中包括一些头脑很厉害的人,都极力反对这样一种观点:不是由国家机关——习惯上称为立法机关——制定的大量法律规则也是主权者的命令。所有不把法律编为法典的国家的习惯法,尤其是英国普通法,常常被人宣称具有独立于主权者的起源；阐述这一主题的理论被奥斯汀嘲讽为神秘的和不可理喻的。按霍布斯和他的理论体系，他们对待普通法这样的规则体系的方式是坚持一条至关重要的公理："主权者同意的，就是他的命令。"在习惯法被法庭实施之前，它们仅仅是"实在的道德"，即由民意实施的规则；但是一旦法庭实施它们，它们就成了由作为其代表或代理人的法官来传达的主权者的命令。对于这种理论，一种比奥斯汀所可能承认的更好的回答是：它是建立在一种纯粹的文字策略上，它假定法庭是按它完全无意识的方式和动机在采取行动。但是，当人们清楚地认识到在这种体系中与主权者相伴而生的只是武力或权力，"主权者所同意的就是他的命令"这种看法便会变得更容易理解。他们发布命令，其原因是假设他们拥有不受控制的武力，他们可以随时不受限制地创新。普通法由他们的命令组成，是因为他们能够随意废除、修改或重新制定普通法。如果只是作为一种理论，它完全可以成立，但它的实际价值和它接近事实的程度却随着时代和国家的不同而大有区别。有一些独立的政治共同体，如果对全世界进行彻底的研究，其实可以证明的还有更多。在那里，主权者尽管拥有不可抗拒的权力，但他从未幻想过进行创新，他相信法律以及作为它的发布和适用对象的人或团体，就像他自己一样是社会的必要体制的一部分。也有一些独立的政治社会，那里的主权者享有不可抗拒的强制性权力并极尽所能进行创新，但是假如把法律视为主权者的命令，那里的每一个与法律有关的团体都会粗暴地对待它。希腊城邦的僭主常常符合奥斯汀主权的所有标准；但是，"颠覆法律"也是人们公认的僭主定义的一部分。请诸位明白，使理论契合于这种情况是完全可能的，但这个过程不过是一种语言歪曲。在这样做时，要把语言和前提完全置于习惯上与它们有关的范围和观念之外。

下一讲我将较为详细地阐述奥斯汀理论的实际价值所具有的这些历史局限，在此之前请允许我重复我的观点：如果他的著作遵循了在我看来是正确的讨论方法，如果对主权的考察先于对依附于主权的概念的考察，那么，他就后一类概念所做的相当一部分论述不但没有错，而且是不证自明的。法律在这里被视为制度化的武力，仅仅是因为武力是可以成为其他一切概念所依附的初始概念的唯一要素。受到法律人憎恶的此派法理学家的这种信条,如果做出一个假设,它就不会再给人以自相矛盾的感觉;这一假设自身在理论上无懈可击,而且会随着历史进程的展开而越来越接近真相。这个假设就是:主权者可改变而未改变的,就是他的命令。在我看来,通过对奥斯汀论述道德的方式做必要的修改,同样的结构会带来进一步的好处,尽管这里不能全面阐述这一主题。让很多读者感到困惑的看法——这里我只能用流行的语言来表达——是:道德规则本身的制裁,是一个人的同胞对违反这种规则所表明的非难。有时它的意思被解释为:服从道德规则的唯一动机是害怕这种非难。若是如此解释奥斯汀的语言,便完全误解了他的意思;如果遵循我所主张的讨论顺序,我认为任何人都不会产生这种误解。我们不妨设想,奥斯汀已经完成了他对主权及直接依附于主权的法律、法律权利和法律义务等概念的分析。然后他要考察人们事实上遵循的、具备某些法律特征的大量规则,但是它们(就其本身而言)并非由主权者加于臣民之上,而且(就其本身而言)也不是用主权者的权力所提供的制裁加以实施。哲学法理学家当然有义务考察这些规则,因为按其假设作为人类上级的主权者,作为人类的一分子也要服从它们。事实上,奥斯汀在一些非常有意思的段落中,已经从这种角度对它们做过考察。他在坚称主权者理所当然不受法律约束的同时也完全承认,主权者在发布某些命令上是受到限制的。在发布另外一些命令时,也要受并非法律但极有说服力的规则所左右。大不列颠的国王和议会就是他眼中的主权者,他称之为贵族主权者;但是,尽管这个贵族主权者从理论上说可以随意做任何事,但是如果它宣称事情就是如此,却触犯了所有历史经验。蕴涵于宪法性原理中的伟大规则体系使它始终不能做某些事,通常称为风俗的那个伟大规则体系又禁止它做另一些事。对普通人和主权者均有效的这一套规则具有什么共同特征呢?正如你们所知,奥斯汀把它称为"实在的道德",并且说,它的制裁是民意,或共同体的主体对违法行为的非难。若是理解正确,这后一条显然是个正确的主张,因为它的意思是,公众的非难是所有这些规则共同具备的一种制裁。使国王和议会不能宣布杀人合法的规则和使它们不能允许女王绕开内阁实行统治的规则,通过因违反它们的行为带来的惩罚,即大部分英国人的强烈非难而联结在一起；正是他们拥有某种制裁，使这两种规则在原则上与法律联系在一起。但是，尽管畏惧民意是服从这两种规则的动机，却完全不能因此便说服从这两种规则的唯一动机就是畏惧民意。人们大多承认，这种畏惧即使不是服从宪法性规则的唯一动机，也是主要动机；然而这种承认并不必然包含如下断言：道德规则的制裁是完备的。其实，奥斯汀的体系符合任何伦理学理论；而且，即使奥斯汀的主张与此相反，我认为也要从他坚信自己的伦理信条是正确的这种信念中寻找；不必多说，这种信条便是功利主义的早期形式。的确，我从来没有否认，如果仔细研究奥斯汀，很可能会改变研究者对风俗的看法。伦理学的讨论和其他很多讨论一样，是在晦暗不明的思想环境中进行的，而驱散这种晦暗最有效的特效药是：赋予研究所涉及的基本术语绝对一致的含义，并将具有这些含义的术语用作探测含糊措辞的标准。分析法学派对法理学和道德的一项不可估量的贡献是：它为它们提供了一套严格自洽的术语体系。但是丝毫没有理由认为，这种体系之有头脑和鉴别力的研究者必然是一个功利主义者。

下面我将谈到我所认为的奥斯汀体系与功利主义哲学之间真正的联结点。同时，对这种哲学的信奉与我认为有缺陷的结构一起，造成了《法理学范围之界定》中最严重的瑕疵。第二讲、第三讲和第四讲要把上帝法和自然法（假如能赋予后者以任何意义的话）等同于功利理论所要求的规则。这几讲包含很多公正的、有趣的和有价值的论述；但是，它们作为目标的那种等同终究是不必要的和无意义的。我并不怀疑，他下笔时怀着极虔诚的信念，认为这有助于消除或排除成见；然而它却给奥斯汀的体系带来很多成见，既有神学的，也有哲学的。如果奥斯汀遵循我建议的顺序，在结束了对主权和实在法的本质的考察之后，接着探究上帝律法的本质，那么它将会探究这样的问题：被称为主权者的人类上级的特征，能够多大程度上认为它依附于全能的、非人类的统治者？有多少依附于人类主权的概念必须被认为包含在它的命令中？像奥斯汀这样的著作是否需要这种探究，对此我深表怀疑。往最好处设想，这种探讨也不属于法哲学，而是属于立法哲学。法理学家，正如其称谓那样，与理想的法律或道德标准并无任何干系。

第十三讲
主权与帝国

"法"(law)这个词来到我们中间时,便与秩序和暴力这两个概念密切相关。这种关系相当古老,为多种语言所揭示,有一个问题也一再出现:在如此密切相关的两个概念中,先出现的是哪一个?哪一个是第一位的精神概念?在分析法学派之前,大体来讲,答案是:"法"首先意味着秩序。"法,就其最一般和最广泛的意义而言,表示一种行为规则,无差别地适用于所有行为,不论行为者是有生命的还是无生命的、理性的还是非理性的。因而我们说,运动、引力、光学、力学以及自然、国家都有法。"布莱克斯通在"法律本质通论"(*Nature of Laws in General*)一章中开篇便这样讲。几乎可以说,正是对它的纯粹厌恶,使边沁和奥斯汀成了分析法学家。另一方面,分析法学派毫不犹豫地断定,暴力的概念优先于秩序概念。他们说,真正的法律,即不可抗拒的主权者的命令,将一类行为或一类不作为(omissions)强加于一个臣民或一群人。臣民被这种命令一视同仁、不加区别地置于法定义务之下。由此,事实上归于大部分真正法律的特征是:法律不加区别地将一群人约束于某些行为和不作为的范围内;这种特征由于定义的宽泛性,通过隐喻的方式使"法"一词扩展到所有的划一现象或不变的连续性现象,不

371

论它属于物理世界、精神现象还是人类行为。当"法"(Law)被用于"引力法则"(Law of Gravity)、"宗教结社法"(Law of Mental Association)或"租金法"(Law of Rent)这些说法中时,在分析法学派看来,由于不准确的象征性扩展,它的真正含义受到了扭曲;他们在谈到这一点时表现出极为显著的轻蔑。但是我认为,如果可以正确地说一个词有着"尊严"和"重要"的属性的话,那么从物理世界、精神世界甚至政治经济领域不变的连续性现象这个意义上说,当今社会很少有比"法"更有尊严、更加重要的单词了。这个意义上的"法"进入大量的现代思想,几乎成为其发展的前提条件。起初很难相信,因阿吉尔公爵(Duke of Argyll)①的著作而流行起来的"法的统治"(Reign of Law)这种表述,让奥斯汀极为憎恶;但是他的语言使这一点无可置疑,而且不止一次让我们想到,尽管他的主要作品不过有四十年的历史,但是在他写作时,人类思想还没有因实验和观察的科学而达到目前的深度。

在所有语言中,法律最初是指主权者的命令,被延伸用于自然界(Nature)的有序现象,这种说法是极难加以证实的。如果它是正确的,那么它的价值能否抵偿证实它正确所付出的艰辛,是值得怀疑的。已知的哲学思想史和法学思想史表明,事实上与法律相关的两个概念是相互作用和反作用的,这使上述困难变得更大。"自然秩序"(order of Nature)无疑被认为由某个最高主宰的命令所决定。作为现代思想谱系之源头的很多人认为,组成宇宙的物质粒子服从一个人格神的命令,这与臣民因畏惧刑事制裁而服从主权者的命令完全一样。另一方面,对外部世界秩序的思考强烈影响着许多文明人对法律的看法。罗马自然法理论影响了整部法律史,这一著名理论事实上由两个要素组成:一是物质世界具有某种秩序和规律性,它源于希腊人早期的认识;一是人类的服从行为具有某种秩序和统一性,它源自罗马人的早期认识。我几年前出版的一本书中曾努力证明这一点,此处不必再重复。人们或人类共同体从自己乐意接

---

① 指阿吉尔公爵八世乔治·坎贝尔(George Campbell, 1823—1900),自由派政治家和作家,著有《法的统治》(*Reign of Law*, 1867)一书。——译注

第十三讲 主权与帝国

受的含义上使用词语或赋予它们多种含义,对此任何人都无权指责,但是科学研究者的职责就是区分不同的重要词语的含义,确定适合其研究目的的含义,并在自己的研究中前后一致地使用这种含义而不使用其他含义。当代法理学研究者所关注的法律,无疑要么是主权者的有效命令,这里的主权者被理解为共同体中被赋予不可抗拒的强制性暴力的那部分人;要么是人类的习惯,它通过"凡是主权者所同意的就是他的命令"这句套话而被置于"法律即命令"的公理之下。在分析法学家看来,只有通过每一种真正法律的必要条件,法律才能和秩序联系在一起。这种必要条件是:法律必须规定一类行为或不作为,或普遍确定某些行为和不作为;为某一单项行为做出规定的法律不是真正的法律,而是一种"偶然的"或"特殊的"命令。这样定义和限定的法律,是分析法学派所理解的法理学的主题。现在我们只考察他们体系的基础。我在这一讲中要提出的问题是:迫使人们服从法律的暴力,本质上是否总是可以合理地等同于主权者的强制性暴力?那种据说将法律与描述自然事实的物理法则或通则联系起来的普遍性是否总是法律的特征?各位或许认为,这些探究会让我们漫无目的,但我相信你们最终能体会到它们的意义和重要性,它们揭示在某些事情上必须设定的界限,不是为了我们所讨论的思想的理论完备性,而是为了它的实践价值。

请允许我重复一下分析法学派所理解的主权。奥斯汀著作的读者会记得,他考察了诸多现存政体或(用他的说法)政治上下位关系的形式,旨在确定主权在其中的准确位置。这是他的著作中最令人感兴趣的内容之一,他的睿智和创造力在这里表现得最为明显。这个问题已经变得比霍布斯时代更复杂,甚至比边沁发表早期著作时更复杂。霍布斯偏爱英格兰,他也是欧洲大陆政治现象的一个敏锐的科学观察家;那里能够让他看到的政治状况,实际上仅限于专制主义和无政府状态(英格兰除外)。但是,在奥斯汀写作的时代,被霍布斯当作他的原则大战开打场所的英格兰,已经变成"有限君主制"很久了,霍布斯的后学对于这种说法的憎恶,几乎像霍布斯本人对此事的憎恶一样;另外,第一次法国革命的影响也开始发挥作用。法国不久前也成了有限君主制,几乎所有其他欧洲大陆国家也显示出这种迹象。美利坚合众国的复杂政治机制在大西洋彼岸兴起,德意志和瑞士联邦之更复杂的制度在欧洲大陆兴起。为确定主权位置而对政治社会进行的分析显然变得更加困难;奥斯汀将这种分析用于现存例子时表现出的洞察力是无与伦比的。

尽管如此,奥斯汀完全承认,有些共同体或人类集合体,即使详加剖析也不能发现符合他的定义的个人主权者或团体主权者。首先,像霍布斯一样,他完全同意无政府状态的存在。凡是处于这种状态的地方,主权问题引发的武力斗争都在活跃地进行着,奥斯汀给出的例子是时刻萦绕在霍布斯脑际的查理一世与议会之争。霍布斯和奥斯汀的一位尖锐的批评者,如果允许我说出名字,他便是菲茨詹姆士·斯蒂芬(Fitzjames Stephen)①先生,他坚信存在一种蛰伏的无政府状态,做出这种保留无疑是为了迎合独立战争之前美国的情况。在那里,主权位置多年是口头或文字上激烈争辩的对象,很多显赫的美国人能获得声望,是因为他们暂时弥合了众所周知的原则分歧,推迟了终究难免的对抗。事实上,确有可能存在一种深思熟虑的节制态度,避免为了公认难以解决的问题而大打出手。把由此产生的暂时平衡称为蛰伏的无政府状态,我看不出有什么反对的理由。奥斯汀进一步承认,自然状态在理论上是可能的。他没有认可霍布斯等人的思想中那种重要性,但是他承认,只要数量不足以构成政治社会的一些人或群体不服从任何公认的或习惯性的有效权威,就存在这种状态。当说到群体人数不足以构成政治社会时,我引述奥斯汀就主权普遍存在于人类之中这一法则所承认的最著名的例外,这段话见于第三版第一卷第 237 页:

让我们假设,一个野蛮人的单一家族,生活在跟其他所有共同体绝对隔绝的状态中。我们还可以假设,父亲,即这个隔绝家族的首领,得到妻儿的习惯性服从。那么,既然它不是另一个更

---

① 菲茨詹姆士·斯蒂芬(1829—1894),英国维多利亚时代的法官、新闻人和政治哲学家,质疑约翰·密尔的自由观念,主张有序的自由(ordered liberty)。——译注

第十三讲　主权与帝国

大共同体的分支,这种由父辈和子孙构成的社会,很明显是一个独立社会;既然其他成员习惯性地服从于它的首领,只要成员数量不是少到不足道的地步,这个独立的社会便构成一种政治社会。但是,既然成员人数极少,我相信,它将被认为是一个处于自然状态的社会,即不处于臣服状态的人所组成的社会。在这些条件——某种程度上有些荒谬——不适用的情况下,我们很难将这种社会称为独立的政治社会,将发号施令的父亲和首领称为君主或主权者,称服从的妻儿为臣民。

奥斯汀随后引证了孟德斯鸠的信条:"政治权力必然意味着各个家族的联合。"

这段话的用意是,一个社会可能规模太小,因此不适用于这种理论。奥斯汀说,在这种情况下采用他的术语是荒谬的。我相信我能够向各位指明诉诸于我们的荒谬感这种做法的重要意义,一般来讲这是个非常危险的标准;但是这里我只请你们注意这种让步的严肃性,因为它所采取的权威形式,即家长对家族的权威,至少在一种现代理论看来,是人统治人的全部永恒权力逐渐得以发展的要素或胚胎。

然而,我们从一些知识资料中还知道另一类事例。关于这些资料,或许应当公平地说,尽管奥斯汀在某种意义上是一位现代作家,但是在他写作时期它们是很难看到的;将他的原则运用于这些事例,最起码是困难的和值得怀疑的。我将从印度举一个例子,这不是出于对印度的特别偏爱,而是因为它恰好是最现代的适当先例。我举的例子是印度的旁遮普(Punjaub),即"五河之地"(Country of the Five Rivers)在归属英印帝国之前的大约四分之一世纪之前所处的状态。在经历了可以想象的无政府状态和蛰伏无政府状态的每一个阶段后,它落入一个半军事、半宗教寡头集团的勉强还算牢固的统治,这个集团被称为锡克人(Sikhs)。锡克人后来又逐渐臣服于属于他们自己等级的一个首领,即朗基特·辛格(Runjeet Singh)。初一看,按奥斯汀所理解的主权,朗基特·辛格是个再完美不过的代表。他是绝对专制的。除了偏远边境地带的偶发事件,他保持着最完美的秩序。他能够命令一切,对他的命令哪怕是最微弱的不服从,都会招致不死即残的后果,他的绝大部分臣民完全明白这一点。然而我怀疑,终其一生,他是否发布过奥斯汀称为法律的命令。他征税时从土地产出中取走的份额大得令人瞠目结舌,他洗劫反抗他横征暴敛的村庄,将大批人处死。他豢养庞大的军队,拥有一切物质权力并以各种方式加以运用。但是他从不制定法律。调整其臣民生活的规则源于超出他们记忆的习俗;这些规则由内部的法庭在家族或村社中实施,这里的家族或村社,与奥斯汀本人承认不适用于他的理论、不然就会很荒谬的那些群体相比,规模并不更大,或只是稍大一点。

我不想仓促地断定,这种政治社会状态的存在证明了奥斯汀的学说从理论上说也是错误的。反驳它所能采用的伟大公理,便是我前面数次提到的"主权者所同意的就他的命令"。锡克专制者允许家族头领和村中长者制定规则,因而这些规则便是他的命令和真正的法律。现在我们可以看到,对于那些否认普通法为英国主权者之命令的英国法律人,如果做出这种回应是有一定分量的。国王和议会命令它,因为国王和议会同意它;他们同意它的证据是他们可以改变它。事实上,自从这种反对意见首次提出以来,普通法便一直受到议会法案的严重蚕食,今天它的全部约束力可能最终要归功于法令。但是我所举出的东方事例表明,以往的法律人就普通法感到的困难,或许比霍布斯及其后学所承认的更加值得重视。朗基特·辛格绝对没有、或从来不敢梦想改变其臣民生活于其下的民事规则。他很可能像亲自实施它们的长者一样,坚信这种规则具有的独立强制性力量。如果对一位东方或印度的法学理论家宣称,这些规则是朗基特·辛格的命令,他会被这种观点激怒,认为它是荒谬的,而这正是被奥斯汀承认为正当的诉求。理论在这种情况下仍然正确,但仅仅是字面上正确。

各位切莫以为,我纯粹是沉溺于对少数极端事例的古怪思考,主权理论和立基于其上的法律理论不对语言进行歪曲就不适用于它们。首先,朗基特·辛格治下的旁遮普,可以被看作所有处于本来状态的东方共同体在其罕见的和平与秩序间歇期的一个典型。它们从来就是专制体制,作为头领的专制者发布的命令尽管有可能严苛而又残忍,但总是得到默默的服从。但是,这些命令除了用于为收税而组织行政机构外,并不是真正的法律;它们与奥斯汀称为偶然的或特殊的命令属于同一类型。真实的情况是:就我们拥有确切知识的那部分世界而言,侵蚀当地内部习俗的力量并不是主权者的命令,而是想象中的神的命令。在印度,婆罗门的著作在消解这个国家古老的习惯法上,对法律与宗教的混合物往往有着巨大影响,在某些具体问题上,正如我前面试图阐释的那样,在英国的统治下它变得更为强大。

看到以下一点非常重要:为当前的研究计,诸如我所描述的印度或东方世界的政治社会状况,对于探究绝大部分世界的以往情况而言,与我们现在看到的西欧现代性社会组织状况相比是远远更有价值的线索。人们在印象上觉得,主权在古代比在现代更简单,也更容易发现,这或许并非没有道理。我前面引述的霍布斯和奥斯汀的批评者写道:"在我们读过有关文献的每一个国家,无论是希腊、腓尼基、意大利还是亚洲,都存在某种类型的主权者,只要他能够维持统治,他的权威便是绝对的。"他又说:"如果霍布斯想写一部想象的人类历史,再没有比罗马帝国的建立和成就史更加符合他构思这样一部历史。"我把罗马帝国先放放再说,这样做的原因你们稍后就会明白。但是,假如我们看看在领土范围上与罗马大体相似的帝国,我们便会发现,如果理解正确,它们远不像霍布斯所想象的巨大的利维坦。我们从犹太文献中对亚述帝国和巴比伦帝国有所了解,从希腊文献中对米底帝国和波斯帝国也有所了解。我们从这些文献中得知它们主要是征税帝国。我们知道,他们向臣民课以巨额税金;我们知道,他们为了时而发生的征战,从广袤区域的人口中招募庞大的军队;我们知道,他们要求他们的偶尔发布的命令得到最绝对服从,极其残忍地惩罚不服从者;作为首脑的君主经常褫夺小国国王的王冠,甚至迁徙整个共同体。但是除了这些之外,有一点很明显:大体来讲,他们很少干涉臣民所属群体的日常宗教生活和世俗生活。他们不制定法律。作为"未经更改的米底人和波斯人的法律"的样本保存至今的那些"王室法令"和"政令",绝非现代法学所公认的法律。它们是奥斯汀所说的"特殊命令",即对一般不受打扰的古代各种习惯法的一种即刻的、突发性的和暂时的干预。更有启发意义的是，著名的雅典帝国与"伟大国王"（Great King）①的帝国属于同种类型的主权国家，雅典的民众大会为阿提卡领地的居民制定真正的法律，但是雅典对附庸城邦和岛屿的统治明显是征税性的，这与立法性帝国是有区别的。

用奥斯汀的术语描述这些伟大的政府，其困难是显而易见的。说犹太律法是某个时期苏萨（Susa）的伟大国王的命令，这怎么能算思想清晰呢？分析法学派的主要教条，即"主权者同意的就是他的命令"，在字面上仍然正确，但在这个事例中，存在着与它的适用性相反的、向奥斯汀赋予其司法权的上一级法庭上诉的情况，这让我们感到很可笑。

现在，我的论述使我能够方便地陈述我认为分析法学派体系在实践中的局限性，以便让它具有实践价值而不是理论真理。必须明白，在他们唯一关注的西方世界经历了两种变化：现代欧洲国家的形成方式既不同于古代大帝国（有一个除外），也不同于东方的现代帝国和王国；必须明白，有关这个立法问题的新观念体系是经由罗马帝国来到这个世界的。除非发生这些变化，我不相信那种理论会出现在作者的头脑中；凡是没有发生这些变化的地方，我不相信它的适用是有价值的。

有关国家这种政治共同体的起源，可以断定为几乎普遍存在的事实是：它们由群体的合并而形成，原初群体的规模无论如何不会小于父权制家族。但是在罗马帝国之前的共同体中，以及在那些受罗马帝国轻微影响或根本没有受其影响的共同体中，这种合并很快就被阻止了。各地都存在这个过程的一些遗存。阿提卡的村庄合并形成了雅典国家，原始的罗马国家则是由原来居住于山区的小共同体合并而成。很多印度村社中，也存在把它们联合起来的较小因素的迹象。但是这种早期的合并很快就停止了。在后来的阶段，政治共同体呈现出与罗马帝国相似的外表，幅员往往也极为辽阔，它们是由一个共同体征服另一个共同体或某单一共同体或部落的头领征服众多人口而建立的。但是，由于独立于罗马帝

---

① "伟大国王"指公元前6至4世纪阿切曼尼王朝时代的波斯国王。——译注

国及其影响之外,在这些大国中,小社会独立的地方生活并没有绝迹,甚至未受到严重削弱。它们继续存在,就像印度村社继续存在一样。的确,即使就其最辉煌的形式而论,它们本质上也属于那种类型的社会。但是,现代国家得以产生的变化过程与此有实质上的不同。小群体被更彻底地打破,并入了较大的群体,较大的群体又被更大群体所吞并,而这些更大的群体最终也被比它们规模还要大的群体所吞并。地方生活和村社习俗在各地的衰落程度其实是不一样的。这种衰落在俄国要大于德国,德国又大于英国,英国又比法国大。但是大体上说,一旦现代国家形成,它便是较之组成早期帝国并且彼此相似的群体更小的零散群体的联合。

　　自信地断定何为因何为果是轻率的,但毫无疑问,曾经独自生活的群体被更加彻底地捣碎而并入现代社会的过程,是与日益活跃的立法同时发生的。无论何地,只要对雅利安种族的原始状况有所了解,不论是通过历史文献还是通过其古代制度的遗存,就能看到初级群体中相应于我们的立法机关的机构,它便是村民议事会(Village Council)。有时它将责任赋予全体村民,有时又将其收回;有时它被某个世袭首领的权威所遮蔽,但并未完全消失。世界上所有最著名的立法机构都是从这种胚芽中生长出来的,其中有雅典的公民大会(Ekklesia),罗马的国民会议(Comitia)、元老院、执政官和我国的议会,即现代所有"集体主权"(collegiate sovereignties)(如奥斯汀所说),或者换句话说,所有主权权力由人民行使或由人民和国王共享的政制的原型和鼻祖。然而,如果我们考察这种国家机关的不发达形式,立法功能是它最不显著、最无活力的功能。事实上,正如我在别处所说,村民议事会的权力的各种细微差别,在与之相应的观念的支配下,是无法相互区分的,人类的智力也看不清制定法律、宣布法律和惩罚违法者之间的区别。如果非要用现代名称描述这种团体的各种权力,那么隐藏最深的是立法权,最容易见到的是司法权。得到服从的法律被视为永久存在,实为新的习俗与实为旧的习俗混在一起。

　　因而,只要雅利安种族的村社仍处在原始影响力之下,它们便不会行使真正的立法权。将原始的地方群体保存得几乎完整无缺、现在仅存于东方的大国,其主权者也不行使任何可理解意义上的立法权。我们所理解的立法和地方性生活的被打破似乎普遍地同时发生。不妨对比一下印度的印度人村社和英格兰的条顿人村社。就前者而言,在该国所有既非现代亦非英国建立的制度中,它是最明确、特征最显著和组织化程度最高的。后者,即古老的英格兰共同体,肯定能够找到它的遗迹,但只有引入比较方法,并研究数百年来的成文法和历史著作,它们的意义才能得到理解,被打破的轮廓才能完整恢复。不把这种相同制度的不同生命力与这两个国家的某些其他现象联系在一起是不可能的。在印度,莫卧儿人和马拉他人①追随着早期的历代征服者,横扫各个村社;但是在将他们并入名义上的帝国之后,他们没有强加除纳税或贡品外的其他任何永久性义务。如果他们有一两次试图强迫被征服者改变宗教信仰,顶多也是村社的寺庙和礼仪发生了改变,并未触及世俗制度。在这方面,英国中央权力和地方权力之间的斗争经历了非常不同的过程。我们可以明显看到,国王的法律和国王的法庭与地方法律和地方法庭不停地斗争着;国王的法律胜利,便会有一连串以它的原则作为基础的议会法案。整个过程只能被描述为立法日益活跃,直到地方各种古老的法律几乎全部废除、独立共同体的古老习俗沦为庄园习俗或无须法律批准的纯粹惯例。

大有理由相信,罗马帝国是这种影响力的源头,直接或最终导致了高度集权化、立法活跃的国家的形成。它是第一个不但征税而且立法的伟大统治。这个过程持续了很多世纪。倘若不得不确定它起始与结束的时期,我认为它大致始于第一份行省告示(Edictum Provinciale)②的发布,终于罗马公民身份普及到帝国的全体臣民;但是毫无疑问,这种变化在开始之前就已打下了可观的基础,在其结束后的很长时期内仍以某些方式持续着。然而它的结果是,庞大而繁杂的大量习惯法被打破,由新的制度所取代。从这个角度来看,《但以理书》(The Prophecy of Daniel)③对罗马帝国做了准确的描述。它阔步前进,吞没、撕碎、捣毁了残余势力。

---

① 印度主要民族之一,历史上以仪仗卫士和印度教卫士知名。——译注
② 指罗马行省执政官或裁判官发布的有关司法问题的公告。——译注
③ 《但以理书》是《圣经·旧约全书》的先知书之一,大约成书于公元前539年;"但以理"名字的意思是"神的审判"。——译注

第十三讲 主权与帝国

蛮族闯入罗马帝国，通过它的共同体，将罗马人已丧失的大量原始部落和村社观念传播开来。尽管如此，任何直接或间接受罗马帝国影响的社会，都不会完全类似于在更古老的体系基础上形成的社会，这种体系为东方国家的固定性持续着，以至直到今天我们仍能够从现实中看到它。在所有前一类国家中，主权多少都与立法权有着明确的联系，行使这种权力的取向，在很多国家由罗马帝国留下的法理学做了清楚的勾画。罗马法几乎排除了所有最古老的法律观念，在任何地方都是当地习俗的巨大消解力量。因此，组织化的政治社会有两种类型，其中较古老社会的绝大多数人从他们村社或城镇的习俗中得到生活规则，但是他们偶尔也要默默地绝对服从对他们征税但从不立法的某个绝对统治者的命令。在我们非常熟悉的另一种组织化政治社会中，主权者永远是根据自己的原则进行活跃的立法，而地方习俗和观念总是快速衰败。在我看来，在前者向后者的转变过程中，法律显著地改变了自己的特征。比如法律背后的武力，只有通过歪曲语言才能都叫同一个名称。习惯法——在我看来，奥斯汀有关这个话题的全部议论相对而言没有多少成果——不再被服从，因为制定法得到了服从。当它通行于不大的地区和自然群体时，它所依赖的惩罚措施部分是民风，部分是迷信；但在更大程度上是一种本能，它几乎与产生我们某些肢体动作的本能一样盲目和无意识。为保证习俗得到服从所必需的有效约束力，微弱得难以想象。然而，当不得不服从的规则是由不构成其组成部分的某个外在权威向小自然群体发布时，它们的性质迥异于习惯性的规则。它们失去了迷信的辅佐，很可能也失去民风的辅佐，当然肯定也会失去自发冲动的辅佐。法律背后的暴力因此而变为纯粹的强制性暴力，在一定程度上较为原始的社会类型对它还十分陌生。另外，在很多共同体中，这种暴力只能在远离大多数人的地方对他们发挥作用，因此使用这种暴力的主权者不得不处理种类庞杂的各种行为和人员，而不是孤立的行为和个人。这种必然性所带来的结果之一，便是有时人们认为与法律不可分割的很多特征：它的公平性、铁面无私和普遍性。

我认为，随着与法律相关的暴力观念的转变，秩序的观念也在转变。在雅利安种族的人所组成的初级社会群体中，最能保持固定不变的是村社习俗的常规活动。尽管如此，在组成村社的家庭内部，习俗的专制被父权的专制取代。家门之外是受到盲目服从的超出记忆的习俗，家门之内则是一个半开化的男人对妻儿和奴隶行使的"父权"(Patria Potestas)。因而，如果法律就是命令，它们在这个社会阶段更多的是与令人费解的怪念头而不是永恒的秩序联系在一起；设想那时的人们为了寻求规律性的典范而关注自然现象的连续性，如昼夜与寒暑，要比设想他们关注那些居于他们之上、对他们拥有强制性权力的人所发布的命令和法案更加容易。

因而，法律背后的暴力不总是相同的，与法律有关的秩序也不总是相同的。它们只是逐渐获得了在民众眼中和分析法学派的深邃眼光中皆认为它不可或缺的属性。它们的普遍性和对主权者强制性暴力的信赖，是以下这些因素的结果：现代国家领土广阔，组成它们的小群体解体，尤其是国民大会、元老院和执政官治下的罗马共和国的示范和影响，它更彻底地粉碎了被它吞并的地方的习俗，正是这一点使它有别于所有其他的统治和权力。

人们在谈到伟大的思想体系时说，仅仅是某种事件阻止了它们早诞生几个世纪。这种断言不适用于分析法学派的体系。不到时机完全成熟，它的作者不可能在头脑中想到它。霍布斯的伟大学说显然是概括的结果，他的时代为他提供了无与伦比的机会，因为在他智力活跃时期，他在英国和欧洲大陆都待了很长时间，先是作为一名陪伴主人旅行的家庭老师，后来成了一个躲避内乱的流亡者。除了他肯定以强烈的偏爱加以审视的英格兰的事件外，他必然进行观察的景象是：政府迅速地集权化；地方的特权和司法权急骤衰落；诸如法国议会这种历史悠久的团体，一度成为无政府状态的冶炼炉；秩序的唯一希望只能在君权中见到。这些都是《威斯特法利亚和约》(Peace of Westphalia)①所终结的战争带来的明确成果。封建或半封建社会古老而又多样的地方性活动，在每个地方都被削弱或摧毁。如果这些地方性活动持续下去，这位伟大思想家的体系

---

① 1648年在德国威斯特伐利亚城签订的和约，结束了西班牙与荷兰的八十年战争和德意志的三十年战争，也是形成现代国际关系准则的重要文献之一。——译注

几乎肯定不会面世。我们会听说像约翰·海普登（Hampden）①那样的人，但霍布斯那样的人是不可想象的。在边沁写作的年代，提出分析学派法理学的条件已变得更加明显，法国法律的法典化始于一个身为民主派的主权者，完成于一个身为暴君的主权者。在现代社会，过去从未出现过"主权者所同意的就是他的命令"这个命题如此显著的示范，因为他能随时以明确的命令代替他的默许。从主权者不断增加的相应立法活动中可以预期的结果影响深远，整体上来讲也极为有益，在现代社会之前也绝不会出现这种如此令人印象深刻的教益。

在具有同样高水平的天才中，没有一人像霍布斯和边沁那样与历史完全脱节，或者至少在我看来，也没有一人完全认为世界或多或少总是像他们自己所看到的那个样子。边沁从未能摆脱这样一种想法：对他的原则的不完美或不当的运用所产生的很多事情，与那些原则本身毫无干系；霍布斯将特权团体和组织化的地方群体比作当时正时髦的生理学证明活在人体内膜的寄生虫，我不知道还有比这更令人惊异的历史误解的例子，尽管这在当时非常自然。现在我们知道，如果我们非要用生理学的比喻，那倒不如说应当把这些群体比作使整个人体得以形成的细胞。

但是，如果分析法学派未能看到大量只有借助于历史才能解释的事情，他们却看到了很多即使今天那些所谓随历史脉搏而动的人也没有完全明白的事情。被视为事实的主权和法律，是逐步呈现出与霍布斯、边沁和奥斯汀的概念相符的样子，但这种相符在他们的时代确实已经存在，而且不断趋向于更加彻底。这使他们能够构想出一套具备两个优点的法律术语：其一是它自身有着严格一致性；其二是即使它不能完全反映事实，它的这种准确性上的局限也绝没有严重到使它失去价值，随着时间的流逝而变得越来越不重要。没有任何法律和社会观念曾消除过这么多不受质疑的错觉。主权者所掌控的暴力，在很大程度上确实是通过这些法学家所理解的法律而加以运用的，但这种运用又是混乱而迟疑的，有着很多

---

① 约翰·海普登（John Hampden，1594—1643），英国政治家，议会中代表地方势力的著名人物。——译注

错误和大量疏漏。他们最先看到了假如大胆而始终如一地适用法律所产生的作用,随后发生的一切证明了他们的高明。我不知道,自边沁以来有任何一项法律改革的落实可以不追溯至他的影响;但即使在早期阶段,这种体系之让人头脑澄明的更令人惊异的证明,可以在霍布斯那里找到。他在《普通法对话》①中主张法律与衡平法的融合,主张土地登记造册和制定一部系统的刑法典;我们现在看到,这三项措施即将得到实施。

　　现代国家的机制中,最重要的事实就是立法机关的能量。正如我所说,我相信,只有存在这个事实,霍布斯、边沁和奥斯汀的体系才是可以想象的;我认为倘若这个事实表现得不充分,这种体系也绝不会得到正确的赏识。德国著作家对它相对比较忽视,在我看来,这可以由德国的立法活动出现得较晚来解释。然而,如果没有边沁和奥斯汀这样的头脑嫁接到霍布斯思想上的著名补充,那也不可能看到立法与分析法学之间的关系。这种补充就是使它们与被视为法律和道德基础的功利信条或理论——即"最大多数人的最大幸福"——联姻。那么,在功利理论和分析法理学之间存在什么样的根本性的或历史性的联系?我确实不敢妄称自己能详尽研究这个具有如此广度和困难的论题,尤其是在讲座即将结束之际。但我还是有几句话要说:对我本人而言,功利理论最令人感兴趣的是它预设了平等理论。最大多数是作为计算单位的人的最大多数;"一个人只能算作一个人",边沁一而再、再而三地强调这一点。事实上,对这一信条最具决定性的驳斥就是否认这种平等性;我本人就听到过一位印度婆罗门反驳它,其理由是:按他的宗教的明确教义,婆罗门有资格享受二十倍于别人的幸福。边沁的理论与一些体系一起受到非难,说它们都是以纯粹的自私为基础,而(我可以说)有关平等的这条基本假设使两者有了明显的区分。那么,它是如何在边沁头脑中产生的呢?他言之凿凿地说——比任何人都更清楚——人类事实上是不平等的;人类天生平等的主张,被他明确斥为无政府主义的诡辩。那么,作为他的"最大多数人的最大幸福"这一著名信条的先决条件的平等是从哪儿得来的呢?我斗胆认为,这

---

① 霍布斯此书的全名是《一位哲学家和英国普通法学者的对话》。——译注

一信条仅仅是立法的一条工作规则而已,边沁最初就是以这种形式来设想它的。假设有一个人口众多、具有相当同质性的共同体,其中有一个以立法形式发布命令的主权者,而立法机构具有强大的活力,不论是实有的还是潜在的,那么能够大规模指导立法活动的唯一可能和可以想象的原则,就是最大多数人的最大幸福。事实上,立法的一个条件,正如法律的某些特征一样,来自以下情况:现代政治社会中的最高权力是远距离地施行于臣民,由此必然忽略社会的构成单位之间的差异,甚至是实质性差异。其实,边沁不是本来意义上的法理学家或道德学家。他的理论所讨论的不是法律,而是立法;如果仔细考察,甚至可以把他视为一个合乎道德的立法者。毫无疑问,他的语言有时似乎表明他在解释道德现象,他也确实希望按照他从自己对立法的思考中提炼出来的一条工作规则去改变或重组它们。他的工作规则由立法转向道德,在我看来,是边沁作为道德事实的分析家所应面对的批评的真正基础。

索　引

阿吉尔公爵 Argyll, Duke of：论"法的统治"，373。

埃德蒙·斯宾塞 Spencer, Edmund：关于爱尔兰法，18；关于爱尔兰土地，98；关于爱尔兰压迫，127；关于"宴饮权"，161；谴责爱尔兰式罚金，170；关于压迫性租金，179；关于首领选举，201；关于扣押法，292。

艾尔 Aires：贵族，136；艾尔的七个等级，同上。

艾尔弗雷德 Alfred：艾尔弗雷德关于仇恨的法律，303。

艾锡尔书 Aicill, Book of：12；很可能是爱尔兰文法律册页的最古老者，24；叙述考迈克的故事，37；它的进步的法律观念，45；论述斗狗和蜜蜂，46；论述合法化规则，53，59；论述富伊福希尔租佃，174；论述爱尔兰家族成员划分，208；论述格尔家庭，219。

爱德华一世 Edward I.：作出支持巴里奥尔的裁决，204。

爱尔兰部落 Irish tribe：其农业构造，92。

爱尔兰的氏族 Sept, the Irish，186。

爱尔兰法律册页 Irish Law Tracts：由爱尔兰政府出版，8；关于凯尔特共同体的重要材料，同上；即众所周知的布雷亨法律，9；与罗马法的对比，10；包含古老核心以及承续性解释，11；很少受罗马帝国影响，同上；与印度法类似，12；它们可能的产生时期，同上；《古制全书》与《艾锡尔书》，同上；部分是韵文，14；形式，15；每一部均是一个家族或法学院的财产，16；包括文本和注释，同上；现存手稿产生时期不确定，17；它们的体系遭到英属爱尔兰立法机构的谴责，同上；斯宾塞和约翰·戴维斯爵士的谴责,18;类似于早期的罗马、印度和日耳曼的法律,19;进步的法律信条,20;《古制全书》的起源,同上;圣帕特里克的传说,21;自然法和神法,25;立法特征,26;处理各类主题,33;财产扣押法的重要性,39;它们的制裁措施,同上;绝食,同上;与婆罗门制裁措施的对比,41;与罗马法中的法学答疑的对比,43;接近于现代观念,45;斗狗的细节,46;有关蜜蜂的细节,同上;其权威性的来源,50;受基督教道德和罗马法影响,55;关于遗嘱和契约,56;在婚姻上很少受基督教影响,58;关于离婚,59;关于贞洁,61;关于土地私人所有制,89;关于"罚金",91;暗示着深刻的种族区别,96;但与雅利安亚种族类似,同上;关于土地私人所有财产权,98;关于部落,107;关于共同保有,112;关于土地部落所有制,129;关于向封建体制的转变,130;关于首领身份,132;关于他们的财富,134;鲍艾尔,135;他是如何成为贵族的,136;关于陪臣的记述,140;他们身份的奴役性,145;牛的重要性,147;阐释"庇护制",156;关于宴饮权,161;提供牲畜的压迫性,164;规范牲畜与租金的比例,169;关于富伊福希尔租佃,174;关于土地遗传,190;偏向财产的个体传承,193;关于爱尔兰家族的成员分布,208 以次;关于格尔家庭,216;"家庭"的延伸用法,231;关于宗教团体的部落关系,236;关于收养制,241;关于教化收养制,242;财产扣押法,279;类似于条顿和英国法,282 以次;现代特征,290。

爱尔兰国通览 View of the State of Ireland,291。

爱尔兰式罚金 Eric-fine:代替杀人的支付款,23;它的用处,170。

爱尔兰小块土地保有 Rundale holdings in Ireland,101。

爱尔兰修道院 Religious houses in Ireland:其中的群体或家族,237。

按人头分配"Per Capita", division by,188,195,328。

按世系分配"Per stirpes", division by,188,195,328。

盎格鲁—诺曼人在爱尔兰的殖民活动 Anglo-Norman settlement in Ireland:其结果,54。

奥古斯都 Augustus:他的婚姻法,336。

奥尼尔案 O'Neill, case of,53。

保证金 Wager:延迟斗争的通常途径,259。

鲍艾尔 Bo-aire：或可称为有牛的贵族，135；变富了的农民，165。

庇护制 Commendation：其结果，130，154；其所得到的解释，155；引发于接受牲畜行为，165。

波斯特先生 Poste, Mr.：关于柏拉图的《法律篇》，258。

伯顿先生 Burton, Mr.：论苏格兰的正统，60；论继承，204。

不动产和圈地委员会 Copyhold and Enclosure Commission，124。

布莱克顿 Bracton：论长子继承制，125；论财产扣押，270，277。

布莱克斯通 Blackstone：论幼子继承制，222；论财产扣押的风险，273；遭到边沁和奥斯汀反对的方法，347；他对法律的定义，371。

布赖斯 Bryce, Mr.：论罗马帝国的影响，165。

布雷亨 Brehon, the：一个职业法学家阶层，24；具有世袭性，同上；与德鲁伊祭司的对比，28，32；全部争端的仲裁者，同上；他们的法学院众多，同上；他们的宇宙论，34；国王与布雷亨，36；是法官而不再是教士，38；依据仲裁行事，同上；依靠诉讼当事人的自愿服从，43；通过假设性案例宣布法律，44；他们的自我断言的影响，51；与学生一块构成一个真正的家族，243；被错误地描述为一个种姓，244；渐具世袭性，245；在财产扣押中陪同扣押者，286；财产扣押法所展示的平等精神与理性精神，291。

布雷亨法律 Brehon Laws：参见 Irish Law Tracts。

布雷亨法律的制裁措施 Sanctions of Brehon law，39。

部落 Tribe, the：98；与土地有关，同上；布雷亨册页中的部落，107；限制土地转让，108；由家族扩展而成，116；转变为选任性首领身份，117；制度的一个来源，119；布雷亨册页中的土地所有者，129；牲畜对它的重要性，149；规范牲畜授予的权力，163。

财产扣押 Distress：财产扣押法，8；构成布雷亨法律的大部分内容，39。参见法律救济。

采邑 Benefices：封建制度的源头，154。

查士丁尼法典第118条附律 Justinian, Novel 118 of：关于血缘，213；其体制，240。

出身与财富之间的对立 Birth and wealth, opposition between：是一

种现代观念,134。

村民议事会 Village council, the：雅利安种族的原初立法机关,388;所有世界著名立法机关的起源,同上;其权力是司法性的而非立法性的,389。

村社 Village communities：在俄国的情况,2;印度对他们关注的增长,4;凯尔特村社提供的材料不足道,同上;凯撒的相关描述,5;在法国的情况,6;在达尔马提亚和克罗地亚的情况,7;布雷亨册页提供的重要材料,8;基础是在土地上定居,76;地产的起源,77;并不为雅利安独有,同上;发现于爪哇和北非,同上;在俄国和印度的情况,78;描述,81;印度村社由土地凝聚,82;很快消失,同上;不同于"自然共产主义",83;其联合是雅典和罗马的起源,84;转变过程,同上;归结于封建化,85;为新英格兰的第一批移民所采用,94;按人头分配土地,195;各种权力融合于一种单一观念,314;形成希腊世界和罗马帝国,同上;印度和英国的对比,389。

村社圈栏 Village pound：英国最古老的制度,263。

村中圈栏 Pound, the village：具有古老性,263。

达纳 Dharna：印度坐达纳习俗,40,297,298;廷矛茨勋爵的记述,299;它的制裁,300;现代对它的禁止,301;仍旧存于印度各邦,304。

达森特 Dasent, Mr.：对伯恩特·亚尔的叙述,140;论挪威习俗,288。

达耶尔牲畜租赁 Daerstock Tenure：《达耶尔牲畜租赁法》,152,158;使附庸沦落至奴隶身份,159;常常变成永久的,162。

戴维斯 Davis, Sir J.：关于爱尔兰法律,18;关于爱尔兰土地,98;论爱尔兰压迫,127;论宴饮权,161;谴责爱尔兰式罚金,170;论塔尼斯特里,205;论男性继承人均分制,185,206;论在爱尔兰定居的诺曼人的堕落,247。

但以理书 The Prophecy of Daniel,390。

德鲁伊祭司 Druids：爱尔兰法律册页中提及,28;凯撒和斯特拉布的描述,同上;他们的职责,31;与布雷亨相似,32;相信灵魂不朽,40。

登册保有权租佃中的荷利奥特 Heriot of copyhold：提供牲畜的一种

遗迹,162。

迪特马斯 Ditmarsh：迪特马斯的贵族,230。

抵押权法律 Hypothek, the law of：在苏格兰,277。

地主 Zemindar：或曰土地领主,承租人依附于他,184。

帝国 Empires：古代帝国（除罗马外）只收税而不立法,384；雅典帝国,385。

第三等级 Tiers-Etat

都柏塔希 Dubhthach：《古制全书》的编撰者,22；为圣·帕特里克所祈求,同上；与凯撒笔下的德鲁伊首领相似,33。

都格摩尔牧师 Dugmore, Rev. H.：论卡福尔首领的扈从,143；论卡福尔法律诉讼,302。

杜宾先生 Dupin, M.：论法国住宅共同体,80。

多诺·奥布林 O'Brien, Donogh：分配一宗地产,194。

俄国 Russia：其村社,2。

俄国农奴 Russian serfs：其解放,208。

法，Law：无论是武力的还是秩序的,371；这个词的喻性用法,372；"法的统治",373；在司法意义上,374；早期观念,375；在古代世界,383；在现代国家,391,392；武力与秩序,394。

法国 France：土地细分,121；领主垄断,123；置办嫁妆之习俗的影响力,339。

法理学 Jurisprudence：当代法理学理论,87；关于实在法的科学,362。

法理学范围之界定 Province of Jurisprudence Determined

法律救济 Legal remedies：其原始形式,250 以次；扣押法,同上；罗马法中的口头诉讼制,251；等同于程序,同上；实体法和程序法,同上；誓金之讼,252；古代的戏剧化表现方式,253；作为仲裁者的司法官,同上；诉前要求,254；象征古代矛的棍杖,同上；申辩技艺,255；司法,同上；誓金或保证金,同上；诉讼费的起源,同上；适用不精确的危险,同上；特别答辩制的起源,256；请求返还诉讼,同上；请求返还诉讼或告知,同上；要式口头契约和复要式口头契约,257;拘押债务人诉讼和扣押财物诉讼,同上;拿出保证金,259;扣押财物,260;条顿社会的扣押,261;为租而扣押,262;返还扣押诉讼,同上;扣押的过程,263;村社圈栏,同上;扣押程序的古老性,265;劫掠的遗迹,同上;国家权威的干预,266;返还扣押诉讼,267;古代法庭的脆弱性,268;蛮族法中扣押,269;撒利法,270;古代对原被告的看法,272;古代法的过多技术性,273;扣押得以幸存的原因,274;法庭权力的增长,275;扣押令状,276;现代扣押理论,277;救济的发展,278;爱尔兰古代法中的相同救济,279;《古制全书》中的扣押法,同上;赋予它的巨大篇幅,280;其条款梗概,280,281;与英国普通法极为相似,282;与古条顿法极为相似,283;不同点,284;关于爱尔兰法庭权力的问题,286;似乎仅具有自愿性司法权,同上;呈现精致的组织性,287;爱尔兰法庭的明显脆弱性,288;印度的相同例子,289;诉讼取代暴力,同上;爱尔兰扣押法的现代特征,290;平等精神和理性精神,291;错误扣押被判重罪,294;作为一种原始雅利安习俗的扣押,296;印度的扣押形式,297;对较老习俗的改进,301;卡福尔法律诉讼,302;艾尔弗雷德关于仇恨的法律,303;为欠款而诉诸达纳,304;盖尤斯对扣押财物诉讼相同论述,305。

法学答疑 Responsa Prudentum,41。

菲茨詹姆士·斯蒂芬 Stephen, Mr. Fitzjames:关于蛰伏的无政府状态,377;关于主权,383。

分析法学派 Analytical Jurists:分析法学派,343;边沁关注立法,奥斯汀关注法理学,同上;霍布斯论政府,354;分析法学派关于主权的论断,357;论暴力与秩序,372;分析法学体系的局限性,385;分析法学体系的影响,397。

分益租赁 Metayer tenancy,163。

封建法 Feudal law:封建法作家的谬误,119;封建继承法及其发展,205。

封建化 Feudalization:欧洲的封建化,85;将"马克"变为庄园,同上;使土地成为唯一的凝聚纽带,同上;"庇护制"的结果,86;封建群体的解体,同上;封建继承法的发展,205。

封建君主 Feudal monarchy：与封建庄园主是准确的对应物，77。

封建税费 Feudal dues：它在法国的负担，124。

封建体系 Feudal system：与罗马帝国的对比，153；其来源，154；在古代社会形式中的胚芽，166。

冯·姆勒尔 Maurer, G. L. von：关于条顿共同体，3；关于租佃规则，100；关于贵族阶级，132。

弗莱斯 Flaiths：爱尔兰的小首领，93。

弗里曼先生 Freeman, Mr.：论英国国王的领土性称谓，73；法兰西国王的领土性称谓；74；论日耳曼村社，77；论英格兰村社，82；比较政治学，119；论阶级，131；论奴性贵族，145；评库特先生的法学著作，296。

父权 Father, power of the：法制史上第一座和最伟大的里程碑，216。

父权 Patriarchal power，115；逐渐转变，116；变为选任性首领身份，117；当部落扩展受到制衡时复兴，118；在雅利安种族中，同上；对有生命财产和无生命财产，310；集中全力融合于其中，314；所有永恒权力的胚芽，379。

富伊福希尔 Fuidhirs：外来承租人，93；古代的奴性阶级，172；从其他部落来的外来者，173；只依附于首领，175；支付莱克租，同上；奥利萨的同样阶级，176。

盖尤斯 Gaius：发现他的论著，250；他对"口头诉讼制"的记述，251；论原告的棍杖，254；论适用法律不精确的危险，255；论"扣押财物诉讼"，258；论法学家的过度精细，273。

格尔家庭 Geilfine：爱尔兰家族的主要部分，209 以次；据说意思是"人手之家"，216。

格拉布街 Grub Street，52。

格兰维尔 Glanville：论土地分配，125；论继承，203。

格鲁特先生 Grote, Mr.：论韵文的天然优先性，14。

个体 Individual, the：逐步从群体中解脱出来，329。

功利主义哲学 Utilitarian philosophy, the：基础是个人平等，399；婆

罗门的相反信条,同上。

共同保有 Co-tenancy:关于它的爱尔兰法律,112。

共同过失 Contributory negligence:古爱尔兰法律中它的原则,45。

贡币及草料费 Coin and Livery:在爱尔兰它们的压迫本质,128,161。

古爱尔兰教会 Church, Ancient Irish,235。

古爱尔兰主教 Bishops, Ancient Irish:众多性和受奴役身份,235;依附于宗教修道院,236;宗教性血缘,237。

古代平民阶层负债累累 Indebtedness of ancient democracies,167。

古条顿扣押形式 Teutonic forms, ancient, of distraint,270。

古雅利安首领或曰国王 Chief, Ancient Aryan, or King:既是布道者,也是法官,还是军队的统帅,35。

古制全书 Senchus Mor:产生时期,12;起源,21;关于三种租金,175;关于收养制,241。

观念 Idea:新观念产生的缓慢性,225;尤其是在东方,226;由伟大天才突然增加,227;随后进入停滞期达一个世纪,228;流行观念,同上;逐步被改变,229。

贵族 Aristocracy:现代贵族的起源,130;某些共同体中的原初贵族,133;作为一种主权政制,350。

贵族 Nobility:起源,132;俄国保罗大帝的定义,137;流行理论,138;通过皇家赐予,一种现代,同上。

贵族租佃的法语表达 Parage,205。

国际法 International law:提供材料,73。

国王恩准或王室特许状 Kingly grants or charters:英国史上干预行为的巨大原因,233。

哈特雷大法官 Hatherley, Lord Chancellor:他的重要判决,4。

翰特尔先生 Hunter, Mr.:论奥利萨的农业阶级,176。

行会 Guilds:其部落起源,232;凯尔特语源,同上;被认为是一种家族,同上;伦敦的公司,233。

合伙关系 Partnership：建立在血亲团体的基础上，234；其中的罗马无限责任，同上。

荷马 Homer：对亚该亚首领的描述，35；将牲畜视为价值标准，149。

贺拉斯 Horace, 336。

褐牛传 Labor na Huidre：一部有关共同租佃的爱尔兰文手稿，114。

亨利四世 Henry the Fourth

华盛顿史密森学会 Smithsonian Institute at Washington

惠特利·斯托克斯 Stokes, Mr. W.：关于《古制全书》的产生时期，12；关于爱尔兰共同租佃，113；关于"格尔家庭"，216；关于坐达纳，297。

婚姻 Marriage：早期罗马婚姻，312；罗马中期的婚姻，315；离婚的便利条件，317；几乎普遍无遗的约定财产，320；印度关于约定财产的法律，321以次；法律发展制衡于婆罗门影响，325。

霍布斯 Hobbes：论政制，354；他的政治观点，355；论社会的起源，356；论普通法，363；一位狂热的党羽，395；有机会观察外国，同上；《普通法对话》，397；他的著名预见，398。

基督教 Christianity：将书写技艺引入野蛮国家，13；影响了布雷亨法律，55，58；限制离婚自由，60。

基督教会 Church, the Christian：对契约的影响，56；对遗嘱和私人财产的影响，104；有利于妇女，337；鼓励赠与，338。

基尔凯尼法 Kilkenny, statute of, 18。

吉拉尔德斯·卡姆布西斯 Giraldus Cambrensis

吉令海姆 Gillingham：名称起源，83。

继承 Succession：封建化欧洲的继承法，205。参见 Institutions。

家庭/家族 Family：规模最小的群体，66；扩展为部落，69；由于外来者而得到补充，同上；变革阶段，78；印度联合家族，同上；同住、同食，80；爱尔兰的"fine"，90；布雷亨册页的法律单元，91；为地区命名，同上；古代分配，185；爱尔兰家族的反常划分，208以次；不以血缘亲疏度为标准，211；罗马与爱尔兰的对比，218；老成员有时候成为家族的领养老金者，219；幼子继承制，224；通过拟构性血缘在罗马的扩展，230；爱尔兰的家族,231;是走向文明的一个条件,307;被认为是罗马法和印度法的起点,同上;父权制家族,310;它的权力,同上;它的衰落,311;妇女在其中受到的对待,同上。

家庭(Fine),表示家族或赛普特的爱尔兰文术语,90;在布雷亨册页中表示赛普特,105;也可以表示所有形式的家族,231。

家族共同体 House community:在达尔马提亚和克罗地亚,7;被研究,79;在斯拉夫和法国,80。

教父制 Gossipred:或曰精神亲缘关系,240;极为密切地自比为血缘关系,241。

教化收养制 Literary fosterage:在布雷亨册页中受到的对待,242;印度的同样习俗,243;依据印度法可适用于财产继承,同上。

教会法 Canon Law:其起源,63;对血缘的看法,213。

接受牲畜 Acceptance of stock:接受牲畜的结果,163;并非总是出于自愿,同上;爱尔兰国王从罗马皇帝那里接受牲畜,165;从圣帕特里克的继位者那里接受牲畜,166。

杰里米·边沁 Bentham, Jeremy:论证据,49;论述的是立法而不是法理学,343;他对法律改革的影响,397;他的有效规则在立法中而不是在道德上,400。

金钱处罚 Fine, pecuniary:杀人罪的赔偿费,23;代替了复仇,同上。

进步的缓慢性 Progress, slowness of,227。

决斗断讼法 Wager of Battle,255。

绝食 Fasting:对债务人绝食,39;印度的相同习俗"达纳",40。

卡门集市 Fair of Carman,27。

卡姆哈尔 Cumhal:一种价值标准,149;原意为一个女奴,同上。

凯尔特社会 Celtic societies:凯尔特社会,4;其中的三个等级,29;实行一夫多妻制,59;土地体系,96;W. 斯科特爵士所描述的社会,141。

凯撒 Cæsar:对高卢凯尔特人的描述,5;论高卢人的书写技艺,13;对德鲁伊祭司的记述,28;论凯尔特三等级,29;未能观察到氏族和家族的分支,30;发现凯尔特人实行一夫多妻制,59;论凯尔特贵族阶级,132;论凯尔特首领的债务人，167。

康诺尔·摩尔·奥布林 O'Brien, Connor More：分配一宗地产，194。

克伊列或卡伊尔 Ceile, or Kyle：首领的一种附庸，158。

扣押财物诉讼"Pignoris Capio"：257 以次；扣押财物，260。

扣押令状 Attachment，276。

库特先生 Coote, Mr.：关于英国制度的起源，295。

拉维勒叶 Laveleye：关于财产的原始形式，3；关于爪哇的村社，77；关于达尔马提亚的同居共同体，79；关于瑞士的各种定期分配制度，114。

莱克租 Rack rent，175。参见（三种）租金。

兰道 Landau：关于贵族阶级，132。

朗基特·辛格 Runjeet Singh：一位主权者但不是一位立法者，381，382。

勒南先生 Renan, M.：关于非洲闪族村社，77。

勒普雷先生 Le Play, M.：关于法国村社，6。

离婚 Divorce：离婚自由有利于一夫一妻制的引入，60；为基督教道德所禁止，同上。

立法机关 Legislatures：起源于雅利安的村民议事会，388。

立特里顿 Littleton：关于幼子继承制，222。

两性 Sexes：布雷亨法律中的两性关系，59；现代爱尔兰的更大贞洁要求，61。

领地 Feodum, Feud or Fief：其语源，171；意思是财产或牲畜，172。

路易斯·摩尔根 Morgan, Mr. L.：论血缘，68，212；关于亲缘关系的名称，70。

伦敦的公司 London Companies, the：含有古代血亲团体的痕迹，233。

论英国登册保有权 Doniol，125。

罗马 Rome：形成于村社联合，84。

罗马帝国 Roman Empire：其对现代世界的影响，20；很明显是立法性的,330;打破地方性习俗,同上。

罗马法 Roman law:《十二铜表法》的雅利安习俗,9;由解释所扩充,10;与爱尔兰法的对比,同上;由"法学答疑"所扩展,42;由强大政府适用,同上;影响布雷亨法律,55;其中的父系宗族,106;其历史的重要性,308;拉丁文献的主要分支,同上;尼布尔发现盖尤斯关于它的著作,308,309;通过持续占有而获得的所有权,315;婚姻法中的进步步骤,320;使置办嫁妆具有强制性,336。

罗马法中的"逐渐失去身份""Capitis Deminutio", of the Roman law,218。

罗马法中的父系宗族 Agnatic kindred in Roman law,106,112。

罗马平民 Roman plebs:最终胜利,76;罗马帝国的基础,同上。

洛克 Locke:论社会起源,357。

马德拉斯高等法庭 Madras High Court:关于部落土地的转让,110;关于"莎利丹",323。

马尔堡集注 Malberg Gloss, the:256。

麦考利勋爵 Macaulay, Lord:关于士人影响,52。

麦克里兰先生 McLennan, Mr.:关于原始婚姻,215;关于婚姻仪式,253。

蛮族法 "Leges Barbarorum":其中的扣押,269。

孟德斯鸠 Montesquieu:论政治权力,379。

米拉斯权利文件 Papers on Mirasi Right

免罪宣誓审判 Compurgation:一种古代的事实标准,48。

民族性 Nationality:血缘的现代复兴,75。

名誉费 Honour price:首领身份的名誉费,136;承租人的名誉费,160。

摩奴 Manu:归于他的法律册页,243,298;关于"莎利丹",322。

拿破仑法典 Code Napoléon:关于私人复仇,303。

纳西 Nasse:关于土地共同体,4;关于租佃规则,100。

男性继承人均分制 Gavelkind:在爱尔兰的情形,99,186;在俄国的情形,189;关于它的难点,190;重新引入而伤害了爱尔兰人,206。

尼伯龙根之歌 Nibelungen-Lied,134。

尼布尔 Niebuhr:关于条顿贵族,230;他发现盖尤斯手稿,250,308。

农耕群体 Cultivating groups,113。

奴隶制 Slavery:基督教对它的影响,62;在古代对耕作的重要性,160。

帕特森先生 Patterson, Mr.:关于住宅共同体,79。

陪伴国王的人 Companions of the King,138;爱尔兰的,139;冰岛的,140;高地首领的,141;条顿国王的,同上;在每个地方均被赏赐给土地,同上;牲畜,142;身份起初具有奴仆性质,145;当自由时,不是国王的近亲,同上。

陪臣 Comitatus:陪伴国王的人,138;皇室家庭,139;参见 Companions。

聘金 Bride price:广泛分布于雅利安习俗中,324。

婆罗门 Brahmins:唯一真正的种姓,245;他们对妇女财产的憎恶,325;"自焚殉夫"的制造者,335。

普林尼 Pliny:他的《博物志》是一些谬误的来源,29。

契约观念 Contracts, conception of:归功于教会,56;教会对它的影响,104。

强制到庭扣押令 Distringas

取走纳姆 Nams, taking:扣押习俗,262;"Withernam"的起源,263;在诺曼征服之前,270。

人人平等 Equality of men:功利主义哲学的基础,398;婆罗门的反面看法,399。

仁爱,或曰道德亲情 Humanity, or moral brotherhood:一个现代观念,65。

萨耶尔牲畜租赁 Saer Stock Tenure:《萨耶尔牲畜租赁法》,152,158;接受者必须效忠,159。

萨耶尔牲畜租赁法 Cain-Saerrath

索　引

三类种族 Races, the three：法理学所仅仅需要面对的，65；其他反常种族，67。

三种租金 Rents, the three：布雷亨册页中，175；早期爱尔兰历史上其问题，177；斯宾塞和戴维斯爵士的评论，179；解释他们的证据，180；当归结于富伊福希尔佃农的增长，182 以次。

杀人罪 Homicide：它的赔偿费，23。

沙利文博士 Sullican, Dr.：关于爱尔兰法，25；关于爱尔兰的"fine"，90，92；关于凯尔特土地体系，96；关于爱尔兰土地，99；他翻译的布雷亨册页，140；关于富伊福希尔佃农，182；关于男性继承人均分制，191；关于行会的部落起源，232；关于爱尔兰法庭，287；关于"动态影响"，296。

莎利丹, Stridan：在印度法中，321；表示"妇女财产"，同上；受制于英属印度法庭，323。

上交并被重新赐予的爱尔兰地产 Irish estates, surrendered and regranted, 207。

社会关系 Social connexions：爱尔兰册页，61。

神裁 Ordeal：一种古代的事实验证方法，48。

牲畜 Cattle：作为财富，137；向首领效劳的奖赏，142；卡福尔首领扈从的标的物，143；牲畜盗窃，144；在爱尔兰是一种"遗风"，同上；在早期的重要性，147；原初的"资本"，同上；pecunia 的起源，148；在罗马法和印度人中的重要性，同上；当人们定居以耕种土地时最有价值，同上；价值标准，149；在布雷亨法律中的情形，同上；由于在耕作中的劳力而具有价值，同上；罗马和印度保护它们的原因，150；爱尔兰提供牲畜的制度，151；附庸关系的源头，152；与庇护制相似，158；贵族的权力来源，168；被布雷亨法律调整，169；对它的扣押，262；圈禁，263。

牲畜 Stock：爱尔兰授予牲畜的体系，151；首领的主要财富，157；萨耶尔和达耶尔牲畜租赁，158；接受的结果，163。

圣巴托罗缪惨案 Massacre of St. Bartholomew, 74。

圣歌集 "Liber Hymnorum"：关于爱尔兰共同保有，113。

士人阶级立法 Legislation by a learned class, 27。

士人影响 Literary influence：在古代非常巨大，51。

市场法则 Law of the market，178。

事实 Facts：关于事实，英国司法的独有特征，48；有关人性的复杂事实，49。

侍宴 Coshering：在爱尔兰它的压迫本质，128，161。

誓金之讼 Legis Actio Sacramenti，252，254，259。

收养制 Fosterage：广布于雅利安共同体的习俗，241；在爱尔兰尤其广泛，242；对它的正确解释，同上。

手 Hand：在雅利安语言中表示权力，216；在罗马法中也表示权力，217；父权，同上。

斯肯先生 Skene, Mr. W. F.：关于苏格兰高地居民，6，101，187。

斯塔布斯先生 Stubbs, Mr.：关于教会土地，104；关于英格兰国王的"陪臣"，139；关于封建体制，154。

苏格兰 Scotland：其特殊的土地租佃，101。

苏格兰氏族 Clans, Scottish，5。

诉讼中拿出的保证金 Sacramentum，255。

损害衡量标准 Measure of Damages：《艾锡尔书》中有关它的合理原则，45。

梭伦 Solon，14，26，169。

梭姆 Sohm：关于早期财产权历史，3；关于社会组织，202；关于撒利法，271；关于扣押的风险，273；关于法兰克民众法庭，288。

所有权与占用 Ownership and occupation，102。

他意佃农 Tenants at will，178。

塔西佗 Tacitus：关于日耳曼贵族，131；关于陪臣，139。

泰勒先生 Tylor, Mr.：关于遗迹，144；关于手指计数法，221；关于原始想象力，225。

特洛普朗先生 Troplong, M.：关于基督教对法律的影响，61。

廷矛茨勋爵 Teignmouth, Lord：对"达纳"的描述，298。

图廷 Tooting：名称起源，83。

土地 Land：在土地上定居成为一种联合纽带，70；印度女诗人所描述的定居方式，71；取代血缘，72；为祖国这一术语所显示出，74；在希腊和拉丁共同体中取代血缘的过程具有缓慢性，75；村社的基础，76；定期重新分配，81；封建体系的基础，85；因封建体系解体而得解放，86；爱尔兰的土地私人财产权，98；早期土地的廉价性，142；作为资本并不如此重要，168；在上古时期是滞销货，同上；依据男性继承人均分制进行传承，186；土地上的"自然共产主义"，188；因男性继承人均分制而消失，189；爱尔兰首领上交土地，并依据新的租佃模式被重新赐予，207；印度的同样习俗，同上；俄国农奴解放运动更加令人满意，208。

土地财产权 Property in land：起源状况，1；俄国在血亲群体之间分配，2；梭姆论其早期历史，3；拉维勒叶论其原始形式，同上；受影响于封建体系的解体，86；其封建理论的顽固性，88；古爱尔兰的私人所有权，89；独立财产权，95；对于首领来说几乎是完整的，同上；双重起源，120；第一次法国大革命之前的细分，121；英国绝对地产观念，126；爱尔兰的重租，127；依据男性继承人均分制，186；保有形式很可能具有多样性，192；世袭性分配模式，195；生前分配，196。

土地集体所有制 Collective ownership of the soil：原始时期普遍存在，1。

托德博士 Todd, Dr.：他的《圣帕特里克传》，236；关于宗教修道院的家族，237。

托克维尔 Tocqueville，关于领主垄断，123。

托罗欧德·罗格尔斯先生 Rogers, Mr. T.：关于土地的廉价性，142。

瓦尔特·司各特爵士 Scott, Sir Walter：在《威福尔里》中给出凯尔特社会景图，141；关于原始首领，144。

威尔士 Wales：其习俗与幼子继承制相同，223。

威尔士法律 Welsh laws：档案委员会发布，6。

威斯特法利亚合约 Peace of Westphalia，395。

无兵役土地租佃制 Socage：自由农民的租佃，120。

五 Five：这个数字的重要性，221。

五人委员会 Punchayet：印度本土陪审团，221。

希德"Seds"：爱尔兰的一种牲畜价值衡量标准，149，160。

习惯法 Corus Bescna：爱尔兰法律册页之一，56；主要处理契约问题，同上；以及契约的限制条件，58；关于部落财产，103；作者对教会的偏袒，104；关于部落土地的转让，111，191。

习俗志 Custumals：法国封建规则手册，6。

现代国家 Modern States：其形成，385；原初群体的联合，386；在阿提卡和罗马，同上；罗马立法对它的影响，390；习惯法被打破，391；其立法特征，392；其中的法律暴力，393；立法机关的活跃是现代国家的区别性特征，398。

休·迈克伊刚 McEgan, Hugh：他的《古制全书》复本，17；一位世袭布雷亨，36。

选定继承人的制度 Tanaistry，33，99，185，192，202；其废除，205；与长子继承制的关于，208。

候选人 Tanaists, the：行事如法官，37；确定模式，201。

选任首领 Chief, the elective：继承父权，117；与血亲委员会的各种关系，同上；他的身份，119 以次；长子继承制的来源，120；爱尔兰的部落首领，127；作为爱尔兰首领的诺曼贵族，128；首领与部落的关系，128；土地权力的增长，130；在布雷亨法律中的身份，132；必然是富有的，133；不是富有土地，而是富有牲畜，134；权力通过提供牲畜行为的增长，157；宴饮权，161；在自己的土地上雇用富伊福希尔，173；这样做使权力大幅增长，177；其私人地产，193；其分配地产的例子，194；占有遗产分配权，196；因代表最纯粹血统他的家族受到尊敬，200；最长亲属优先于长子，201。

选任性首领身份 Elective headship：继承父权，117。

血缘 Kinship, or Consanguinity：作为社会基础，64；真实的联合纽带，同上；对它的原始观念，65；被认可的唯一同胞关系，同上；雅利安、闪族和乌拉尔部落的纽带，66；其他种族的反常观念，67；趋向于认可共同权威或权力，68；拟构或收养，69；父权的基础，70；在定居共同体中被土地取代,72;共同土地取代共同种族,75;雅典和罗马的这种过程是缓慢的,76;从部落主权到领土主权的最终变化,同上;血缘仍旧存在于爱尔兰和苏格兰,89;在布雷亨法律中有清晰烙印,同上;将 fine 或家庭适用于爱尔兰社会的所有分支部分,90,105;首领,共同祖先,94;血缘而非土地,是爱尔兰部落的纽带,96;摩尔根先生的论述,212;描述性体系,213;分类性体系,214;早期人际关系的单一观念,228;所有其他人不是奴隶便是敌人,同上;拟构性假设,229;收养,230;在爱尔兰部落中的情况,231;行会的起源,232;合伙关系的起源,234;代理的起源,同上;精神血缘,237;精神亲缘关系,239;收养制,241;教化性血缘,246;爱尔兰的盎格鲁—诺曼殖民者的拟构性血缘,247。

雅典 Athens：形成于村社联合,84;它的帝国不是立法性的,385。

雅利安习俗 Aryan customs：东西雅利安习俗的关联,20;参见 Institutions。

亚瑟·扬 Young, Arthur：关于法国,121。

一夫一妻制 Monogamy：通过离婚取代一夫多妻制,60。

遗迹 Survivals：在土地理论中,88;在地名中,92;在牲畜盗窃中,144。

遗嘱 Will：在布雷亨册页中的遗嘱观念当归因于教会,56。

遗嘱司法权 Testamentary jurisdiction：起源于宗教法庭,332。

已婚妇女约定财产 Women, married, settled property of,306;一项非常古老的习俗,同上;几乎与"家族"同样古老,307;长期以来为欧陆国家所认可,同上;罗马和印度社会中的观念,310;在父权制家族中,311;监护人的权力,312;早期罗马婚姻法,同上;已婚妇女约定财产的起源,318;法国的 *régime* of *biens separés*（独立财产制）,同上;陪嫁财产,319;paropherna,同上;英国近期实行,320;罗马财产约定几乎普遍无遗,同上;其简单形式,321;《拿破仑法典》遵行,同上;印度法中的"莎利丹",同上;受制于英属印度法庭,323;史前起源,324;婆罗门对妇女财产的憎恶,325;妇女渐得解放,326;婆罗门对妇女财产的看法,333;无嗣寡妇的权利,334;婆罗门在孟加拉推行自焚殉夫,335;罗马强制性置办嫁妆,336;

奥古斯都的法律,同上;基督教会的法律,337;doarium,338;妇女的解放是检验文明化的标准,339,340。

印度 India:其民事诉讼,289。

印度的 Indian:主权例子,379;旁遮普,380;朗基特·辛格,381,382。

印度法 Hindoo law:极大的古老性,309;因婆罗门而改变和倒退,326;其发展,327;婆罗门对它的宗教影响,331;财产当用于亡者的福祉,332。

印度纪念诗篇 Indian memorial verses,71。

印度家族 Hindoo Family:参见 Joint Undivided Family。

印度人的共享不分居家族 Joint Undivided Family of the Hindoos:7;特征是同住、同食,同上;共同体的第一阶段,78;密切关联于一位共同祖先,106,116;类似于爱尔兰男性继承人均分制,187;按人头分配土地,195;其事务的管理者,通过各种方式指定,200;由于英国法庭的解体,206;他们的土地转与单一家族或个人,207①。

印度刑法典对"达纳"的看法 Indian Penal Code on "Dharna",301。

英国城镇 English township:早期代表,221。

英国的美洲移民采用村社形式,94。

英国法 English law:与爱尔兰法律的对比,43;案例法的重要性,47;对事实的关注,48。

英国法庭 English courts of justice:在产生观念变化的过程中扮演积极角色,229。

英国在印度的殖民者 English settlers in India:据说是刻薄的地主,128。

英属印度法律报告 Anglo-Indian Law Reports

尤芬顿 Uffingtom:名称起源,83。

游牧部落 Nomad tribes,72。

---

① 原书所标页码为270,此部分内容出现于原书第207页,因以订正。——译注

幼子继承制 Borough English：幼子继承制，222；威尔士法律中的相同习俗，223。

原始观念 Primitive ideas：发展与传播，225 以次；原始想象力的贫瘠性，同上；转变缓慢，229；血缘是唯一纽带，230。

约翰·戴维斯 John Davis

约翰·奥斯汀 Austin, John：在国外不知名，343；他的《法理学范围之界定》，345；他的主张的本质，346；他对主权的定义，347，348；个体主权者或集体主权者，349；君主制的各种形式，350；大不列颠的政制属于贵族制，同上；具有决定权的主权者，351；被大多数人服从，352；必须受到习惯性服从，353；关于服从罗马教廷的困境，同上；不受任何人类上级的控制，同上；与霍布斯的对比，354，356；社会武力，358；主权作为抽象物，359；历史影响的消失，360；科学方法，361；法律对主权的依附，362；权利、义务与惩罚，363；习惯法，同上；主权者所同意的就是他的命令，364；希腊僭主，365；道德理论，366，367；他的功利主义，368；论上帝法，369；其著作的最严重瑕疵，同上；他对现存政府的分析，376；论无政府状态，377；论自然状态，378；规模很小的群体中没有主权者，379；对孟德斯鸠的引用，同上；论特殊命令，382；论习惯法，392。

约翰王 John, King：自称英格兰之王的第一人，73。

韵文 Verse：在书写技艺产生之前她的必要性，14；印度的纪念诗，71。

泽斯 Zeuss

长老 Ealdorman

长子继承制 Primogeniture：首领身份的结果，120；在古法兰西适用受限，122；在英格兰普遍，124；不同于"长子权"，197；最重要的难点之一，198；不为古代世界所知，同上；必然与蛮族入侵有关，199；其原始形式，同上；首领身份衰落的一种产物，202；转变，203；对布鲁斯与巴里奥尔之争的裁决影响了它，204。

长子权 Birthright：地产分配者的奖赏，197；应该与长子继承制区别开来，同上；有时候被幼子享有，同上；因此而与幼子继承制联系起来，同上。

制度 Institutions：研究早期制度史的新材料，1；土地财产权制度，同上；村社，2；印度的不分居联合家族，7；替代杀人的罚金制度，23；布雷亨法学院，33；选定继承人制度，同上；财产扣押法，39；神裁和免罪宣誓审判，48；合法性规则，53；遗嘱，56；契约，同上；婚姻，58；离婚，59；一夫多妻制，同上；一夫一妻制，60；奴隶制，62；血缘，64；定居社会的土地基础，72；地产，77；土地定期分配，81；封建体制，85；独立财产权，95；土地私有财产权，98；爱尔兰的男性继承人均分制，100；共同耕作的规则，110；共同保有，112；父权，115；转变为选任性首领身份，117；首领，119；长子继承制，120；贵族制，130；现代君主制，同上；富有牲畜，134；庇护制，154；"提供牲畜"，157；实物租，160；宴饮权，161；登录土地保有制中的荷利奥特，162；分益租赁，163；爱尔兰式罚金，170；富伊福希尔佃农，172；莱克租，175；男性继承人均分制，186；长子权，197；选定继承人，202；继承法，204；父权，218；遗产法，219；数字五，221；幼子继承制，222；血缘拟构，229；收养，230；行会，232；契约，233；合伙关系，234；代理，同上；古爱尔兰教会，235；教会建筑，236；精神血缘，237；精神亲缘关系，239；收养制，241；教化收养制，242；种姓，244；法律救济，250；扣押，261；扣押物返还，267；法庭增长的权力，276；爱尔兰扣押法，280；自愿性司法权，286；作为雅利安习俗的扣押，296；达纳，297；卡福尔法律诉讼，302；艾尔弗雷德关于仇恨的法律，303；已婚妇女约定财产，306；"通过持续占有而获得的所有权"，316；离婚，317；陪嫁财产，319；"莎利丹"，321；聘金，324；自焚殉夫，335；置办嫁妆，336；主权，342 以次；村民议事会，388；东方世界的习俗，389；西方世界的立法，391。

滞留圈栏的时间 Dithim，281。

置办嫁妆 Dotation：在罗马法中是强制性的，336；为基督教会所促进，338；它在法国的影响，339。

种姓 Caste：起源，244；行业获得世袭性的趋势，245；婆罗门是唯一真正的世袭种姓，同上；与布雷亨册页中的教化收养制相似，246。

种族理论 Race, theories of，97。

主权 Sovereignty：部落主权与领土主权，76；分析法学派的信条，342以次。

转让部落土地 Alienation of tribal lands：有限性，108；印度法中的情形，109；俄国的情形，同上；马德拉斯高等法庭关于它的判决，110。

资本 Capital：在以前比土地更重要，168；掌握在贵族手中，169；是对更贫穷阶级之权力的源头，同上。

自焚殉夫 Suttee：发现时一项现代创制，326；归结于婆罗门对妇女保有财产的憎恶，335。

自然法和神法 Law of nature and law of the letter，25。

图书在版编目(CIP)数据

早期制度史讲义/〔英〕梅因(Maine, H. S.)著;冯克利,吴其亮译.
—上海:复旦大学出版社,2012.7
(西方经济社会思想名著译丛)
书名原文:Lectures on the Early History of Institutions
ISBN 978-7-309-08965-3

Ⅰ.早… Ⅱ.①梅…②冯…③吴… Ⅲ.法制史-研究-世界 Ⅳ.D909.9

中国版本图书馆 CIP 数据核字(2012)第 106555 号

早期制度史讲义
〔英〕亨利·萨姆纳·梅因(Henry Sumner Maine)著 冯克利 吴其亮 译
责任编辑/鲍雯妍

复旦大学出版社有限公司出版发行
上海市国权路 579 号 邮编:200433
网址:fupnet@fudanpress.com http://www.fudanpress.com
门市零售:86-21-65642857 团体订购:86-21-65118853
外埠邮购:86-21-65109143
同济大学印刷厂

开本 787×960 1/16 印张 14.5 字数 198 千
2012 年 7 月第 1 版第 1 次印刷
印数 1—5 100

ISBN 978-7-309-08965-3/D·562
定价:28.00 元

如有印装质量问题,请向复旦大学出版社有限公司发行部调换。
版权所有　　侵权必究